유대인의 생각하는 힘

유대인의 생각하는 힘

문화의 힘으로 성공한
유대인의 독서, 글쓰기, 토론, 대화법!

| 이상민 지음 |

세상을 지배하는 유대인, 유대인을 지배하는 생각습관!

라의눈

■ 차례

프롤로그 유대인, 그들은 어떻게 성공할 수 있었을까? … 8

| 유대인의 성공비밀 I |

01 | 공부로 성공하는 것은 타고난 머리로 만들어지는 것이 아니다 … 14
02 | 도쿄대생과 서울대생은 왜 바보가 되었나? … 22
03 | 유대인 변호사의 압도적인 승소율은 유대인의 문화에서 나왔다 … 26
04 | 성공하려면 절대로 남보다 잘하려고 하지 마라 … 30
05 | 왜 유대인은 통념을 깨는 상식파괴자가 많은가? … 34
06 | 왜 독일 고졸자는 한국 대학 졸업자보다 자신이 낫다고 말할까? … 39
07 | 유대인, 그들은 언제나 '책의 민족'으로 불린다 … 44
08 | 틀을 깨는 자유로운 사고로 창의적인 인재가 된다는 것! … 49
09 | 왜 유대인 강의실은 시끄럽고 무례한 학생들로 가득한가? … 55
10 | 왜 유대인 아버지는 오후 3~4시면 퇴근을 하는가? … 59

유대인의 성공비밀 Ⅱ

11 | 단 1명의 낙오자도 만들지 않는 것이 유대인 교육의 핵심이다 … 66
12 | 유대인이 노벨상을 휩쓰는 이유는 무엇인가? … 70
13 | 이스라엘의 대학 졸업생들은 왜 80~90%가 취업보다 창업을 택하는가? … 81
14 | 종교를 공부하는 유대인은 산타클로스가 있다고 말하지 않는다 … 86
15 | 《탈무드》는 생각하는 능력을 키워주는 최고의 도구다 … 91
16 | 유대인은 기꺼이 혼자서 다른 편에 선다 … 102
17 | 루프트멘슈, 유대인은 세상 어디에 내놓아도 적응할 수 있다 … 113
18 | 유대인 9명 중 1명은 작가이며, 혁신의 90%는 글쓰기에 달려 있다 … 127
19 | 한국인의 아이비리그 중퇴율이 유대인보다 4배나 높은 이유는? … 132
20 | 왜 한국에서는 세계적인 예술가가 나오지 않는가? … 137

유대인의 성공비밀 Ⅲ

21 | 유대인은 어떻게 창의적인 인재가 되었는가? … 144
22 | 세계의 운명은 자기 생각을 남에게 전달할 수 있는 사람에 의해 결정된다 … 154
23 | 답을 하기 위해 스스로 생각할 수밖에 없는 질문을 던져라! … 161
24 | 유대인이 외국어 공부를 통해서 부자가 될 수 있었던 비밀은 무엇인가? … 170
25 | 왜 유대인은 오후 4시에 퇴근해도 부유하고, 한국인은 오후 11시에 퇴근해도 가난한가? … 175
26 | 학교에서는 무엇이 아니라 어떻게 사고할 것인가를 가르쳐야 한다 … 185
27 | 유대인 성공의 핵심은 각자의 개성을 살리는 것에 있다 … 192

28 | 유대인의 이혼율이 세계 최저일 수밖에 없는 이유 … 197
29 | 유대인에게 조기 교육보다 중요한 것은 평생 공부 습관이다 … 202
30 | 유대인의 '샛길 사고'란 무엇인가? … 208

유대인의 성공비밀 IV

31 | 유대인은 책의 한계를 알고 있었다 … 216
32 | 막다른 골목은 도전을 낳고, 이것이 오늘날의 유대인을 만들었다 … 221
33 | 유대인의 학문과 사업 능력은 추상적 사고의 습관 때문이다 … 229
34 | 예술은 기업경영과 과학기술 발전의 핵심기반이 된다 … 234
35 | 최고의 교육은 창조적 표현과 지식의 기쁨을 깨우쳐주는 것이다 … 239
36 | 유대인은 배움 그 자체를 중시한다 … 244
37 | 여행은 다양한 경험으로 인문학적 통찰력을 키워준다 … 249
38 | 유대인은 사람을 통해 배우고, 최고의 사람들과 교류하며 강해진다 … 254
39 | 온실 속의 장미는 화병을 장식할 뿐, 정원을 가꾸는 데는 쓸 수 없다 … 259
40 | 유대인은 아버지의 교육과 어머니의 칭찬으로 만들어진다 … 263

유대인의 성공비밀 V

41 | 삶에 미리 정해진 답은 없고 상황에 따라 스스로 답을 찾아야 한다 … 272
42 | '사다리 걷어차기'와 유대인의 성인식은 닮아 있다 … 278
43 | 유대인은 안식일에도 독서와 토론으로 보낸다 … 283

| 44 | 유대인에게 자선과 기부는 습관이자 생활이다 … 289
| 45 | 이스라엘에 전쟁이 나면 미국의 모든 공항이 마비된다 … 295
| 46 | 유대인은 식욕, 성, 음주, 금전에 관한 한 늘 중용을 유지한다 … 300
| 47 | 유대인은 머리가 좋아지도록 평생 동안 다방면으로 노력한다 … 304

- **참고 도서** … 312
- **참고 영상** … 318

프롤로그

유대인,
그들은 어떻게 성공할 수 있었을까?

내가 유대인에게 관심을 가지게 된 것이 벌써 7년 전이다. 그 당시 나는 《일자리 전쟁: 디플레이션 시대를 준비하라》를 집필하고 있었다. 그때 나는 처음부터 3권의 책을 준비하고 있었는데 그중 마지막 책이 우리들 삶의 대안으로써 유대인을 다루는 것이었다. 계획이 늦어져 지금에서야 책을 집필하게 되었는데, 유대인에 대한 책을 쓰는 것은 내게도 많이 힘든 일이었다. 지난 2년 간 자료를 모으고 계속해서 글을 쓰려고 했지만 완성하지 못했다. 유대인에 대한 이야기를 쓰는 것이 쉽지 않았다. 무엇보다도 나는 '진짜 지식'에 집중하고 싶었다. 단순한 역사적 사실을 나열하거나 누구나 아는 유대인은 이렇게 살았다는 식의 이야기는 하고 싶지 않았다. 무엇보다도 유대인에게 배울 점이 무엇이고, 어떻게 성공을 할 수 있었는가 라는 본질을 파헤치고 싶었다. 그러나 그런 자료들을 찾기가 쉽지 않았고, 진실을 검증하는 일도 어려웠다. 집필에 많은 애로와 고민이 있었다. 결국 출판사와 출판 계약을 한 지 2년이 지나서야 원고를 넘길 수 있었다.

나는 이 책에 유대인의 성공 비밀을 담았다. 또한 유대인의 성공 비밀은 시스템적으로 오밀조밀하게 연결되어 마치 톱니바퀴처럼 맞물려 있다는 것을 발견했으며, 유대인의 성공은 유대인의 문화가 만들었다는 결론을 내리게 됐다. 유대인의 성공은 유대인의 문화가 강력하게 앞에서 이끌고 뒤에서 떠받치고 있었다.

문화란 무엇인가? 수천 년 동안 시간과 공간을 초월하여 만들어져 마침내 오늘날 우리를 구성하는 절대적인 규칙이며 사회구성원에게 강력한 힘을 미치는 것을 말한다. 문화의 힘은 굉장히 강력해서 어린아이에게도 영향을 미친다. 문화에서 벗어나면 그 사회를 살아가기가 쉽지 않다. 일본을 '하나의 생각, 하나의 국민'이라고 부르는 것처럼 문화 속에서 그 나라의 국민은 대개 하나가 되게 된다. 그것은 생각이 같기 때문에 행동마저 같아지기 때문이다.

유대인의 삶도 결국은 하나의 모습을 보인다. 그들은 노벨상을 받는 소수의 사람들로 구성되는 것이 아니다. 대부분의 유대인은 각 분야에서 엄청난 성공을 한다. 노벨상 수상을 필두로 세계적인 기업을 성공시키는가 하면, 언론, 보석시장, 부동산, 군수산업, 곡물시장, 정유업계 등을 완벽하게 장악하고 있다. 한 마디로 전 세계의 학문과 경제를 완벽하게 장악하고 있다. 심지어 예술계에서도 그들의 활약은 두드러진다.

그 중심에는 그들의 머리가 있다. 좀 더 정확하게는 그들에게는 생각하는 힘에 있다. 그리고 그 생각하는 힘을 뒷받침하는 모든 것에 그들의 문화가 있다. 그것은 매우 촘촘하고 끈끈하며 치밀하게 만들어져 있다. 이것은 한 번에 만들어진 것이 아니라 오랜 시간 동안 만들어진 것으로, 이제는 거대한 흐름이 되었고, 전 세계에서 가장 완벽한 성공공식을 만들어낸 것이다. 그들은 결코 낙오자를 만들지 않는다. 거의 모두가 성공한다.

낙오자가 없는 성공이란 신화에 가깝다. 그러나 유대인은 그것을 현실로 만들어냈다. 유대인은 자신의 개성에 집중하면서, 모든 사람들이 남과 다른 삶을 살도록 이끌었기 때문이다. 창의성이란 무엇인가? 남과 다른 생각을 말한다. 그들은 개성에 집중했고, 그것은 창의적인 삶을 가능하게 했다. 또 그들의 자유로운 문화는 마음껏 생각하고 행동할 수 있도록 만들었고, 그것은 권위를 넘어 새로운 세상을 창조할 수 있는 근본적인 힘을 만들어냈다.

그렇다면 유대인의 근본적인 힘은 어디에서 나올까? 바로 독서다. 그리고 글쓰기다. 그리고 토론이다. 그리고 대화다. 결국 그들의 힘은 생각하는 힘에서 나오고, 그 바탕의 되는 것이 독서와 글쓰기, 토론과 말하기다. 그리고 평생 공부다. 그들에게 《탈무드》가 있다는 것도 빼놓아서는 안 된다. 《탈무드》는 세상을 입체적으로 볼 수 있는 힘을 길러주는 좋은 도구이기 때문이다. 또 그들은 추상적인 사고를 통해서 상상력을 키웠고, 그것을 통해서 노벨상과 세계적인 기업을 창업할 수 있는 근본적인 힘을 키울 수 있었다.

유대인은 우리 시대 최고의 성공모델이다. 이것은 개인과 국가 모두에 해당한다. 그들은 2,000만 명도 되지 않는 인구로 세계 최고의 성과를 휩쓸고 있다. 그 이유는 생각의 힘에 있다. 그리고 독서에 있다. 그들은 책의 민족으로 거의 매일 책을 읽으며 독서를 통해서 생각하는 힘을 길러 글도 많이 쓴다. 그것은 인구 9명당 1명이 작가라는 통계에서 여실히 드러난다. 글을 통해 생각하는 힘을 키웠고, 그것은 세계 학문계를 평정하는 힘이 되었다. 그 외에도 그들의 머리가 좋은 이유는 많다. 그것을 이 책에서는 모두 다루고 있다. 그들은 IQ는 한국보다 12점이나 낮지만 압도적인 성과를 낸다. 그 이유는 분명히 있다. 그들은 좋지 않은 머리를 후천적인 노력으로 좋은 머리로 만들어냈다.

이 책은 유대인 성공의 핵심적인 비밀을 깊이 있게 다뤘고 현재 대한민국의 상황과 연결해 많은 고민을 할 수 있도록 만들었다. 모쪼록 독자들이 이 책을 통해서 생각하는 힘을 키우고 승자로 거듭나길 바란다. 궁극적으로 나는 이 책을 통해서 대한민국 5,000만 명 모두가 신화적 인물이 될 수 있다고 믿는다. 끝으로 이 책을 집필하는 데 많은 도움을 주신 선배 작가 분들에게 깊은 감사를 드린다.

대구 동성로에서
이상민

유대인의 성공비밀
I

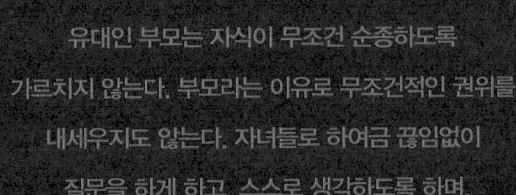

유대인 부모는 자식이 무조건 순종하도록
가르치지 않는다. 부모라는 이유로 무조건적인 권위를
내세우지도 않는다. 자녀들로 하여금 끊임없이
질문을 하게 하고, 스스로 생각하도록 하며,
적극적으로 말을 하도록 가르친다.

01
공부로 성공하는 것은
타고난 머리로 만들어지는 것이 아니다

한국은 공부로 성공하는 것에 대한 잘못된 믿음이 있다. 타고난 머리가 좋아야 한다는 것이다. 적어도 IQ로 대변되는 머리가 좋지 않다면 공부로 성공하기 어렵다는 믿음이 암암리에 존재한다. IQ가 좋으면 한국식 수능을 공부하는 데는 제법 도움이 될 것이다. 이른바 계산하는 능력과 추리하는 능력에서 앞설 수 있기 때문이다. 그래서 메가스터디 손주은 대표도 '공부는 유전자'라는 이야기를 하기도 했다. 타고난 머리가 좋으면 한국형 입시에는 분명 도움이 되기 때문이다. 그러나 IQ가 높다고 노벨상을 받거나, 우수한 연구를 하거나, 우수한 학자가 되거나, 세계를 뒤집을 정도의 철학적 사상을 만들어내지는 못한다. 이러한 능력은 사실상 생각하는 능력과 기존의 틀을 완전히 깨뜨리고 혁명적인 생각을 할 수 있어야 가능한데, 높은 IQ가 이것을 담보해주는 것은 아니다.

한국인의 평균 IQ는 106점으로 세계 최고 수준이다. 그에 반해 유대인의 평균 IQ는 94점으로 우리보다 12점이나 낮다. IQ에서 12점 정도는 제법 큰 차이다. 또한 유대인의 IQ 수준은 동아시아 주요 국가보다 낮으며, 유럽, 미국에도 뒤진다. 사실상 IQ로만 보면 유대인은 그리 똑똑하지 않다고 볼 수 있다. 그러나 유대인은 어떠한가? 머리를 쓰는 일에 있어서 압도적인 우위를 보여주고 있다. 전 세계의 노벨상을 휩쓰는 것을 시작으로, 하버드대학교를 비롯한 아이비리그 대학에서 압도적으로 많은 학생과 교수 숫자를 자랑하고 있다. 그들의 공부로 인한 성과는 한국의 그것과는 판이하게 다르다. 한국에서의 성과가 좋은 대학에 입학해 좋은 직장에 입사하는 것이라면, 유대인의 성과는 전혀 다르다. 그들은 좋은 대학과 좋은 직장에 들어간 후에 본격적으로 성과를 내놓는다. 그들은 세계적인 연구를 하고, 세계적인 결과물을 내놓으며, 세계적인 기업들을 유감없이 키워낸다. 뿐만 아니라 세계의 철학과 사상을 만들며, 세계 최고의 과학자와 예술가가 되어 나타난다.

우리보다 IQ가 12점이나 낮은 그들은 어떻게 공부로 이러한 성과를 낼 수 있을까? 그들에게는 머리가 좋아지도록 만드는 문화가 있기 때문이다. 좋은 머리를 타고난 우리는 어떠한가? 세계 최고의 두뇌를 가진 한국인은 삶의 질이 낮고 경쟁 또한 극심하며 대다수가 경쟁의 대열에서 탈락한 낙오자의 모습이다. 대학을 졸업했지만 선진국의 고졸보다 못한 것이 한국인의 모습이다. 대다수가 일자리를 잡지 못하고, 창업을 할 엄두는 내지도 못하며, 캥거루족으로 하루하루 버티는 사람이 어디 한둘인가? 9급 공무원이 한국 대학생의 희망직업 1위라니. 암담함 그 자체가 한국의 모습이다. 타고난 좋은 머리로는 아무런 성과를 내지 못한다. 아니 자신의 앞가림조차 못한다. 진정한 리더로 나서야 함에도 불구하고 대다수가 자신의 앞가림조차도 버거운 현실에 놓이게 된다.

유대인은 태어날 때부터 죽을 때까지 머리가 좋아지는 트레이닝을 받는다. 그것을 단순히 교육으로 설명할 수는 없다. 교육은 문화의 한 측면만 담고 있을 뿐이다. 교육은 필연적으로 그 사회 전체의 문화에 영향을 받는다. 교육은 문화의 부산물이라고 봐야 한다. 그 사회를 지배하고 있는 거대한 공기(분위기), 그 공기에 따라 마치 군대처럼 사람들이 움직이는 것, 그것이 바로 사회고 국가다. 전 세계의 모든 국가는 이러한 룰에 따라 움직이며, 예외는 지구상에 단 한 곳도 없다. 군대는 강력한 규칙으로 군인들을 통제하고 이끈다. 그러나 국가는 문화로써 국민 개개인의 삶에 강력한 영향을 미친다. 만약 그 문화에서 벗어나면 왕따가 되고 사회에서 정상적으로 살아갈 수 없게 된다. 하나의 생각, 하나의 룰로 다스려지고 있는 곳이 바로 국가고, 국민이다.

이것은 일본도, 한국도, 이스라엘도 마찬가지다. 모든 국가가 그러하다. 일본과 한국도 그 문화가 분명하며, 이스라엘도 마찬가지다. 그 룰에 따라서 철저하게 움직이고 있다.

그렇다면 한국은 어떠하며, 이스라엘은 어떠한가? 이것을 한 문장으로 정의할 수는 없다. 그러나 그럼에도 한 마디로 해보라고 한다면 나는 이렇게 단언하고 싶다. 한국은 생각을 하지 않는 사람을 만든다. 무조건 암기해서 정답을 맞혀야 하고, 거기에 맞춰서 좋은 대학, 좋은 직장, 좋은 배우자를 만나야 한다. 그리고 좋은 집을 사야 하고, 좋은 차를 타야 한다. 이것이 소위 성공한 인생이며, 이것을 거의 모든 국민들이 맹목적으로 추종하고 있고, 여기에서 벗어나면 왕따가 된다. 그래서 직장에서는 절대로 오너에게 직언하지 않는다. 옳은 것보다는 보신保身이 우선이기 때문이다.

그렇다면 이스라엘은 어떠한가? 이스라엘에는 생각을 하는 문화가 있다. 정답이 하나라고 생각하지 않는다. 다름을 인정한다. 100명이 있다면 100개의 답이 있다고 생각한다. 심지어 그 답 안에서도 또 다른 답이 나올 수 있다고 인정한다. 그리고 평등사상을 가지고 있기 때문에 사장에게도 서슴없이 직언을 한다. 아니 친구처럼 어울린다. 수평적으로 일한다. 일을 많이 하지도 않는다. 대신 세계 최고의 성과를 낸다. 그들은 대다수가 오후 3~4시면 퇴근을 한다. 왜냐하면 인생은 행복을 위해서 존재하는 것이기 때문이다. 그렇게 일하면서도 세계에서 가장 많은 돈을 벌고 있다. 이유는? 효율적으로 일하기 때문이다. 무식하게 일하는 것이 아니라 생각을 해서 최대한의 효율을 만들어낼 방법을 도출하기 때문이다. 그리고 그들은 근본적으로 세상을 바꿀 생각을 갖고 있다. 세계를 혁명하여 더 좋은 세상을 만드는 것에 삶의 의의가 있다고 믿기 때문이다. 이러한 생각은 일본의 1,000년 영웅 사카모토 료마가 가졌던 생각인데, 유대인은 국민 전부가 이런 생각을 갖고 있다. 그래서 생각이 도전적이고 도발적이다. 그래서 공산주의와 같은 생각도 나오고, 상대성 이론과 같은 생각도 나오는 것이다. 이 세계를 지배하는 법칙조차도 통째로 바꿔 버리는 배짱이 그들 모두에게 있다. 이것은 교육인가? 아니다. 문화다. 이것은 마치 군대와 같다. 이러한 자유롭고 개방적이고 혁명적인 문화가 유대인의 문화인 것이다. 그러다 보니 모두가 최고의 결과를 낸다. 마치 모두가 천재인 것처럼 말이다.

유대인은 머리가 좋은가? 아니다. 머리가 나쁘다. 나쁘기 때문에 머리가 좋아지도록 사회 전반의 문화를 만들었고, 개인은 노력을 했으며, 그렇게 최고의 결과를 낸 것이다.

혹자는 유대인의 우수한 유전자를 이야기하지만 그것은 전혀 맞지 않는 말이다. 유대인은 이민족과의 결혼으로 이미 피가 많이 희석되었다. 피가 희석되었는데도, 심지어 한국인을 입양하고도 최고의 인물로 키워낸다. 문화 덕분이다. 유전자가 아니다. 인간의 차이는 생각보다 그리 크지 않으며 이것은 10년, 20년, 30년간의 노력으로 엄청난 격차를 낼 수 있다. 머리가 좋은 인간과 그렇지 않은 인간 간에 격차가 오히려 역전이 되어 엄청난 격차가 나올 수 있다는 이야기다. 한국인은 실제로 노벨상을 얼마나 받았는가? 한국 국민들은 실제로 얼마나 풍요롭게 살고 있는가? 얼마나 많은 시간을 자신을 위해 사용하고 있는가? 한국인은 좋은 머리로 죽도록 일을 하고도 아무런 성과를 내지 못하고 있다. 이유는 단 하나다. 머리만 좋기 때문이다. 그것 외에 다른 무기가 전혀 없기 때문이다.

유대인은 머리를 쓰는 시스템이 학교와 가정에 존재한다. 이때 머리를 쓴다는 것은 한국처럼 책을 외우는 것을 말하는 것이 아니다. 교과과목을 누가 더 잘 외워서 100점을 맞느냐의 평가를 말하는 것이 아니다. 이때의 공부란 내가 어디에 관심을 보이고, 무엇에 흥미를 느끼며, 어떤 분야에 특별히 창의적인지, 어떤 잠재력을 가지고 있는지를 주의 깊게 관찰해서 능력을 계발하는 것을 말한다. 즉, 무식하게 노력하는 것을 절대적으로 배제하고, 개성에 초점을 맞춰 아주 깊이 파고드는 것을 말한다. 그래서 세계 최고 수준의 경쟁력을 보유한 그 분야의 1인자를 유대인 모두가 꿈꾸고 실제로 현실로 이루어낸다. 그래서 유대인에게는 낙오자도 거의 없는 편이다. 모두가 개성을 살리는 방향으로 나아가는 문화가 확고하기 때문이다. 우리처럼 수능 잘 본 사람 1%만 살리고, 나머지 99%는 나 몰라라 하는 교육과는 근본적으로 뿌리가 다르다.

유대인은 《탈무드》를 통해서 공부를 하는데, 이를 통해서 세상을 입체적으로 보고 사고하는 트레이닝을 7년 동안 집중적으로 하고, 이후에도 평생 동안 《탈무드》 공부를 이어간다. 왜냐하면 공부와 두뇌 트레이닝은 평생을 해야만 한다는 믿음이 있기 때문이다. 실제로 《탈무드》는 삶의 지침서라고 할 수 있다. 또 학교에서는 어떤가? 과제물을 내줄 때에도 정답이나 결과가 아니라 자료 해석력에 초점을 둔다. 즉, 얼마나 많은 자료를 모았느냐, 얼마나 그것을 적절하게 종합하고 재정리하여 깊이 있게 생각한 뒤에 자신만의 결론을 내렸느냐를 평가한다. 그래서 결과보다는 내용을 이끌기 위한 과정에 초점을 두고 평가한다. 왜냐하면 이러한 방식으로 평가를 해야만 긴 인생을 살다 문제가 생겼을 때 스스로가 생각을 하고 정리해 답을 찾을 수 있는 힘을 근본적으로 키워줄 수 있고, 학문과 연구라는 주제가 주어졌을 때 자신의 생각으로 자신만의 결론을 내려 세상에 없던 결과를 만들어내 세상 전체를 완전히 바꾸는 길을 만들 수 있기 때문이다. 그들은 이렇듯 그들이 정의하는 공부를 통해 세상의 모든 것을 분석하고 판단할 수 있는 힘을 기른다. 그래서 혁명적인 것들을 창조해낸다. 상대성 이론이나 공산주의와 같은 이론을 만들 수 있는 것이다. 그리고 이런 방식으로 교육을 해야만 자신의 생각을 이끌어낼 수 있고, 이 생각하는 힘이 총칼 안 든 전쟁인 세계 경제 전쟁에서 승리할 수 있는 불굴의 전사를 키울 수 있기 때문이다.

유대인은 우리에게 희망을 준다. 왜냐하면 후천적으로 만들어졌기 때문이다. 아주 우수한 머리를 가진 사람이 최고의 결과를 냈다면 도저히 따라잡을 엄두를 낼 수 없지만 좋지 않은 머리인데도 해냈기 때문에 위안이 되는 것이다. 맹자의 말처럼 그가 했다면 나도 할 수 있는 것이다 (《맹자》, 彼丈夫也, 我丈夫也, 吾何畏彼哉). 한국인 대다수는 머리로 성공하는 것에 두려움을 갖고 있다. 사실상 세계 최고의 머리를 가지고 있으면서도 자신은 머리가 좋지 않다고 생각한다. 왜냐하면 학벌이 좋지 않기 때문이다. 그리고 좋은 학벌을 가진 사람도 이 시스템에 길들여져서 큰 성공을 할 수 없게 된다. 그렇다면 중요한 것은 문화다. 국가의 문화를 바꾸는 것, 여기에 우리 국민 모두의 성공이 달려 있다. 그리고 개개인이 이 문화가 중요하다는 것을 인지하는 순간, 그들의 미래가 순식간에 엄청나게 바뀔 것이다. 일단 인식을 하는 순간 스스로가 노력을 할 것이고, 그럼으로써 그들 자신과 그들의 가정, 그들의 기업, 나아가 그들 국가의 문화는 크게 변할 것이고, 그로써 국가 전체가 변할 것이기 때문이다. 내가 이 책을 쓰는 이유는 한국의 문화를 바꿔 한국을 더욱 부강하게 만들기 위해서다.

02
도쿄대생과 서울대생은 왜 바보가 되었나?

일본의 작가 다치바나 다카시는 자신의 책 《도쿄대생은 바보가 되었는가》에서 일본 최고의 인재라고 불리는 도쿄대학교 법대생이 찻잔형 인재, 즉 획일적이고 개성이 없다며 바보가 되었다고 말한다. 그렇다면 한국 최고의 명문대 서울대학교는 어떠한가? 큰 차이가 없다. 거의 같다.

서울대학교 역시 학생들이 획일적이다. 생각하는 진로 역시 자기만의 길을 가겠다거나, 소질이나 개성을 살린다거나 그런 것이 없다. 대다수가 고시, 공무원, 금융 공기업, 대기업 식으로 정해져 있다. 몰개성, 획일화의 길을 걷고 있다. 바보가 된 것이다.

유대인은 어떻게 큰 성공을 거둘 수 있었을까? 그것은 하기 싫은 것은 하지 않는 것에 있다. 억지로 하지 않는다는 것이다. 남들이 그것을 인정한다고, 안정적이고 돈이 벌린다는 이유로 선택하지 않았다. 그들은 어떤 기준으로 그들의 삶을 걸었을까? 바로 그들 자신의 개성에 있다.

자신이 잘하는 것을 극적으로 키운다는 것이다. 그리고 그것으로 승부를 한 것이다. 자신의 재능과 개성을 크게 살리는 교육, 그리고 하고 싶은 일을 한다는 것이 그들 교육의 핵심인 것이다. 그러나 한국과 일본은 교육의 방향이 정반대로 가고 있다. 어떤 틀에 자신을 맞추고, 거기에 맞게 억지로 자신을 변형시키고 있다. 자신의 모습 그대로 살면 되는데 말이다. 왜냐하면 국가가 그런 문화이기 때문이다. 자신의 개성을 살리려고 하면 사회에서 이상한 사람으로 바라본다. 자기의 의견을 주체적으로 말하면 괜히 나댄다고 말한다. 모두가 같은 모습으로 살고 있다. 그곳에는 무엇이 있는가? 살벌한 경쟁과 대다수가 패배자가 되는 것만 있을 뿐이다. 지독한 과로와 희망 없음이 기다리고 있다. 대다수는 이 대열에서 탈락하고, 설사 이 대열에 들었다고 하더라도 희망이 없다. 왜냐하면 정상의 자리가 너무 적고, 평가의 기준이 너무나 획일화되어 있어 차별화가 어렵기 때문이다. 지금 대한민국 대다수의 젊은이들은 대기업과 공무원만을 삶의 목표로 삼고 있다.

유대인은 전혀 다르다. 그들은 결코 낙오자를 낳지 않는다. 그들은 형제간에 공부로도 비교하지 않는다. 이유는? 모두가 각자의 개성이 있는데 왜 공부로만 비교를 하느냐는 것이다. 각자의 개성대로 삶을 사는 방법을 교육시킨다. 그래서 그림을 그려도, 글을 써도, 음악을 해도 전혀 뭐라고 하지 않는다. 한국은 예술을 하면 집안을 박살낼 놈으로 모두가 말하지만, 유대인은 잘한다면 기꺼이 밀어준다. 그래서 세계적인 화가, 작가, 영화감독이 나온다. 스필버그도 학업은 낙제에 가까웠지만 그 부모는 절대로 스필버그를 나무라지 않았다. 오히려 그의 능력을 격려하며 키워주었다. 한국에서는 상상할 수 없는 일이다.

이것이 바로 문화다. 자기가 하고 싶은 일을 할 때 유대인은 팍팍 밀어주고, 한국인은 팍팍 기를 죽인다. 이 차이로 한쪽은 개성을 극적으로 살리고, 한쪽은 획일적 인간이 된다. 모범생이지만 개성이 없는 인간이다. 그렇게 두루뭉술하게 살아간다. 이것이 한국 인재의 이상적 표준이 되었고, 그 결과 답이 없는 한국이 되었다.

그러니까 최고의 인재라고 불리는 사람마저도 바보가 되어버린 것이다. 최고의 인재란 무엇인가? 사회에서 그렇게 정하는 것이고, 사회는 문화에 의해서 그렇게 정한다. 우리의 문화는 그러하다. 그러나 유대인의 문화는 전혀 다르다. 모두가 성공하는 삶을 꿈꾼다. 우리는 대기업과 공무원이라는 10%에 불과한 일자리에 목숨을 걸고 여기에서 탈락하면 자살을 한다. 중소기업에서 일하면 결혼도 하지 않으려고 한다. 그 결과 미혼 비율도 50%에 육박한다. 이것은 무엇인가? 사회의 근간과 뿌리가 송두리째 흔들리고 있다는 국가의 위기를 뜻한다.

문화의 힘이란 무엇인가? 한 개인의 삶은 물론 그 국가 전체의 성공을 좌우한다. 그래서 진정한 자기계발을 하려면 그 국가의 문화를 바꾸어야 한다. 왜냐하면 자기계발은 경쟁을 통해 성공과 실패를 가르는 것이 아니라 모든 사람을 성공자로 만들어야 하기 때문이다.

서울대생도 바보가 되었고, 한국의 인재 정의도 잘못되었다. 이제는 개성 중심으로 돌려야 한다. 자신이 잘하는 것이 있다면 밀고 나가야 한다. 그리고 밀어주어야 한다. 그런 문화를 확립해야 한다. 그런 문화를 만들고 못 만들고의 차이가 한국의 미래를 결정지을 것이다.

유대인 변호사의 압도적인 승소율은 유대인의 문화에서 나왔다

 유대인의 문화 중 '하브루타'라는 것이 있다. 이것은 토론식 공부를 말한다. 즉, 짝을 지어 질문하고 대화하고 토론하고 논쟁을 하면서 생각을 나눈다. 그러면서 자신의 생각을 더욱 정교하게 다듬고, 다른 사람의 생각을 듣고 공격하고 방어하면서, 생각하는 능력을 키운다.

 유대인에게 토론은 일상생활이다. 토론이라고 하니 조금 거창한 느낌도 들지만 대단한 것이 아니다. 어떤 주제에 대해 이야기한다는 것이다. 질문과 대답을 주거니 받거니 한다는 것이다. 그러면서 공부도 하고, 반박도 하고, 자기 생각이 틀리면 받아들이기도 한다는 것이다. 물론 때로는 죽을 듯이 싸우는 것처럼 보인다. 그러나 유대인은 절대 대충주의를 허락하지 않는다. 유대인은 한국인처럼 정情으로 뭉쳐진 집단이 아니다.

내가 맞아도 상대방이 기분이 나쁠 것 같으면 주장하지 않는 문화가 아니다. 옳으면 죽을 듯이 말하고 싸운다. 개인감정? 그런 건 나중 문제다. 옳은 주장이 우선이라고 믿기 때문이다. 그렇게 싸운 후에도 상대방을 털털하게 받아들인다. 그래서 격렬한 토론도 자연스럽게 이루어진다. 그래서 주장을 극단적으로 밀고 가게 되고, 궁극에는 새로운 생각을 만들어낸다. 그 산물 중 하나가 사회주의의 탄생이다. 완전히 새로운 생각들을 끝까지 밀고 나간 결과가 하브루타(토론)의 산물인 것이다.

그렇다면 유대인의 토론 문화, 즉 하브루타는 어느 정도일까? 이것은 숨을 쉬는 것과 같다. 평소에 공부를 할 때도 둘이서 공부를 하고, 《탈무드》를 공부할 때도 그렇게 하며, 집안에서 부모님과의 대화도 토론으로 이어진다. 그러니까 생활이다. 그러면서 계속해서 자신의 주장을 정교하게 하는 법을 익힌다. 이것은 무엇인가? 생각의 훈련이다. 끊임없이 새로운 생각이 공격해 들어오니 방어를 해야 하는 것이다. 그러니 죽어라고 생각을 할 수밖에 없다. 그 결과 생각이 굉장히 단단해진다. 생각하는 방법을 깨닫게 된다. 그들은 하나의 현상을 입체적으로 보는 눈이 있다. 평생을 훈련하고 단련하기 때문이다.

실제로 미국의 변호사 중에 유대인들은 승소율이 높기로 유명하다. 그들에게 토론은 숨 쉬는 것처럼 자연스러운 일상이기 때문이다. 그렇기 때문에 상대 변호사와 싸우는 것도 아주 쉬운 것이다. 작은 논리라도 있으면 바로 파고들어서 끝장을 내버리는 것이다. 유대인 변호사의 승소율은 그들의 토론, 즉 하브루타에 있는 것이다.

유대인 부모는 아이를 임신했을 때부터 책을 읽어주거나 대화를 하고, 아이가 태어나면 베갯머리에서 이야기를 들려주며 대화를 나눈다. 또 학교에 입학하고 나면 선생님과 대화를 하고, 학우들과도 대화를 나눈다. 《탈무드》로 토론을 하고, 심지어 길거리나 식당, 카페 등에서도 아무나 잡고 이야기를 한다. 그래서 토론, 즉 하브루타를 생활화하며 살아간다.

토론에서는 나만의 생각, 새로운 생각, 남과 다른 생각이 중요하기 때문에 끊임없이 자신의 머리로 생각을 해야 한다. 그 덕에 남과 다르게 생각하는 힘을 키우게 되고, 이 힘이 바탕이 되어 창의적인 인재가 된다.

토론을 하게 되면 다양한 견해와 관점을 듣고 생각하게 된다. 또 다양한 시각을 갖게 된다. 창의성이란 다르게 생각하는 능력이다. 따라서 토론을 하면 이 능력이 극적으로 키워진다. 유대인은 문화 자체가 토론을 밥 먹듯이 한다.

그래서 유대인은 시끄럽고 말이 많다. 늘 말을 하면서 산다. 말을 하면서 자신의 생각을 표현하고, 수정하며, 정교하게 다듬고, 전혀 다른 식으로 세상을 바라본다. 이것저것 생각을 하다 보면 대형 생각이 걸린다. 그리고 그게 터져서 세상을 놀라게 하고, 그것은 곧 노벨상이나 세계적인 기업이나 세계적인 작품으로 탄생하게 된다. 세상의 모든 결과물은 생각의 산물이고, 이 생각은 결국 많이 해본 사람이 깊고 다양하다는 점에서 토론, 즉 하브루타는 놀라운 힘을 내는 것이다.

실제로 한국의 듣는 교육, 받아 적는 교육, 외우는 교육은 뇌를 자극시키지 못한다. 수동적, 피동적으로 받아들이기 때문이다. 뇌는 내가 나서서 남을 가르쳐야 할 때, 내가 나서서 설명해야 할 때, 내가 나서서 전혀 새로운 연구를 진행해야 할 때 자극을 받는다. 그래서 토론은 뇌를 자극하는 교육이다. 유대인은 이것을 발판으로 일어선 것이다. 그래서 유대인은 변호사는 물론이고 예술가, 과학자, 사업가, 교수 등 모든 사람이 큰 힘을 낼 수 있는 원동력을 가지고 있는 셈이다.

실제로 유대인이 이러한 교육을 하는 이유는 남과 함께 이야기하고 몸을 움직이면서 하는 교육이 자연에 맞는 것이기 때문이다. 실제로 가만히 앉아서 하는 교육은 자연을 거스르는 행위다. 자연에 맞는 건 뛰어다니면서 돼지도 잡고, 호랑이도 잡고, 과일도 따면서 다양한 생각을 통해 효과적인 방법을 도출하는 것이다. 그래서 온몸을 사용하고, 오감을 활용해서 생각하고 공부를 해야 지혜를 얻을 수 있다는 것이다. 그래서 유대인은 남과의 토론, 몸을 움직이는 교육을 사용한다.

토론은 교육에 있어 매우 중요하다. 자신의 생각을 말하는 것이고, 생각하는 능력을 키우는 것이기 때문이다. 자신의 생각으로 무엇인가를 만들어보고, 그것을 끝까지 밀고 나가야 성공하는 사업가, 좋은 학자가 된다. 그런 스스로의 작품을 만들 수 있는 힘은 바로 생각에 있고, 토론은 바로 그 생각에 좋은 자극제가 된다는 점에서 매우 훌륭한 교육도구인 것이다.

04
성공하려면 절대로 남보다 잘하려고 하지 마라

　유대인은 경쟁의 개념을 남에게 이기는 것이라고 정의하지 않는다. 남과 달라지는 것에 초점을 둔다. 그러기 위해서 자신에게 집중한다. 내가 무엇을 잘할 수 있는지, 어떻게 살면 좋을지를 깊이 있게 탐구한다. 스스로에게 질문을 던지고 답을 하는 하브루타를 한다. 즉, 자신에게 질문을 던지고 답을 하는 것은 사색인데, 이러한 과정을 치열하게 하는 것이다. 자신에게 질문을 하고 스스로 답을 찾아내는 것이다.

　왜 이러한 사색, 자기와의 하브루타가 중요한가? 바로 개성을 찾기 위해서다. 나의 삶을 살기 위해서다. 세상에서 남과 싸워서 이기는 삶이 아니라, 나의 개성과 적성대로 살면서 남과 다른 삶을 살기 위해서다. 우리는 일정한 틀을 만들어놓고 싸우지만, 유대인은 그렇게 하지 않는다. 자기에게 묻고, 그 길을 그냥 걸어가는 것, 그것에 목숨을 건다.

'모두가 한쪽으로 쏠리면 세계가 전복된다'는 유대인 속담은 이러한 정신을 잘 반영하고 있다. 우리나라는 잘 된다고 하면 무조건 따라 한다. PC방 창업 때도 그랬고, 조개구이 창업 때도 그랬으며, 지금도 대기업과 공무원에 모두가 인생을 건다. 요즘에는 치킨집 창업에도 너도나도 참여하고 있고, 카페 창업도 너무나 많다. 무엇이 잘 된다고 하면 너도나도 그곳에 몰려든다. 나만의 삶이나, 나에 대한 깊은 고민이나 탐구는 없다. 어쩌면 한국은 이미 그런 것을 생각하는 능력을 잃어버린 사회가 된 것인지도 모른다. 왜냐하면 이러한 능력은 하루아침에 길러지는 것이 아니라 생활이나 습관 그리고 문화에 의해서 천천히 만들어지는 것이기 때문이다. 지금 우리 한국은 앞으로만 가기에도 숨차서 쓰러질 지경인 모습들이 많다. 이러면 나라가 망하고 만다. 생각 없이 전진만 해서 어떻게 하겠다는 것인가? 앞에 전봇대가 있어도 들이박겠다는 것인가? 생각하는 능력을 잃어버린 사회는 브레이크 없는 폭주 기관차와 같다.

유대인이 탁월한 이유는 모두가 살 수 있으면서도 자신이 최고가 되는 삶을 현실화시켰다는 데에 있다. 100명에게 질문을 던지면 100명의 답이 모두 다른 것을 받아들였기 때문이다. 모두 자신에게 맞는 정답을 찾아서 최고가 되는 삶을 만들어냈기 때문이다. 철저하게 개성 중심의 교육을 시키고, 어떤 틀 안에 가두지 않는 교육이 바로 오늘날의 유대신화를 만들어냈다.

틀을 깨부수고, 자기만의 생각으로 자기만의 삶을 산다는 것, 이것이 유대신화의 핵심이다. 그리고 그 중심에는 생각하는 능력이 있다. 그것이 무엇이든 고정화해서 생각하지 않고, 이렇게도 생각해보고, 저렇게도 생각해보는 것이다. 이것은 《탈무드》 공부와 하브루타에서 나왔다. 끊임없는 트레이닝의 결과인 것이다. 그 기간도 무척이나 길다.

 이것은 인위적인 노력으로 된 것이 아니라고 봐야 한다. 그러한 집단 문화가 너무나 강력해서 자연스럽게 한 것이고, 그러다 보니 자연스럽게 오늘날의 결과를 얻은 것이다. 한국에서 유대인처럼 살면 미친놈 취급당하지 않겠는가 말이다. 심지어 스티브 잡스도 한국에서 태어났다면 대학 중퇴자로 낙인찍혀 취업을 못했을 수도 있다.

 내가 문화의 힘을 강조하는 이유는 문화란 모든 성공의 중심 기반이기 때문이다. 문화가 뒷받침되지 않으면 돈키호테로 살 수밖에 없다. 돈키호테가 왜 돈키호테인가? 아무도 그렇게 하지 않는데 자기 혼자 미친놈처럼 그러니까 돈키호테인 것이다. 즉, 문화가 잘못되어 있으면 1명의 돈키호테와 수천만 명의 희생자가 탄생되게 된다. 지금 한국은 그런 지경에 있다. 유대인에게 승부는 남과 싸우는 것이 아니다. 자신의 개성에 집중하는 것이다.

 우리도 개성 중심의 삶을 살아야 한다. 자기 삶을 살아야지, 언제까지 사회에, 부모에, 친구에 끌려다닐 것인가? 남의 인생을 대신 살다가 갈 것인가? 이것은 아니다. 이러한 개성을 살리는 삶을 살기 위해선 자기탐색이 반드시 필요하다. 그러한 시간이 필요하고, 문화 또한 뒷받침되어야 한다. 이러한 문화를 위해선 이러한 문화 속에서 있는 사람들끼리 커뮤니티를 만들고, 함께 교제하는 것도 도움이 된다. 혼자서 문화를 바꾸는 것이 쉽지 않기 때문이다. 물론 혼자서 씩씩하게 자기만의 길을 만드는 영웅이 한국에도 있다. 그러나 소수에 불과하고, 그 과정이 험난할 수밖에 없다. 모임이 있으면 서로 힘을 주고받을 수 있다.

05 왜 유대인은 통념을 깨는 상식파괴자가 많은가?

'후츠파'는 뻔뻔한, 당돌한, 주제넘은 등의 뜻을 가진 히브리어다. 그리고 여기에는 유대인이 지향하는 7가지 정신이 담겨 있다. 그 7가지 정신은 ① 권위에 대한 질문, ② 형식 타파, ③ 섞임과 어울림, ④ 위험 감수, ⑤ 목표 지향의 정신, ⑥ 끈질김, ⑦ 실패 학습을 말한다(문서영, 《당돌하게 다르게 후츠파로 키워라》 참고).

유대인은 기본적으로 반골反骨 기질을 갖고 있다. 기존 사회의 질서를 뒤흔들고, 기존 사회의 권위에 도전하면서 자신의 이론을 정립하려는 생각을 강하게 갖고 있다. 왜냐하면 오랜 두뇌 트레이닝으로 생각하는 능력을 키웠고, 그 결과 잘못된 것에 대해서 주저 없이 비판하는 것이 습관이 되었기 때문이다. 이 사회나, 통설이나, 통념이나, 상식 중에 잘못되어 있는 것은 얼마든지 있으며, 그렇기 때문에 그들은 더 좋은 사회의 건설을 위해서 이를 바로 잡는 것이다. 그래서 대통령, 노벨상 수상자, 이 사회의 법, 학문의 통설도 모두 뒤흔든다. 그랬기 때문에 사회주의가 나왔고, 상대성 이론이 나올 수 있었다.

이러한 돈키호테 기질, 반골 기질, 혁명가 기질, 사회 변혁에 대한 생각들을 유대인은 강하게 갖고 있다. 그들은 세상의 모든 것이 필연적으로 만만하기 때문이다. 왜냐하면 세상의 모든 것을 재해석할 능력이 있기 때문이다. 생각으로써 인간과 사회를 꿰뚫어보고 있으며, 그렇기 때문에 사회를 관통하는 원리에 대해서 자신도 충분히 정립할 수 있다고 믿는 것이다. 그 결과 기존의 거대한 기둥들을 여지없이 무너뜨리고 자신의 대들보를 세우는 것이다.

그래서 유대인 부모는 자신의 자식이 무조건 순종하도록 가르치지 않는다. 부모라는 이유로 무조건적인 권위를 내세우지도 않는다. 자녀들로 하여금 끊임없이 질문을 하게 하고, 스스로 생각하도록 하며, 적극적으로 말을 하도록 가르친다. 그래서 그런 가르침대로 평생을 살며 결국에는 후츠파 정신을 살리길 원한다. 그들은 자녀들을 가르칠 때 무엇보다도 자유롭게 생각하고 진리를 거침없이 추구할 수 있도록 한다. 왜냐하면 이 세상의 진보는 자유로운 상상과 틀을 완벽히 깨어버리는 거침없는 생각에서 나온다는 것을 그들은 잘 알고 있기 때문이다. 그리고 이러한 생각을 하려면 무엇보다도 생각이 자유로워야 하고, 사상이 말랑말랑해야 한다는 것도 잘 알고 있다. 어딘가에 박혀 있으면 안 된다. 틀에 박혀 있거나, 사회가 가르치는 대로 말하는 앵무새가 되어선 안 된다는 것이다. 단순히 사회에서 정의한 엘리트가 되어 기득권이 말하는 것을 그대로 행동하는 앵무새가 되어선 사회를 진정으로 변화시키지 못한다.

그러나 이들이 이렇게 권위에 도전한다고 해서 예의가 없거나 그렇지는 않다. 이것은 단순히 예의가 없는 것과는 차원이 다르다. 당연히 서로를 존중한다. 그들의 철학에 기본에 박혀 있는 것은 바로 평등정신이다. 그래서 누구나 동등한 인간으로서 생각을 하고, 그 생각을 전할 권리가 있으며, 내 생각이 옳다면 관철시킬 수 있다고 생각한다.

이렇게 거침없이 생각하고 도전하려면 무엇보다도 연습이 필수적이다. 여기에서 나오는 것이 또 하브루타다. 부모님, 선생님들과 토론을 하면서 그들은 평소에도 연습을 한다. 부모에게도 잘못된 것을 지적하고, 선생님에게도 말한다. 그러면서 연습을 하는 것이다. 이것은 바로 질문이라는 형태로 표현이 된다. 그것이 잘못되었다고 말하는 것이 아니라 저는 이런 식으로 다르게 생각하는데 이것은 어떠냐는 식으로 질문을 한다. 그러면서 수없는 질문들을 쏟아낸다. 부모도 그런 자식을 대견하게 여긴다. 학교에서 무엇을 질문했냐고 묻는다. 무엇을 배웠냐고 묻지 않는다. 질문을 했는지, 어떤 질문을 했는지를 중요하게 생각하는 것이다. 왜냐하면 질문이라는 것은 기존의 정론을 다르게 생각해봤다는 것으로 기본적인 이해를 포함해서, 그것을 응용할 기반을 갖춘 힘이 있다는 것을 나타내기 때문이다.

오바마 정부의 보건의료정책 특별자문위원을 역임한 펜실베이니아대학교 부총장인 에제키엘 이매뉴얼은 자신의 책에서 '누군가 자기 생각을 말할 때 고개만 끄덕이거나 미소 짓는 것은 우리 집에선 오히려 모욕'이라고 말한다. 대화가 얼마나 중요한지를 지적한 말이다. 실제로 질문 세례가 키운 인물도 있는데, 바로 래리 킹이다. 래리 킹은 LA다저스 투수를 보고 "왜 그 상황에서 슬라이드를 던진 거죠?" "오늘은 왜 번트를 댄 거예요?"라고 질문을 했다. 끊임없이 왜라는 질문을 던졌고, 훗날 그는 세계적인 앵커가 되었다. 래리 킹은 말 잘하는 비결로 적극성과 호기심을 들었는데, 적극성은 질문을 할 때 부끄러워하거나 두려워하지 말아야 한다는 뜻이고, 호기심은 세상에 대한 궁금증과 관심을 말한다.

비트겐슈타인은 그의 스승 러셀을 비판하는 데 주저하지 않았고, 칼 포퍼의 제자 조지 소로스 역시 자신의 권위에 대한 도전을 멈추지 않았다. 즉, 최고이자 신화가 된 자신조차도 잘못될 수 있다고 생각하고, 끊임없이 자신에게 질문을 던졌던 것이다. 즉, 조지 소로스는 기존의 질서와 최고인 사람들에 대해서도 질문을 던졌지만, 그 후 최고가 된 자신에게도 자신이 틀릴 수 있다는 질문을 멈추지 않음으로써 후츠파 정신을 이어갔던 것이다.

한국인은 대체로 정이 많고 적을 만들지 않으려고 한다. 좁은 사회에서 적을 만들면 치명적이라는 생각 때문이다. 또 실패에 대해 과도한 두려움에 휩싸여 있다. 왜냐하면 사회 전반이 폐쇄적이고 획일적이기 때문이다. 한국이 폐쇄적이고 획일적이 된 이유는 오랜 기간 동안 이어져왔던 농경사회 때문이다. 식량난에 허덕였던 세대들은 모험이나 실패에 대한 두려움이 크다. 그리고 오랜 세월 동안 이러한 삶을 살아오면서 유전자에 각인이 되었기 때문이라고 나는 본다.

그래서 한국인은 권위에 도전하지 않는다. 그래서 군대문화가 판친다. 기업에서 하라는 대로 한다. 이러한 경향은 일본도 비슷한데, 얼마 전 도시바에서 있었던 천문학적인 규모의 회계 부정도 군대문화에 저항하는 직원들이 없었기 때문이라고 볼 수 있다. 그리고 무조건 할 수 있다고 외치는 챌린지 문화 때문이라고 볼 수 있다. 할 수 없으면 할 수 없다고 해야 하고 이길 수 있는 싸움만 해야 하는데, 무조건 남의 눈에 못 이겨서 할 수 있다고 외치기 때문에 이런 일이 발생한다. 또한 실패가 두려워 안전한 길로만 가려고 한다. 안전한 길만 가니 소소한 것은 있지만 큰 게 걸리지 않는다. 그래서 노벨상도 나오지 않고, 세계적인 기업도 생기지 않는 것이다.

유대인은 권위에 도전하며 상식을 파괴할 줄 안다. 그들은 어릴 적부터 질문과 토론을 통해 생각을 할 줄 알며, 그래서 잘못된 것은 과감하게 비판한다. 그들 속에 내재된 평등정신도 비판을 하는 데 주저함이 없이 만든다. 그래서 비판을 하고, 세상을 바꾼다. 그래서 유대인에게는 혁명가가 많고, 세상을 만들어가는 사람들이 많다. 그러니까 세상을 만들어가는 기획자가 많은 것이다. 그 속에서 안주함은 없다. 무엇인가를 늘 창조한다. 생각하는 능력이 있기 때문이다. 그들이 오늘날 세계적으로 두각을 나타낼 수 있는 것은 바로 권위에 대한 도전, 그리고 세상을 변화시키겠다는 강력한 의지에서 나온 것이라고 봐야 한다.

왜 독일 고졸자는
한국 대학 졸업자보다
자신이 낫다고 말할까?

한국 사람은 진짜 공부를 안 한다. 대학에 들어갈 때까지만, 취업을 할 때까지만 공부를 하고 더 이상 공부를 하지 않는다. 대다수가 그러하다. 공부를 한다고 항변을 하는 사람도 있을 테지만, 대다수는 지식을 단순 암기만 한다. 엄밀히 말해 그것이 공부인가? 한국에서는 그것을 공부로 정의할 테지만, 유대인은 그것을 결코 공부로 정의하지 않는다. 심지어 유대인은 한국 학생이 하루에 15시간씩 공부한다고 하자, 공부의 기본을 모르는 것 같다는 뉘앙스를 풍기며 이렇게 말했다.

"그 학생은 아마도 이해도가 떨어질 것입니다. 공부를 적당히 하고 생각을 해야 하는데 그렇게 하지 않기 때문에 아마도 이해도가 떨어져 응용력도 떨어질 것입니다."

이 말은 무슨 뜻인가? 공부가 100이라면 책을 보는 시간은 많아도 60% 정도가 되어야 하고, 30% 정도는 생각을 해야 하며, 10%는 자신의 생각으로 전혀 다른 이론을 창작해낼 수 있어야 한다는 의미다. 그것이 진정한 공부라는 뜻이다.

우리는 어떤 공부를 하고 있는가? 무작정 외우는 공부를 하고 있다. 이런 가짜 공부를 하고서 공부를 했다고 믿으니 어떻게 지식과 지혜가 방대해지고 깊어지겠는가?

더군다나 한국은 고등학교 때까지 평생 할 공부를 지금 다하는 것처럼 하기 때문에 공부에 질려서 대학을 졸업한 후에는 공부를 멀리하고, 책을 멀리한다. 한국의 지독하게 낮은 독서율은 공부에 질려서인 측면도 존재한다. 전 국민이 공부에 질려버린 것이다. 이것은 서울대생도 예외가 아니다. 아니 오히려 더 질려버렸다.

국내 최고의 기업인 삼성전자의 독일 고졸 사원은 이렇게 말한 적이 있다. "독일에서 근무하고 있는 한국의 4년제 대학 출신과 이야기를 해 보니 나보다 더 못하다. 나보다 철학, 사상, 과학, 기술 등에 대해서 더 모른다. 한국 대졸자들은 형편이 없다." 이 말은 현재 40대 중반으로 구미 전자공고를 졸업하고 독일 삼성전자에서 일한 친한 선배에게 직접 들은 이야기다. 실제 한국 대학생은 철학, 사상, 과학, 기술서를 얼마나 보는가? 대학에서 수업은 형식적으로 듣고, 전공 점수를 위해서 벼락치기를 한다. 그리고 토익을 치고, 입사원서를 쓰고 회사에 들어간다. 실무교육도 전무하고, 토론식 수업도 없으며, 독서에 대한 기본도 전혀 안 되어 있다. 그래서 독일 고졸자가 한국 대졸자들과 이야기를 해보니 지식에 대한 기본이 전혀 안 되어 있음을 보고 경악을 금치 못했던 것이다. 실로 국가의 미래가 크게 걱정되는 부분이다.

우리나라는 어떤가? 죽어라 하고 일하지만 부유해진 건지 모르겠다. 왜 그런가? 생각을 하지 않기 때문이다. 생각하는 문화를 완전히 죽여버렸기 때문이다. 그리고 틀리면 틀렸다고 해야 하는데, 직장상사나 오너에게 틀렸다는 이야기를 하지 못하는 군대문화를 만들어버렸다. 회사가 복종하는 곳인가? 회사는 다 함께 번영하기 위해서 존재하는 곳이다. 오너는 언제나 옳고 사원들의 이야기를 들을 필요가 없다는 생각은 어디에서 나온 생각인가?

한국은 무조건 명령에 복종을 해야 하는 문화를 만들었기 때문에 직원들이 생각할 필요가 없다. 그리고 생각을 하는 직원들은 자연스럽게 퇴출되는 문화를 만들었다. 왜냐하면 첫째, 생각을 하고 있으면 빈둥거리는 것처럼 보여 불성실하게 생각한다. 둘째, 생각을 하면 필연적으로 직언直言을 하게 되어 명령에 불복종하는 것처럼 보인다. 그래서 자연스럽게 회사에서 밀려나거나 극단적으로는 쫓겨난다. 생각할 필요가 없으니 당연히 책을 볼 필요도 없고, 공부를 할 필요도 없다. 그러니 한국의 대졸자가 당연히 독일의 고졸자보다 못한 것이다. 생각이 완전히 없어진 나라가 바로 한국이다.

독일 삼성전자만 해도 90년대 후반 금요일에는 오후 1시에 마치고 토요일, 일요일은 쉬었다고 한다. 그리고 여름휴가는 보통 2주씩(당시 독일에 있던 다른 독일 기업들은 여름휴가는 보통 한 달 정도씩 보냈다고 한다) 보냈다고 한다. 일을 무지막지하게 시키는 삼성전자라 해도 독일의 문화를 무시하기는 어려웠을 것이다. 왜냐하면 독일 현지인을 쓰는 데 한국의 문화대로 일을 시킬 수는 없었기 때문이다. 이것이 바로 문화의 힘이다.

독일이 부러운 이유는 그렇게 적은 시간을 일하면서도 최고의 성과를 낸다는 데 있다. 복지도 잘 되어 있고, 사회 안전망도 잘 갖추어져 있다. 그러한 점이 존경스럽다.

그리고 이러한 점은 유대인에게도 똑같이 적용된다. 아니 유대인은 독일인보다 더 하다. 그들은 보통 오후 3~4시면 퇴근을 한다. 대부분의 직장이 그러하다. 그렇게 일하면서도 세계에서 돈을 제일 많이 번다. 세계에서 최고의 학문적 성과를 낸다. 왜 그러한가? 첫째, 일은 하루에 6시간만 하면 최고의 성과를 내기에 충분하기 때문이다. 둘째, 일은 시간으로 하는 것이 아니라 질로 하는 것이기 때문이다. 셋째, 일을 잘 하기 위해서는 일을 하는 것보다 생각을 하여 효율적인 방법을 추구하고 다양한 실험을 해보는 것이 중요하기 때문이다. 넷째, 일을 잘 하기 위해서는 개인 스스로의 삶이 행복해야 한다. 그래야 추진력이 붙기 때문이다.

왜 우리는 아직도 어리석게 살고 있는 것일까? 정확히 말하면 무지하기 때문이다. 일을 적게 하면서도 돈을 많이 벌 수 있다는 걸 모르기 때문이다. 생각하는 문화의 힘이 얼마나 큰지 모르기 때문이다. 개인 스스로의 행복이 성공을 보장한다는 걸 모르기 때문이다. 이것을 사회 지도층도 전혀 모르고 있고, 국민 대다수도 모르고 있다. 그저 암기 잘 하고,

열심히 일 하면 되는 걸로 생각한다. 그러나 우리의 결과는 어떠한가?

우리는 이제 리더 국가로 올라서야 한다. 리더가 되기 위해선 암기하여 남을 베끼는 것만으로는 안 된다. 자기 스스로의 생각으로 창조하여 세계의 표준을 만들어나가야 한다. 그것은 어디에 달려 있는가? 문화에 달려 있고, 국민 모두가 생각하는 사람이 되는 것에 있다.

유대인, 그들은 언제나 '책의 민족'으로 불린다

유대인은 전 세계에서 책을 가장 많이 읽는다. 그들의 별명이 책의 민족인 이유도 여기에 있다. 유대인 집에는 텔레비전이 없고 유대인 사회에는 헌책방이 없다. 그리고 유대인 집에 들어가면 이상한 냄새가 난다. 왜일까?

첫째, 유대인은 텔레비전을 보지 않기 때문이다. 집에서 책을 보거나 토론, 즉 하브루타를 한다. 그들은 텔레비전이 책보다 깊이 있는 지식을 주지 않는다는 점을 잘 알고 있다. 노벨상 수상자인 피터 도허티 교수도 2006년 고려대 강연에서 "독서가 노벨상 수상의 원동력이다. 어렸을 때 아버지와 할머니가 책을 많이 읽어주었고 6세 무렵부터 혼자 책을 읽기 시작했다. 독서의 이유는 아이디어를 얻기 위해서다. 텔레비전은 독서에 비해 깊이 있는 내용을 전해주지 못한다."고 말했다. 유대인은 집에서 늘 책을 가까이 한다.

둘째, 책을 버리지 않기 때문에 헌책방이 없다. 한번 자신의 손에 들어온 책은 소장을 한다. 그만큼 책을 소중히 여긴다. 소장하면서 또 보고 또 보며 활용하는 것이다.

셋째, 책을 버리지 않기 때문에 유대인 집에 가면 이상한 냄새가 난다. 자신의 책뿐만 아니라, 자신의 부모, 조부모, 고조부의 책까지 소장하는 등 책이 오래되어 냄새가 난다. 그래서 집에서 이상한 냄새가 난다. 그리고 대부분 서재가 넓다. 많은 책을 소장해야 하기 때문이다.

그렇다면 유대인들은 책을 얼마나 볼까? 길에서도 책을 보면서 걸어가는 사람을 쉽게 볼 수 있을 정도다. 그리고 횡단보도에서 파란불을 기다리면서도 책을 본다. 집에서도 책을 보거나 대화 및 토론을 한다. 늘 공부하고 공부하는 것이다. 즉 공부는 습관을 넘어 생활이다. 그들은 심지어 밥을 먹으면서도 공부를 한다. 즉 토론을 하는 것이다.

유대인의 책사랑은 유별나다. 집에 책이 없으면 영혼이 없다고 생각하고, 책을 빌려달라는데 빌려주지 않으면 벌금을 매기는 문화도 있었다. 그리고 그들은 책을 많이 집필하는 것으로도 유명하다. 책을 많이 보면 필연적으로 문필가의 삶을 살게 되어 있다. 책을 보게 되면 생각이 많아지고, 생각이 많아지면 필연적으로 글을 쓰면서 정리하게 되기 때문이다. 정리를 해야만 속이 시원해지고, 그렇게 지식들을 융복합적으로 재정리할 때 지식의 빅뱅이 일어난다. 세상에 없던 전혀 새로운 지식은 그렇게 쓰면서 탄생한다. 쓰면서 깊이 몰입하게 되고, 그러면서 기존의 지식들을 놀랍게 엮어내면서 지식의 혁명이 탄생하는 것이다. 유대인은 책을 많이 보기 때문에 글을 쓰는 사람이 많은 것이다. 이것은 필연이다. 유대인은 실제로 인구 9명당 1명이 책을 내는 것으로 알려져 있다. 그만큼 작가도 흔하며, 그만큼 유대인은 국민 대다수가 깊은 철학과 사상 그리고 다방면의 지식으로 중무장해 있다.

유대인의 힘은 통찰력에서 나온다. 세상의 본질을 꿰뚫어보고, 그 통찰력으로 연구를 하고 사업을 하기 때문에 세계적인 성과가 나오는 것이다. 그렇다면 통찰력이란 어떻게 나오는 것인가? 일단은 많이 알아야 한다. 지식과 지혜가 많아야 한다는 것이다. 왜냐하면 그러한 밑바탕이 없으면 아무리 생각해도 무언가가 나오지 않기 때문이다. 알지 못하는 것에서 창조는 나오지 않는다. 일단은 알아야 통찰력도, 창의력도, 상상력도 나온다. 결국 유대인의 통찰력은 독서에서 나왔다고 봐야 한다. 그리고 생각하는 문화와 결합되어 빅뱅이 일어났다고 봐야 한다. 그래서 누구도 생각하지 못했던 혁명적인 결과물을 낼 수 있었던 것이다.

그렇다면 한국은 어떠한가? 한국은 지금껏 추종전략으로 살아남았다. 지금까지는 일본을 추종하면서 급속하게 성장했다. 추종전략은 소니 등을 따라잡으면서 어느 정도 성과를 낼 수 있었다. 그러나 이제는 리더 그룹에 속해 있고, 그렇기 때문에 새로운 표준을 제시해야 한다. 즉 글로벌 스탠더드를 만들어내야 한다. 이것은 추종과는 다르다. 그동안 암기하고 베끼는 것이 추종전략의 핵심동력이었다면 이제는 독서와 생각으로 새로운 것을 창조해내야 한다. 리더그룹으로 글로벌 스탠더드를 만들어야 한다. 그래서 우리의 문화도 근본적으로 바뀌어야 한다. 이제는 암기가 아니라 창조가 국가의 문화이자 표준이 되어야 한다. 그러기 위해서는 독서도 많이 해야 하고, 독서를 할 수 있는 여건과 문화도 반드시 조성해야 한다. 그리고 글 쓰는 문화도 만들어야 한다. 또 생각하는 교육을 반드시 정착시켜야 한다. 그리고 이것은 교육의 영역에만 머물면 반드시 실패한다. 국가의 문화로 만들어야만 국민 1명도 빠짐없이 성공자가 될 수 있다. 이것이 우리 사회의 핵심과제라고 나는 생각한다.

실제로 유대인은 《탈무드》를 공부할 때도 《탈무드》를 읽고 암기하는 것이 아니라 책에 있는 것을 바탕으로 자기 생각을 적게 한다. 즉, 내가 말하는 독서와 생각하는 것이 결합되어 있는 것이다. 이럴 때 빅뱅이 나온다. 우선은 알아야 하며, 그 뒤에는 생각을 해야 한다. 그렇게 될 때 통찰력이 나오고, 창의력이 나오며 글로벌 스탠더드가 나온다.

현재 한국은 책을 안 보기로 소문이 나 있다. 심지어 책을 보는 사람을 한심하게 보기도 한다. 왜 한창일 때 연애하고 놀지 책을 보냐는 것이다. 왜 괜히 진지한 척 하느냐는 것이다. 그리고 겉모양을 치장하는 데 집중하고 있다. 성형수술, 중형차, 있어 보이는 스펙들을 만드는 데 집중하고 있다. 이런 대한민국이라면 타국의 강력한 펀치 한방으로 국가의 근간이 흔들릴 수도 있다. 국가 구성원 거의 대다수가 이런 식으로 간다면 우리의 미래는 사실상 없고, 또 다시 일본이나 서방 세계의 속국이 되는 일만 남을 것이다.

다시 독서를 해야 한다. 그리고 글을 써야 한다. 글 쓰는 힘은 생각보다 강하다. 여기에 대해서는 후반부에서 다시 서술하도록 한다. 근본은 통찰력이고, 이 힘은 독서와 생각에서 나온다.

틀을 깨는 자유로운 사고로 창의적인 인재가 된다는 것!

유대인 문화의 핵심은 틀을 깨는 사고를 한다는 것이다. 절대 어디에 갇히는 법이 없다. 그것이 무엇이라도 그렇다. 가령 교수가 된다고 했을 때 대다수의 교수는 통설通說을 암기하고 그 틀 안에서 머문다. 가령 판사가 된다고 했을 때 대다수의 판사는 대법원의 판례를 암기하고 그 사례대로 판결한다. 그러나 유대인은 그런 틀에 자신을 절대로 가두지 않는다. 그들은 이렇게 말한다. "야! 천동설이 1,000년 간 통설이었어! 그때는 지구에 있는 모든 사람이 그것이 진리라고 믿었지! 완전히 사기를 진리로 믿어버린 거야! 넌 지금도 그런 일이 있을 거라고 왜 생각을 못해! 지금의 통설도 완전히 사기일 수 있다고! 그러니 난 통설도 틀릴 수 있다고 생각해. 그리고 모든 가능성을 열어두고 그야말로 자유롭게 연구를 해!"

　대다수의 인간은 1,000년 간 잘못된 사실을 진리라고 착각하며 살았다. 그것이 인간의 어리석음을 대변하는 1,000년의 역사다. 어떤 틀에 갇히지 않는다는 것, 이것은 매우 중요한 것이다. 자신의 철학을 뒤흔들어보며, 자신의 가능성을 가두지 않는다는 것도 포함하는 이 뜻은, 세상의 모든 것을 어떤 틀에 가두지 않고 그야말로 자유롭게 사고하고 행동하며, 그를 통해 혁명적인 결과물을 낸다는 것을 필연적으로 내포하고 있기 때문이다.

　전 세계에서 한국처럼 틀에 갇힌 사고를 하는 민족도 없을 것이다. 20년의 인생을 좋은 대학에 들어가는 데 바치고, 나머지 10년의 시간도 좋은 직장에 들어가는 데 바치는 것이 한국인의 삶이기 때문이다. 그 이후의 삶도 매우 정형화되어 있다. 좋은 배우자를 만나고, 많은 돈을 벌고, 좋은 자식을 길러내는 것에 초점이 맞추어져 있다. 돈을 많이 벌고, 세상의 주인이 되며, 자신의 가문을 명문가로 만든다는 것은 좋은 것이고 훌륭한 것이다. 그러나 그 방식이 너무나 틀에 갇혀 있다는 것이다. 명문대가 아니면 안 된다고 생각한다. 좋은 직장에 들어가지 못하면 전문직이 아니면 실패자로 여기는 문화가 만연하다. 남자는 미인과, 여자는 돈 많은 남자와 결혼을 하는 것에 초점이 맞춰져 있다. 하나의 틀에 국민 모두가 맞추며 살고 있다고 해도 과언이 아니다. 틀을 깨는 사고? 전혀 없다. 틀을 깨고 살면 한국에서는 별종이 되고 만다. 그야말로 전 국민 중에 몇 명 없는 사람이 되고 만다.

나의 경우에도 30세가 되기 전에 3,000권의 책을 읽고, 3,000편의 다큐멘터리를 보며 살아왔다. 책도 20권 가까이 썼다. 또 1년 정도는 제주도에서 마음 놓고 여행도 했다. 이른바 사색기행이었다. 그러나 이런 삶을 사는 사람이 한국에 얼마나 있는가? 나는 그저 나의 자유를 따라서 살았을 뿐이다. 내가 하고 싶은 대로, 내가 원하는 대로 살았을 뿐이다. 그러나 대다수의 사람들은 이렇게 살지 않는다. 틀에서 벗어나는 두려움이 너무나도 큰 것이다. 그러나 틀에서 벗어나봐야 진짜가 보인다. 자신의 삶이 보이고, 자유가 보이고, 진짜 내가 살고 싶은 삶을 살고 있다는 느낌을 가질 수 있다. 그리고 이 속에서 창의성이 나온다.

창의성이란 무엇인가? 내가 하고 싶은 것을 마음대로 할 때 나오는 것이 창의성이다. 이것도 해보고, 저것도 해봄으로써 모든 것을 섭렵하고, 이 속에서 자신만의 생각만으로 전혀 새로운 것을 만드는 것이 바로 창의성의 본질이기 때문이다. 창의성은 결국 생각의 다름을 나타내는 말로써, 이것은 다른 삶을 살아봐야 나온다. 틀 안에 갇힌 삶 속에서는 나오지 않는다. 생각만으로는 창의성이 나오지 않는다. 한번 다르게 살아봐야 다른 걸물이 나오는 법이다. 대기업이나 공기업, 공무원이 되지 못하면 실패자로 여기고, 전문직이 되어야 인정하고, 적어도 서울대는 나와야 알아주는 문화가 지배적인 이상, 자유로운 사고와 창의성이 나올 수는 없다.

유대인은 틀을 깨는 자유로운 사고를 존중한다. 이것이 있을 때라야 자신의 삶을 살아갈 수 있기 때문이다. 그래야 남의 삶이 아니라, 남이 알아주는 삶이 아니라, 자신의 삶을 주도적으로 살아갈 수 있고, 자신의 혁명적인 결과물로 세상의 근본적인 체계마저 바꿀 수 있기 때문이다. 즉, 유행을 따라가는 것이 아니라 자신의 기준으로 유행을 만드는 것이다.

유대인의 삶은 전적으로 그러했고, 그 삶은 지금도 현재진행형이다. 유대인의 인구는 얼마인가? 2,000만 명이 안 된다. 그러니까 서울과 수도권의 인구보다 적다는 말이다. 그런 인구로 전 세계의 역사를 새롭게 써 나가고 있다. 이유는? 자유로움이다. 자신의 개성을 살리는 삶을 살기 때문이다. 틀을 깨면서 나아간다는 것이다. 그 결과 창의적인 사람이 된다.

한국의 교육은 개인이 다수에 묻히는 교육이다. 다수가 가는 길을 무조건 가야 하는 것이 한국의 교육이다. 그러나 유대인의 교육은 반대다. 개인이 다수에 묻히는 교육을 철저히 지양한다. 반드시 개인이 발현되는 교육을 한다. 다수 속에서도 개인을 당당하게 주장하는 교육을 현실화시켰다. 그래서 가장 중요하게 생각하는 것이 스스로 생각하는 법이다. 왜냐하면 세상에 정해진 정답은 없기 때문이다. 유대인은 교육에는 정답이 없다고 생각한다. 개인의 가능성을 꺼내는 것만이 존재한다고 믿는다. 그래서 낙오자를 만들지 않는다. 유대인 학교에서 성적표가 없고, 서열 평가 자체가 아예 없음에도 불구하고 모두가 승리자가 되는 이유가 바로 이것이다. 그야말로 자유롭다. 나로 와서 나로 가는 교육을 한다. 본질적으로 나의 삶을 나답게 살다가 나답게 가고, 나답게 이 세상을 혁명적으로 변화시킨다는 뜻을 모두가 가지고 있다. 그래서 각자의 영역에서 세상을 혁명한다. 아인슈타인은 과학계를 혁명했고, 스티븐 스필버그는 영화계를 혁명했으며, 캘빈 클라인은 패션계를 혁명했다. 이들은 각자의 영역에서 전 세계의 혁명자이며, 전 세계를 긍정적으로 변화시켰다.

그래서 유대인 부모는 아이들에게 화를 내지 않는다. 어떤 경우에도 차분하게 이야기하고, 조용히 들어주며, 칭찬한다. 이것저것 다 해봐야 하기 때문이다. 꾸중을 하면 아이가 그것을 하지 않고, 그러면 그 가능성은 완전히 닫혀버린다는 것을 알고 있는 것이다. 무엇을 하든 내버려두고, 그 속에서 그 아이의 잠재력을 최대한으로 끌어내, 세계를 혁명한다는 생각을 갖고 있는 유대인 부모는 그래서 자신의 아이를 최고의 혁명가로 길러내는 것이다.

한국은 어떤가? 조금만 잘못하면 하지 말라고 윽박지르며 잘못을 했을 때에도 감정적으로 말한다. 잘못을 지적하고 고치면 되는 것인데, 거기에 왜 감정이 들어가는가? 왜 이상한 말까지 해서 기분을 망치는가? 그러면 자유가 파괴된다. 틀에 갇히게 된다. 조심하게 된다. 왜? 이상한 일을 하면 꾸중을 듣고 미움을 받으니 조심하게 하게 되고, 이로써 틀에 갇힌 사고, 자유가 없는 사고를 하게 된다. 그래서 창의성이 철저히 파괴된다. 그래서 바보가 되고, 암기만 하게 된다. 그리고 남들이 기대하는 생각과 행동만 하게 된다. 그렇게 수십 년 동안 교육받은 결과 똑똑했던 아이가 바보로 재탄생하는 것이다.

소위 한국의 인재라는 사람들이 이런 사람들이다. 이런 문화 속에서 철저하게 트레이닝된 사람들이다. 수십 년 동안 트레이닝된 사람이다. 이 틀이 쉽게 깨지겠는가? 안 깨진다. 반평생 동안 이러한 문화 속에서 훈련받았기 때문이다. 그래서 한국에는 괴짜가 드물다. 자신만의 삶을 자신 있게 밀어붙이는 인간이 드물다. 그야말로 돈키호테가 되어버린다. 유대인 사회에는 대다수가 돈키호테지만 한국은 전 국민의 1~2명만 돈키호테가 된다. 문화가 그렇게 되어 있기 때문이다. 자유를 북돋아주는 문화 속에 있는 유대인과 자유를 철저히 파괴하는 곳에 있는 한국인은 그래서 뿌리부터 다르다.

    그렇다면 우리는 어떻게 살아가야 하는가? 지금이라도 우리의 문화가 잘못되었다는 것을 인식해야 하고 바꿔야 한다. 물론 열심히 하면 고만고만한 월급쟁이로는 살아가겠지만 노벨상을 받고 거대한 기업을 키울 수는 없다. 그저 그런 사람이 될 뿐이다. 큰 인물이 되기 위해서는 틀을 깨야 한다. 자유로운 사고를 해야 한다. 이 속에서 창의성이 나오고, 창의적일 때 남들이 보지 못하는 것을 보고, 그 속에서 혁명이 나온다.

    이것은 자유로운 삶 속에서 나오고, 이것저것을 마음 놓고 해보는 것에서 나온다. 내가 가진 잠재력을 최대한으로 이끌어내는 것에 달려 있는데, 그러기 위해서는 거치적거리는 것 없이 해보는 것만이 대안을 만들 수 있다. 그래서 나는 금기와 성역이 없는 생각과 도전을 하라고 권하고 싶다. 범죄 빼고 다 해봐야 한다는 이야기다. 걸리는 것이 없어야 한다. 그야말로 엉뚱해야 한다. 그야말로 거침이 없어야 한다. 그리고 순수하게 자신이 원하는 것에 충실해야 한다. 솔직해야 한다. 그렇게 살 때 자유와 창의가 샘솟는다. 그럴 때 자신만의 삶이 나오고, 그럴 때 세계의 혁명이 탄생한다.

왜 유대인 강의실은
시끄럽고 무례한 학생들로 가득한가?

그렇다면 유대인은 어떻게 수업을 할까? 그들의 수업방식은 어떠할까? 여기에도 자유로움이 넘친다. 유대인은 교수에 대한 예의가 없는 것처럼 보인다. 왜냐하면 수업 전에 강의실에 들어가는 학생도 있지만, 그렇지 않은 학생들도 상당수 있다. 교수님이 수업을 열정적으로 하고 있을 때 강의실에 불쑥 들어온다. 그러고는 미안하다는 말도 한마디 없이 앞자리에 앉는다. 학생들이 앉아서 수업을 들을 때도 거의 누운 듯이 삐딱하게 앉아 있는 학생들도 간간히 보인다. 거기다 가관이게도 수업 중간에 계속 교수님께 질문을 던진다. 심지어 지금 강의하고 있는 게 잘못되었다며 지적도 한다. 그것도 1명이 아니라 여러 명이 순차적으로 지적한다. 20년 간 강의해온 교수도 학생에게 잘못 가르치고 있다고 지적을 받는다. 그리고 실제로 잘못된 것을 가르치고 있다는 것을 그 자리에서 확인한 교수는 아무렇지 않게 학생에게 고맙다고 이야기를 하고 수업을 계속한다. 그리고 강의실이 매우 시끄럽다. 심지어 수업을 하지 못할 정도다. 왜냐하면 질문이 계속 쏟아지기 때문이다. 거의 대부분의 학생들이 질문을 쏟아낸다. 한 학생당 간격이 1분에 2~3개의 질문을 할 때도 있다. 그런 학생들이 수업에 참여한 학생의 거의 대부분이다. 교수도 개의치 않는다. 일일이 답변한다. 그래서 여기가 강의실인지 카페인지 분간이 안 된다. 이야기하느라 바쁘기 때문이다. 그리고 수업이 끝나지도 않았는데 강의실을 나가는 학생도 나온다. 강의 중간에 불쑥 자리에서 일어나 나간다. 그러고는 교수님에게 사과조차 하지 않는다. 나온 이유는 배가 고파서 밥을 먹기 위해서이거나 아는 내용을 수업하기 때문이란다. 또 공부를 하다가 머리에 들어오지 않으면 나간다. 한국인으로는 이해하지 못할 어이없는 일들이 벌어지고, 그렇게 하고도 노벨상을 휩쓸어버린다. 세계 최고의 학문적 성과를 자랑한다. 왜 이렇게 무례하고, 근면성실하지 않으며, 교수에 대한 태도가 불량하며, 시끄럽게 떠드는데 최고의 결과들을 내는 것인가?

유대인은 그야말로 자유로움을 중시한다. 공부를 하고 싶을 때 하고, 쉬고 싶을 때는 쉬며, 생각을 하고 싶을 때는 하고, 질문을 하고 싶을 때는 하는 것이다. 교수가 수업을 해도 거의 의자에 누워 있는 듯이 수업을 듣기도 한다. 유대인은 상관하지 않는다. 인간에 대한 평등정신이 있기 때문이다. 이 평등은 남을 누르거나, 남과 내가 같으니 함부로 대해도 된다는 것이 아니라 근본적으로 같은 인간이기 때문에 피해가 가지 않는 선에서 자유롭게 행동해도 된다는 것이다. 그래서 누운 듯이 수업을 듣기도 하고, 모자를 삐딱하게 쓰고 수업을 듣기도 하며, 수업 중간에 들어오기도 하고 나가기도 하는 것이다. 아무 상관하지 않는 것이다. 공부를 하는 것이 목적인데, 형식이 뭐가 중요하냐는 소리다. 아는 것은 듣지 않아도 되고, 모르는 것은 물어야 하며, 배가 고프면 밥을 먹어야 한다는 소리다. 공부하는 것도 먹고살자고 하는 것인데 배고픈데 왜 공부를 하느냐 말이다.

교수에 대한 공개 지적도 마찬가지다. 수많은 학생들이 수업을 듣고 있지만, 20년 넘게 연구한 교수이지만, 틀린 건 틀린 거라는 소리다. 그들은 교수가 틀린 걸 가르치고 있는데 지적을 하지 않는 게 오히려 잘못된 게 아니냐고 말한다. 지금 우리가 공부를 하고 있지, 예의를 갖추려고 앉아 있는 건 아니라는 생각이다. 그래서 그냥 편안하게 잘못되었다고 지적한다. 학생도 부담을 느끼지 않고, 교수도 부담을 느끼지 않는다. 그냥 편안하게 한다. 그런 문화인 것이다.

그리고 학생들이 묻는 건 당연하다는 것이다. 모르니까 묻는 것이라는 것이다. 그래서 알고 넘어가겠다는 것이다. 학생 거의 대부분이 수업 중에 계속 질문을 한다. 그래서 심층적으로 알고 넘어간다. 그냥 교수가 가르치는 대로 받아들이는 것이 아니라 자기화해서 받아들이는 것이다. 교수도 수업 중에 일일이 답변하는 것에 대해 아무런 거부감이 없다. 그냥 편안하게 한다. 편안함, 이것이 유대인의 문화다. 유대인은 그렇게 수업

한다. 아마 한국 같으면 난리가 날 것이다. 수업 시작한 지가 언제인데 이제 들어오느냐, 왜 수업 중에 다른 사람 방해되게 질문하느냐, 고작 2학년 밖에 안 된 네가 20년 간 연구한 내게 틀렸다고 말하는 거냐, 수업 중에 나가다니 저런 놈이 있느냐 등의 말을 들을 것이다. 그러나 유대인은 우리가 공부하러 왔지, 무슨 소리 하고 있느냐로 오히려 편안하게 말할 것이다. 심적인 흔들림이 전혀 없이 마치 당연하다는 듯이 그렇게 이야기를 할 것이다. 왜냐하면 유대인은 그런 문화 속에서 살았기 때문이다.

이 사례에서 우리는 몇 가지 중요한 깨달음을 얻을 수 있다. 첫째, 유대인은 질문을 중시한다는 것이다. 둘째, 유대인은 알고 넘어가는 것을 중시한다는 것이다. 셋째, 형식을 따지는 소모적인 문화를 완전히 배제하고 오직 실질만을 확실하게 추구한다는 것이다. 넷째, 세계 최고의 연구를 위해서 정진하는 것에 대한 사회적인 합의가 굳건하다는 것이다. 우리의 공부에 있어서 반드시 짚고 넘어가야 할 부분이다. 여기에 유대인의 성공 비밀이 숨어 있기 때문이다.

왜 유대인 아버지는
오후 3~4시면 퇴근을 하는가?

유대인은 가족과의 저녁식사를 인생에서 가장 중요한 일이라고 생각한다. 그것이 행복이라고 생각하기 때문이다. 또 이 시간에 가족과 함께 공부를 하기 때문이다.

유대인은 가장 행복한 순간이 언제냐고 물으면 대다수가 가족과 친척이 함께 모여 대화를 나누며 밥을 먹는 시간이라고 하는데, 이것은 당연한 것이다. 대다수의 사람이 돈을 버는 이유는 식구들과 맛있는 것을 먹으며 대화하며 보내기 위해서이기 때문이다. 사람은 사랑하는 사람들과 같이 맛있는 것을 나누어 먹으며 대화를 할 때 가장 행복하다고 느낀다.

그래서 유대인은 행복을 위해서 저녁식사를 매일 가족과 함께 한다. 무엇을 위해서 공부하고, 무엇을 위해서 일하느냐고 물으면 단연 행복을 위해서이며, 그 행복의 구체적 실천 방법이 무엇이냐고 물으면 가족들과의 저녁식사라고 대답한다.

그러나 그들은 단순히 밥만 먹는 것이 아니다. 밥을 먹으면서 공부를 한다. 어떤 공부일까? 대화다. 즉 하브루타다. 《공부하는 유대인》의 저자 힐 마골린은 무슨 일이 있어도 자녀들과 저녁식사는 함께 하며 대화를 나누었다고 한다. 그리고 대학 입학을 앞둔 중요한 시기에도 저녁식사를 함께하고 대화를 멈추지 않았다고 한다. 밥을 먹으면서 대화를 하면 우선은 즐겁다. 그리고 대화를 하기 때문에 스스로 생각을 하게 된다. 그래서 머리가 발달하게 된다. 24년 간 변호사로 일한 마골린도 가족과 함께하는 저녁식사를 하루도 빼놓지 않고 했다고 한다. 그러면서 대화를 통해, 즉 질문하고 답변하는 과정을 통해 생각을 키우는 교육을 할 수 있었다. 그들은 밥을 먹으면서 시시한 대화를 한 것이 아니었다. 그날 있었던 일, 학교에서 배운 내용 등에 대해 질문을 주고받으며 지적 대화를 이어갔다. 그러면서 사고의 영역을 확장한다. 그리고 심리적인 안정을 확보할 수 있었다.

구글의 창업자 래리 페이지도 식사 시간마다 벌어지는 격렬한 토론 때문에 끊임없이 읽고 생각하고 상상해야 했다고 말한 적이 있고, 영화감독 스티븐 스필버그도 엉뚱한 상상에 빠져 있었는데도 부모님은 식사 시간에 항상 자신의 의견에 귀를 기울였고 재미있다고 칭찬했다고 말했다. 이것은 유대인이 저녁식사를 단순히 배를 채우는 시간이 아니라 함께 성장하는 시간으로 활용했다는 것을 알 수 있다.

유대인은 아무리 바빠도 가족 간의 저녁식사만은 반드시 함께 하려고 하는 이유는 이 시간 동안 끈끈한 정을 확인하고, 심리적인 안정을 가질 수 있음은 물론 행복을 느낄 수 있기 때문이다. 또 생각을 유도하는 하브루타를 통해 창의적인 인재를 키울 수 있기 때문이다.

유대인은 식사 중에는 밥을 먹다가 체할 수 있는 이야기는 하지 않는다. 꾸중을 하거나 민감한 이야기는 하지 않는다. 체할 수도 있고, 정신건강에도 좋지 않으며, 생각을 하는 교육도 이끌어내지 못하기 때문이다. 밥상에서는 편안하게 대화를 하고, 지적인 대화를 이끌며, 질문을 통해서 생각을 유도한다. 그럼으로써 편안함과 지적 도약을 이루어낸다.

이때에 《성경》이나 《탈무드》에 대한 이야기나 역사적인 사실에 대해서 이야기를 나누기도 한다. 가령 아우슈비츠나 유랑 생활한 이야기를 하며 그 배경과 교훈에 대해서 스스로 생각하여 결론을 내릴 수 있도록 한다. 그러면서 통찰력도 키우도록 이끈다.

그리고 식사 이후에는 쉬면서 독서를 한다. 텔레비전이 없기 때문에 대화를 통해서 공부를 하거나, 책을 보는 것 외에는 사실상 할 일이 없다. 그래서 대화를 한 이후에는 조용히 책을 본다. 그리고 자기 전에도 부모가 자녀에게 책을 읽어준다. 대화, 독서, 생각이 유대인 생활의 근간인 것이다. 그러면서 생각의 혁명을 이루어내는 것이다.

유대인 아버지는 대체로 4시에 퇴근해 9시까지 자녀와 시간을 보내며, 공부를 가르친다. 같이 독서를 하기도 하고, 공부를 가르치기도 하고, 밥을 먹으면서 대화를 통해 공부를 하기도 한다. 이런 시간을 매일 5시간 정도 보낸다. 그래서 바르고 똑똑한 자녀가 되도록 교육시킨다. 이 시간은 행복, 성공, 도약을 위한 시간 투자라고 볼 수 있다.

그러나 한국은 어떠한가? 세계에서 가장 오래 일하는 나라는 한국, 멕시코, 그리스다. 공통점은 모두 내홍을 격심하게 겪고 있는 나라라는 점이다. 반면 유대인은 오후 3~4시 경에 퇴근을 한다. 독일도 대체로 정시 퇴근을 한다. 그러나 우리나라는 일도 많고, 퇴근도 늦어 가족과 시간을 못 보낸다. 그러면서 돈도 못 벌고, 생각도 안 하고, 자녀 교육도 안 한다. 왕따나 학교폭력 등의 범죄는 부모의 잘못이 100%다. 가정교육이 뒷받침되지 않기 때문에 생기는 일이다. 무엇보다도 가족들과 저녁시간을 함께 보내지 못하는 탓이 가장 크다. 국가는 이러한 일을 방조한 책임을 져야 한다. 또한 이러한 문화를 만들고도 방관하고 있는 사회 지도층 역시 엄청난 비난을 들어야 할 것이다. 현재 우리나라는 거꾸로 가고 있다. 가족과의 저녁이 없는 삶을 살고 있다. 그러면서 행복과 성공도 모두 놓치고 있다.

그러나 유대인은 다르다. 유대인은 자신의 삶에서 가족과의 저녁식사를 가장 중시한다. 그렇게 일하면서도 큰 성공을 거두고 있다. 왜냐하면 이렇게 일을 해야만 심리적인 안정은 물론 생각을 통해서 더 크게 도약할 수 있기 때문이다. 성공은 일하는 시간이 아니라 생각하는 능력에 달려 있기 때문이다. 그래서 유대인은 더 크게 앞서가고, 한국인은 계속해서 뒤처지고 있다. 이것은 바로 생각과 선택의 차이 때문에 발생하는 일이다.

가족과 함께하는 저녁식사의 중요성을 인식한다는 것, 이것만으로도 큰 진보가 이루어진다. 이것을 인식하는 순간, 다른 선택을 내릴 수 있기 때문이다. 회사원은 직장을 그만두고 다른 일을 구하든지, 사장은 직원들을 빨리 퇴근시키든지, 대통령은 이것을 국가의 문화로 확립시킬 것이기 때문이다. 지금 우리는 성공의 진실을 모르고 있다. 진짜 거대한 성공은 가족과의 저녁식사를 하느냐 마느냐에 달려 있다는 것을 모르는 것이다. 이것은 오직 유대인만이 누리고 있는 최고의 행복이며, 그로써 성공도 만들어내고 있다.

유대인의 성공비밀 II

유대인은 낙오자를 만들지 않는다.
이 힘은 바로 일률적이지 않은 교육에 있다.
질문이 100개가 있으면 100개의 정답이 있음을 아는 그들은,
100명의 진로가 모두 달라야 한다고 믿는다.
모두가 같은 곳으로 가면 모두 망한다는 것을 그들은 알고 있다.

단 1명의 낙오자도
만들지 않는 것이
유대인 교육의 핵심이다

한국 교육의 가장 큰 폐해는 99%를 낙오자로 만들어버리는 데 있다. 우리는 왜 공부하는가? 도요토미 히데요시가 일본을 통일할 수 있는데 결정적인 역할을 한 군사軍師 쿠로다 칸베에를 다룬 NHK 드라마 〈군사 칸베에〉에서 쿠로다 칸베에는 '모든 것은 살아남기 위함'이라는 말을 한 적이 있다. 우리가 공부하는 이유는 살아남기 위함이고, 나아가 번영하기 위함이다. 가난하게 살고, 힘들게 살고, 비참하게 지배당하기 위해서 공부하는 것이 아니다. 그러나 우리의 공부는 대다수를 패배자로 만들고, 피폐한 삶으로 인도하고 있다. 지금 대학은 썩을 대로 썩었으며, 아무런 비전을 제시하지 못하고 있다. 실제로 각 학교에서 전교 1등 정도만 공부로 비전을 찾을까 말까 하다. 나머지는 패배자로 전락하고 만다.

여기에서 유대인의 저력이 드러난다. 유대인은 낙오자를 만들지 않는다. 유대인 어머니는 형제간에 비교를 하지 않는다. 공부로 비교하지 않는다. 공부로 1등을 하는 자식도 있을 수 있고, 운동으로 1등을 하는 자식도 있을 수 있고, 그림으로 1등을 하는 자식도 있을 수 있음을 알기 때문이다. 그래서 절대로 비교하거나 한쪽을 꾸중하는 말을 하지 않는다. 대신 그 자식이 가진 잠재력을 최대한으로 이끌어낸다. 그래서 각자의 개성대로 삶을 살고, 그 삶으로써 신화가 되기를 바라고, 실제로 자식들은 신화가 된다. 즉, 세계의 판도 자체를 바꾸는 것이다. 과학계, 예술계, 경제계, 학계 등의 주류적 흐름을 그들은 완전히 장악하고 있다. 그래서 세계를 송두리째 자기 손 안에 넣고 마음대로 주무르며 살고 있다. 마치 세계를 장난감처럼 다룬다고 해야 할까? 그 정도로 그들은 각 분야에서 큰 힘을 내고 있다.

이 힘은 바로 일률적이지 않은 교육에 있다. 모두를 승자로 만드는 교육에 있다. 질문이 100개가 있으면 100개의 정답이 있음을 아는 그들은, 100명의 진로가 모두 달라야 한다고 믿는다. 모두가 같은 곳으로 가면 모두 망한다는 것을 그들은 알고 있다. 그들은 다수의 흐름 속에서도 소수의 길을 찾아내고, 레드오션 속에서도 블루오션을 찾아낸다. 예를 들어 리바이스 청바지도 그런 흐름 속에서 나왔다. 리바이스 청바지는 미국에서 금을 찾는 대세적 흐름에서 나온 것이었다. 땅에서 금이 나온다고 하자, 너도나도 금을 캐기 위해서 사람들이 몰렸다. 그 속에서 금을 캐는 작업 중에 찢어지지 않는 청바지인 리바이스를 만든 리바이 스트라우스는 그런 인물이었다. 독일계 유대인인 그는 다수의 흐름 속에서 새로운 거대한 흐름을 발견한 위대한 인물이다. 다수가 가는 길로만 가면 패배밖에 없다는 것을 잘 알던 유대인이다.

유대인은 각자의 재능을 최대한으로 존중하고, 이를 살릴 때 신화가 될 수 있음을 분명히 알고 있다. 그리고 그렇게 살도록 유도한다. 공부에만 길이 있다고 생각하지 않는다. 모든 가능성을 열어두는 것이다. 왜냐하면 공부를 하는 이유도 잘 살기 위해서이기 때문에 공부만 고집할 이유가 없다는 것이다. 내가 음식을 잘 만들면 음식으로 승부를 하고, 그렇게 해서 서울대 법학과를 나온 사람을 변호사로 고용하고, 서울대 경영학과를 나온 사람을 직원으로 쓰면 되는 것이지 내가 다 잘할 필요는 없다고 생각하는 것이다. 국어, 영어, 수학, 과학, 사회 모두를 잘 해야 명문대에 입학하는 한국의 구조에서는 아무래도 독특한 인물이 명문대에 입학하기 쉽지 않다. 수학만 잘 하고 싶다는 사람이 있을 수 있고, 마침 그가 수학천재일 수도 있다. 그러나 우리나라는 수학만 잘하면 낙제가 되고, 명문대에 가지 못한다. 그러나 노벨상은 그런 한 분야의 강한 인재가 타는 것이 아니던가? 그런 면에서 한국은 거꾸로 가고 있다. 즉, 한국의 인재 선발은 누가 인내심과 독기가 더 있느냐를 테스트하는 것이라고 볼 수 있다. 남들보다 책상에 누가 더 오래 앉아 있었느냐를 묻는 이 게임의 승자는 독종일 수밖에 없다. 생각하는 능력이 있느냐는 전혀 평가를 못하고, 노벨상 받을 인재를 선발하지 못하는 이 시스템은 문제가 많다. 또 향후 노벨상을 받을 인물을 명문대를 나오지 않았다는 이유로 등용하지 않는 것 또한 커다란 문제다. 어쩌면 이것은 한국의 치명적인 아킬레스건인지도 모른다. 그리고 이것이 우리를 침몰로 이끌지도 모른다. 리더 중에도 제대로 된 리더가 나올 수 없는 구조고, 문화기 때문이다.

이런 평가방식에서 배제되면, 명문대에 입학하지 못하면, 여러 면에서 기회를 박탈당하는 사회가 한국이다. 반면 이 대열에 들면 손쉽게 성공하기에 노력을 덜 하는 사회가 대한민국이다. 그래서 학교 파벌이 득세하는 것이다.

낙오자를 만들지 않는다는 것, 바꾸어 말하면 모두를 승자로 만드는 교육은 우리가 지향해야 할 교육이다. 지금 문과생들은 공무원, 대기업, 공기업이 아니면 답이 없다고 말하고 있다. 이미 문화가 되고 말았다. 중소기업에 가면 바보가 된다고 여기고, 창업을 하면 대부분 망한다고 믿고 있다. 이제 문화의 방향을 돌려야 한다. 자신의 개성 중심으로, 자신의 적성 중심으로, 자신의 잠재력 중심으로 돌려야 한다. 그리고 그곳으로 자신을 믿고 가는 용기를 극적으로 발휘해야 한다. 그래서 반드시 신화가 되어야 한다. 한국을 넘어 세계를 바꾸어내야 한다. 그렇게 성공하고, 도약하고, 그 번영을 전 세계 시민들과 함께 나누어야 한다. 그런 영웅적 인물이 되어야 한다. 실제로 유대인은 대다수가 그런 영웅적 인물이 되고 있다. 그런 문화이기 때문이다.

유대인이 노벨상을 휩쓰는 이유는 무엇인가?

유대인은 어떻게 노벨상을 휩쓰는 것일까? 노벨상은 결국 다른 생각의 산물이다. 따라서 다른 생각을 할 수 있는 훈련과 연습, 노력을 꾸준히 한 결과가 노벨상을 받도록 이끌었다고 볼 수 있고, 이 중심에 유대인 사회의 문화가 있었다. 그렇다면 유대인은 구체적으로 어떻게 해서 다른 생각을 하게 되었을까? 어떤 이유 때문일까?

첫째, 유대인은 틀에 갇힌 사고를 하지 않고 자유롭게 사고하면서 통념이라고 무조건 받아들이지 않는다. 유대인은 윗사람, 혹은 권위가 있는 사람이 가르쳐도 그것을 아무 생각 없이 받아들이지 않는다. 철저히 재해석을 한다. 자기 생각으로 되짚어보고, 되씹어본다. 기존의 질서 중에서 통설로 통하는 것조차도 의심을 하고, 비판을 가한다. 그래서 자기 생각을 그곳에 심고, 틈이 있다면, 그 틈을 파고 들어가 그 이론을 부숴버린다. 그래서 자기 이론을 통설로 만들어버린다. 즉, 그들은 남들이 A라고 말할 때, 그것이 과연 A인지 유심히 지켜본다. 그리고 가만히 보니 B라는 것을 알아낸다. 그러니 이들은 남들이 볼 때는 엉뚱해 보이고, 괴짜처럼 보이며, 관조하는 사람처럼 보인다. 세상과 동떨어져 늘 사색하고 고민하며 생각하는 사람이기 때문이다. 그러나 이러한 사고가 있기 때문에 사고는 늘 자유롭고, 범위가 없으며, 틀에 갇히지 않고 자유롭다. 그리고 그렇기 때문에 기존의 틀에 갇히지 않고 새로운 생각을 해낸다. 결국 다른 생각을 만들어낸다. 즉, 그들은 집단적 사고에 매몰되지 않고 자신의 생각을 자유롭고 당당하게 표현을 하는데, 여기에는 유대인 문화가 뒷받침된다. 한국에서는 이렇게 생각하고 살면 왕따를 당하지만 유대인 사회에서는 숨을 쉬는 것처럼 당연한 일로 생각한다.

둘째, 경제적으로 여유가 있는 출발이 자유로운 사고와 도전을 할 수 있도록 만들었다. 유대인은 10대 초반에 성인식을 하면서 부조금을 받는다. 그리고 이 부조금은 대학을 졸업할 무렵에는 거의 1억 원이 되어 그들에게 돌아온다. 한국의 청년들은 대부분 0원인 상태에서 출발하기 때문에 경제적 여유가 없고, 그래서 사고의 제한을 받는다. 도전을 하고 싶어도 돈이 없어 못 하는 것이다. 그래서 대다수는 자유로운 사고를 못하고, 자유로운 도전을 못한다. 도전을 하는 사람은 그만큼 힘든 삶을 감수해야 하는데 한국에서는 쉽지 않은 일이다. 한국인 대다수가 20대 초반의 대학 이름과 20대 후반의 직장으로 인생이 결정된다고 믿는다. 한 번 정해진 틀은 평생을 벗어날 수 없다고 생각하는데 어떻게 자유로운 사고와 도전이 나오겠는가? 그러나 유대인은 다르다.

유대인은 대학 졸업 후 출발이 경제적으로 풍요롭다. 그러다 보니 아무래도 자유로운 사고와 도전을 하는 데 제한이 적은 편이다. 물론 이것을 단순히 돈 때문이라고 보기에는 무리가 있다. 다만 풍요로움이 도움이 된다는 것이다. 이들의 도전에는 당연히 도전을 장려하는 문화와 자유로운 사고를 하는 문화가 뒷받침된다. 그리고 평생 동안 공부를 하는 문화도 뒷받침된다. 무엇보다도 독서를 많이 하는 문화도 뒷받침된다.

한국인은 공부에 진이 빠져 대학 졸업 후 공부를 하지 않지만 유대인은 대학을 졸업한 이후부터 제대로 공부를 하고, 또 평생 동안 공부하는 것이 습관이 되어 있다. 집에서 매일 책을 보고 매일 토론을 한다. 책을 보는 것을 숭상하는 문화가 있고, 이는 평생 학습의 자세로 표현이 될 수밖에 없다. 그리고 이러한 것에 더해 경제적으로도 여유가 있으니 자유로운 도전을 할 수 있는 힘이 되는 것이다. 그래서 그들은 다른 선택, 다른 사고를 하는 것이다.

셋째, 유대인은 1,000년 이상 나라 없는 민족으로 유랑을 했고, 그 결과 가지고 다닐 수 있는 것은 지식뿐이라는 것을 온몸으로 체득했다. 유대인은 나라가 없었고, 그래서 한 곳에 정착을 할 수 없었다. 급할 때는 맨몸으로 도망쳐야 하는 경우도 있어 지식이 중요했다. 돈이 될 수 있는 것을 머리에 담아서 도망을 치면 완전히 재산을 보호할 수 있었기 때문이다. 그리고 다이아몬드와 같은 보석은 부피가 적어 관심을 가졌고, 이것은 자연히 보석시장 장악과도 연결이 되었다. 결국 유대인은 1,000년 넘는 유랑 생활 동안 머리에 지식을 담고, 머리를 단련해야만 살아남을 수 있다는 것을 깨달은 것이다.

그랬기 때문에 유대인 사회에서는 학자가 사회적 지위가 가장 높았고, 배움은 돈을 초월하는 것이라고 생각했다. 지금 당장 돈이 안 되더라도 지식은 이후에 몇 천, 몇 만 배의 돈이 되어 돌아온다는 것을 역사적으로 체험했기 때문이다. 그런 문화 덕분에 유대인은 공부를 수단이 아니라 목적으로 삼으며, 순수한 뜻으로 공부를 하는 사람이 많았다. 왜냐하면 지금 당장은 이익이 되지 않더라도 결코 공부는 배신하지 않는다는 것을 알기 때문이다. 그래서 유대인은 30년, 40년을 아무런 경제적 이익이 없더라도 순수하게 공부하는 사람이 많았고, 그 결과 거대한 결과물을 낼 수 있었고, 그것이 노벨상 수상과 연결이 되었던 것이다. 그것은 결국 1,000년 이상의 유랑 생활이 낳은 결과물이었다.

넷째, 거대한 파급력은 다양성 속에서 나오는데 유대인은 다양한 문화를 경험했다. 한번은 노벨상위원회에서 유대인이 왜 다른 민족보다 노벨상을 많이 받는지를 조사했다. 그 결과 뛰어난 두뇌나 민족성보다는 다양한 문화를 경험한 것이 그 요인이었다는 점을 밝혀냈다. 그들이 다양한 문화 속에서 생존하려면 끊임없이 머리를 굴려야 했다는 것이다. 즉, 외국인과도 잘 어울려서 그들로 하여금 돈을 내도록 하고, 그들로 하여금 인정하게 하려면 머리를 쓸 수밖에 없었다는 것이다. 그러면서 머리가 단련이 되었고, 그러면서 우수한 두뇌가 되어 노벨상을 많이 받는 민족이 되었다는 것이다.

실제로 유대인 중에는 독불장군이 없다. 혼자서 최고가 되는 것보다는 개성과 능력이 다른 사람들이 모여 최고의 결과를 내는 것을 중시한다. 그리고 이것도 유대인 문화의 뒷받침 속에서 자연스럽게 형성되었다. 유대인은 대부분 맞벌이를 하기 때문에 갓난아기일 때부터 또래들과 같이 생활을 하게 된다. 아주 어린 나이부터 집단생활을 하는 셈이다. 그 속에서 유대인은 사회성이 강한 사람으로 탈바꿈되고, 그러면서 개성을 극적으로 발휘하되, 함께 최고의 결과를 낼 수 있는 인재가 된 것이다. 그리고 유대인은 외국어를 잘하고, 그러다 보니 자연스럽게 외국 사람과 어울릴 기회도 많다. 그러면서 자연스럽게 다양성을 경험하게 되고, 다른 사람과 함께 일하는 것에 익숙해졌다.

노벨상은 지금 우리 시대에 가장 도움이 되는 지식을 선정하는데, 유대인은 다양한 문화를 경험하면서 그것을 아우를 수 있는 연구하기 때문에 노벨상을 많이 받는 것이다. 실제로 일본의 성공적인 대학으로 평가받는 아키타국제대학의 경우에도 취업률 100%를 자랑하는데 이곳에서도 전교생이 외국에서 1년 정도 생활하는 것을 기본으로 하고, 나아가 기숙사는 외국인과 함께 쓰도록 한다. 그러면서 능력을 키우도록 한다.

다섯째, 예술을 중시하는 전인교육으로 유대인의 예술가적인 감수성과 창의성이 노벨상 수상을 이끌었다. 유대인은 어떤 민족인가? 책의 민족이다. 책을 보면 어떻게 되는가? 예술가가 된다. 책은 무엇인가? 인간의 모든 것을 담고 있기 때문에 책을 보면 삶의 본질을 꿰뚫어보게 됨은 물론 삶을 예술적으로 살아가게 된다. 이른바 여유를 알고, 낭만을 알며, 전혀 다른 소위 엉뚱한 생각도 많이 한다. 또 그 속에서 자기만의 무언가를 만들어낸다.

과학 분야의 노벨상 수상자 510명과 보통 과학자를 비교해보니 노벨상 수상자가 보통 과학자보다 음악가가 될 가능성은 4배 이상, 소설가나 시인이 될 가능성은 25배나 높다는 사실이 나온 적이 있다. 실제로 아인슈타인도 음악에 소질이 있었다. 아인슈타인은 이렇게 말한다. "부모님은 내가 6세 때부터 바이올린을 가르쳤다. 내 발견은 음악적 지각의 결과물이다." 노벨상 수상자인 피터 도허티 교수도 이렇게 말한다. "독서가 노벨상 수상의 원동력이다. 어렸을 때 아버지와 할머니가 책을 많이 읽어주었고 6세 무렵부터 혼자 책을 읽기 시작했다. 책을 읽은 이유는 아이디어를 얻기 위해서다. 텔레비전은 독서에 비해 깊이 있는 내용을 전해주지 못한다."

유대인은 책을 많이 보고, 그럼으로써 세상의 운치와 낭만을 아는 사람이 되었다. 그리고 다양한 각도에서 세상을 바라보는 힘을 얻었다. 여유가 있고, 낭만을 알며, 인생의 모든 것에 대해서 많은 생각을 해본 사람인 것이다. 그러면서 입체적으로 사고할 줄도 알고, 사물의 다른 면에 대해서도 누구보다도 많은 생각을 할 수 있었다. 그야말로 창의적인 사람이 된 것이다. 책에는 이런 힘이 있다. 책을 많이 보면 실제로 이렇게 될까? 된다. 나도 책을 많이 읽으면서 이러한 경험을 한 적이 있다. 책을 많이 보면 지식이 쌓인다. 그러면 필연적으로 생각을 많이 하게 된다. 생각을 많이 하게 되면 이런 저런 생각도 한다. 그러면서 삶의 거의 모든 면에 대해서 깊이 생각해보게 된다. 어떤 때에는 한 문장을 수개월 동안 곱씹기도 하고, 어떤 때에는 느린 삶이 옳다는 것도 절감하게 된다.

가령 고은 시인이 말한 "삶의 역정에서 부딪치는 수많은 풍상들을 관통하는 우리의 이 시간이야말로 운명의 시간이 아니고 무엇이겠는가. 끝내 운명이란 그것을 아는 것이 아니라 느끼는 것인지 모르네."라는 말에 대해서도 나는 수개월 간 생각했다.

이 말은 인생은 패기와 의욕이 있다고 다 성취되는 것도 아니고, 또 성공하는 법을 머리로 안다고 해서 되는 것도 아니며, 결국은 삶의 굴곡을 거치면서 자신의 운명을 느끼면서, 이 느낌으로 미래의 자신을 예단할 수 있다는 말이라고 볼 수 있다. 나는 이 문장을 수개월 곱씹으면서 과연 나의 운명이란 무엇인가에 대해서 많은 생각을 했다. 이 느낌이 온다는 것, 그것을 조금씩 알아가는 중이다. 몇 개월 간 이 문장을 곱씹으며 살면 누구나 예술가가 되는 것을 느끼게 될 것이다. 나도 수개월 간 이 문장 속에서 산속 승려가 됨을 느낄 수 있었다.

또 '조용헌 살롱'이라는 칼럼 중에 이런 글이 나온다. "쓰다 보니까 칼럼이 1,000회가 되었다. 처음 시작할 때는 이렇게 오래 쓸 줄은 몰랐다. 중간에 그만둘까도 생각했다. 그럴 때 1980년대에 계룡산의 봉우 권태훈 선생이 해주신 말씀이 생각났다. 저는 어디로 가야 합니까? 가고 가다 보면 그 가운데서 스스로 알게 될 것이네. 쓰면서 알게 되었다. 내가 천일야화를 쓰고 있구나!"

이 문장 역시 읽으면 자신의 운명이란 아는 것이 아니라 느끼는 것이며, 오십 즈음이 되어서야 자신의 운명을 느끼는 것이 드러나는 것을 보여주는 문장으로, 삶은 계획대로 되거나 아는 것이 아니라 삶을 살아가면서 만들어지고 깨닫게 되는 것임을 알 수 있었다.

이런 문장들을 곱씹고 되씹으면 아무래도 예술가가 될 수밖에 없다. 이 외에도 소설에서의 치밀한 심리묘사를 읽으면 숨이 막힐 듯한 긴장감을 느끼게 되고, 인간의 감정에 대해서 가슴이 뜨거워지고 아플 정도의 고통을 느끼는 경험도 하게 된다. 그러면서 소설에서의 상황이 바로 내 앞에서 펼쳐졌다는 생각도 하게 되면서, 삶의 뜨거움과 아픔을 경험하게 된다. 그리고 그 속에서 강력한 투지를 발휘하게 된다. 고통스럽고 힘들기 때문에 더 힘을 내서 나가야 한다는 생각, 어떻게든 결과를 내야 한다는 생각을 이끌기 때문이다.

필연적으로 독서를 하면 온갖 생각들을 많이 하게 되고, 그 결과 예술가가 되며, 이러한 예술가적 감수성은 세상의 모든 것을 온갖 측면에서 바라보게 하며, 그것은 결국 공부에 있어 강력한 힘을 내게 된다. 즉, 노벨상은 다른 생각의 산물인데, 그 힘을 강력하게 제공하는 것이다. 유대인이 노벨상을 많이 받는 가장 큰 이유는 독서와 사색인지도 모른다.

여섯째, 할 수 있다는 생각과 끈기와 투지다. 세상은 어떠한가? 안다고 해서 다 되는가? 안 된다. 막상 내가 옳았다고 해도 그것을 증명하는 데는 시간이 필요하고, 그렇기 때문에 힘든 시간을 겪으면서 사람은 필연적으로 흔들린다. 이 시간을 버티게 해주는 힘은 나는 할 수 있다는 생각과 끈기와 투지다. 노벨상 수상자 아리 워셜도 과학자는 끝까지 연구에 매달리는 근성이 필요하다고 말했다.

사람의 인생이란 거칠다. 나는 고등학교 때 야구선수 장효조 선생을 만난 적이 있다. 그는 내게 공부 잘하냐고 묻기에 고등학교에서 전교 1등을 한다고 말했다. 그랬더니 대뜸 나에게 이렇게 말했다. "네가 1등이라고? 네가 한 번 살아봐라. 네 마음대로 되는 건 하나도 없을 거다." 그가 누구인가? 한국의 안타 제조기다. 악바리 독종이다. 그런 그가 세상은 마음대로 되는 게 하나도 없다고 내게 말했다. 그때는 무슨 뜻인지 몰랐다. 이제야 느껴진다. 사는 게 정말 너무너무 힘들기 때문이다.

결국 자신이 옳은 결정을 내렸다고 해도 힘든 시간을 버티지 못하면 미래가 없다. 비참한 최후를 맞게 된다. 그저 그런 남자로 전락하고 만다. 명명백백한 패배다. 아무리 똑똑하면 무엇하는가? 세상은 똑똑한 것 너머에 있다. 행동과 실천, 그리고 확실한 결과를 내야 하는 것이 세상이다. 그래서 자신의 힘을 확고하게 하는 것에 인생의 의의가 있다. 여기에는 절대적으로 끈기와 투지가 필요하다. 유대인에게는 그러한 힘이 있다.

중세시대 유대인은 한 사업이 망해버릴 경우 바로 다른 사업을 생각했다. 즉, 경영하고 있던 은행이 몰수되면 다른 고장으로 이사를 가서 새로운 은행을 시작했다. 즉, 이들의 인내력은 매우 강했던 것이다. 유대인들은 해내고야 마는 정신이 특히나 강하다. 이것은 유랑 생활을 하면서 다시 밑바닥부터 시작해야 했기 때문일 것이다. 이러한 정신이 없으면 살아남을 수조차 없었다. 그리고 유대인들을 자신을 끝까지 믿는다. 자신의 재능을 믿고, 사업이 망해도 다시 그만한 사업을 만들 수 있다는 믿음이 있다. 그러한 강한 인내력이 유대인에겐 있었다.

일곱째, 독서로 인한 관조력이다. 독서를 많이 하면 세상을 관조하게 된다. 즉, 어느 정도를 거리를 두고 바라보는 습관이 만들어진다. 다른 사람의 삶을 늘 살펴보게 되고, 그러면서 그 삶이 내 삶이 될 수도 있고, 내 삶이 언제든 바뀔 수 있다는 것을 알면서 늘 조금 떨어져서 생각하는 습관을 가지게 되는 것이다. 즉, 관찰자의 삶이고, 현실에 매몰되지 않는 삶이며, 나를 제3자의 시각으로 보는 삶이다. 타인의 삶을 내 삶으로 이입하는 삶이고, 그러면서 인간과 사회를 통찰하는 삶이다. 즉, 인문학적으로 최적점에 다가선 삶이다. 이 삶은 독서를 많이 하면 자연스럽게 만들어진다. 이러한 관조력은 삶뿐만 아니라 연구에도 큰 도움을 준다.

유대인 과학자 아노 펜지어스는 자신의 발상의 힘에 대해서 이렇게 말한 적이 있다. "난 외부에서 사물을 보는 습관이 있기 때문이다." 독서를 많이 하게 되면 삶의 해방자가 된다. 자신의 삶을 있는 그대로 받아들이지 않고 다른 식으로 변형해서 받아들이게 되고, 그렇게 자신의 힘든 삶에서 해방된다. 그리고 이것은 상상의 나래로 연결되고, 그러면서 새로운 발상을 탄생시킨다. 또 남의 삶도 내 삶이 될 수 있음을 알아서 찬찬히 관찰해 많은 힌트를 얻는다.

세상사란 그렇다. 가까이서 보면 도리어 보이지 않는다. 떨어져서 봐야 보이는 역설이 존재한다. 멀리서 봐야 문제 자체에 매몰되지 않기 때문이다. 너무 가까이서 보면 문제 자체에 매몰되게 된다. 1cm 앞에서 글자를 보면 전혀 보이지 않는 것처럼 적절한 거리를 유지해야 사물의 본질을 정확하게 알 수 있다.

독서는 간접경험의 모음집으로 수많은 경험들이 나열되어 있다. 이것은 있었거나 있음직한 것으로 얼마든지 일어날 수 있는 일이다. 그렇기 때문에 통합적으로 사고해야 하고, 그 속에서 깨달아야 한다. 유대인의 강한 독서력은 분명 관조를 통해 발상에 독특한 힘을 주었을 것이고, 이것이 노벨상에 큰 힘을 주었을 것이다.

유대인은 이러한 이유들이 복합적으로 연결되어 노벨상을 가장 많이 받을 수 있었다. 이것은 철저히 문화에 기반을 두고 있다. 이 문화란 하루아침에 만들어진 것이 아니다. 1,000년 이상의 역사 속에서 수많은 좌절과 시련 속에서 만든 것이다. 경우에 따라서는 자신들의 의도로 만들어지지 않은 것도 있었고, 그렇게 하면서 오늘의 형태와 같은 강력한 문화가 만들어졌다. 그들은 어떻게든 살아남는 방법을 만들었고, 그것이 오늘의 위대한 모습을 만들었다.

이스라엘의 대학 졸업생들은 왜 80~90%가 취업보다 창업을 택하는가?

한국은 지금 취업대란이 벌어지고 있다. 손에 칼과 방패만 안 들었다 뿐이지, 10% 직장을 향한 전쟁이 매우 처절하다. 10%의 직장인 대기업, 공무원, 공기업에 입사하지 못하면 인생이 끝났다고 생각하는 사람들이 거의 대부분이다. 실제로 급여와 안정성의 차이가 매우 크기 때문에 이 10%를 위한 혈투는 그야말로 전쟁을 방불케 한다.

그런데 유대인들은 다르다. 유대인들은 특히 이스라엘의 대학생들 거의 대부분 취직하지 않는다. 취직을 하는 사람은 매우 특이한 케이스에 속한다. 졸업생의 80~90% 정도가 창업을 하기 때문이다.

실제로 이스라엘은 어떠한가? 국토는 우리나라의 20%에 불과하고, 인구는 750만 명 정도로 부산, 대구, 울산을 합한 정도다. 그러나 이스라엘 사람들이 1년에 만드는 기업이 유럽 전체가 만들어내는 기업보다 더 많다. 나스닥에 상장한 기업의 수는 유럽 전체의 2배에 달하며, 국민 1인당 벤처펀드 규모는 세계 1위다. 실제로 이스라엘은 세계 최고의 창업국가다. 또 금융위기에도 은행이 단 1개도 안 망한 나라로 거품이 끼어 있지 않는 탄탄한 경제를 자랑한다. 또 근로자 1만 명당 엔지니어 숫자가 140명으로 세계 1위다. 이것은 미국의 2배 수준이다. 부산, 대구, 울산을 합한 정도밖에 안 되는 나라에 어떻게 이러한 힘이 있는가?

그에 반해 한국은 9급 공무원에 20만 명 가까운 사람들이 응시하고 있고, 대기업 입사 경쟁률은 200~300대 1 정도다. 9급 공무원이 된다고 비전이 있는 것도 아니고, 대기업에 가도 대부분은 임원이 되지 못하고 위기의 삶을 살아야 한다. 그야말로 벤처창업으로 큰 성공을 거둔 사람은 5,000만 명의 인구 중 1,000명도 되지 않는다. 왜 한국의 대학생은 비전이 없는데도 10% 직장에 목숨을 거는 걸까? 유대인은 어떻게 이러한 성공을 거둔 것일까?

이것은 문화의 힘이다. 유대인은 대부분이 창업을 당연하게 생각하고, 대부분 큰 성공을 거둘 수 있다고 생각한다. 왜냐하면 그러한 사회 분위기이기 때문이다. 그리고 창업을 지원하는 펀드들도 매우 많다. 실패를 하더라도 다시 일어설 수 있도록 도와준다. 또 대학을 졸업할 즈음에 자신의 성인식 때 들어온 부조금이 약 1억 원에 달한다. 그래서 그 돈으로 창업을 한다. 그리고 이들은 생각하는 문화 속에서 자랐기 때문에, 많은 생각을 하고, 그래서 어떻게든 길을 찾을 수 있다고 생각한다. 가령 어떤 사람과 싸움을 한다고 했을 때 처음에 펀치도 날려본다. 그러나 패하면 옆에서 돌을 던져본다. 그리고 뒤에 가서 화살도 날려본다. 즉, 다양한 생각을 통해서 다양한 행동을 해보고, 결국 성공을 이끌어내는 것이다. 이들은 실패를 하더라도 그것을 실패로 여기지 않는다. 위험을 감수하고 모험을 했다는 증표로 여긴다. 그리고 그 속에서 배움을 얻고 성공을 할 수 있는 재료로 여긴다. 이 차이는 매우 크다. 실패가 두려워 아무것도 하지 않고, 실패를 해도 계속해서 도전하는 차이를 낳기 때문이다.

이들에게는 남과 함께 일을 하지만 평등사상을 갖고 있기 때문에 사장과 평직원이 스스럼없이 대화를 나누는 모습을 어디에서나 볼 수 있다. 신입사원도 사장실에 들어가는 것을 부담스러워하지 않는다. 그들은 말한다. "이스라엘은 좁은 사회입니다. 어디에서나 볼 수 있고, 다 연결이 되죠. 모두 친근하게 지냅니다." 이스라엘 사람들은 친근하며 평등한 문화를 갖고 있고, 사장이 되었다고 제왕이라고 생각하는 동아시아 문화와는 그 근본이 다르다. 그들은 네가 했다면 나도 할 수 있다는 생각을 갖고 있고, 그렇기 때문에 창업도, 거대한 성공에 대해서도 부담을 느끼지 않는다. 그저 자신을 믿고 하는 것이다.

물론 이들은 실패에 대해 관용적인 문화가 있다. 창업을 할 경우 펀드로 지원을 해주며, 실패를 해도 다시 일어설 수 있도록 도와주며, 대부분 살아가는 데 아무런 문제가 없다. 그래서 도전에 더 자유로운지 모른다.

우리는 한 번 쓰러지면 다시는 일어설 수 없다는 인식이 사회 전체를 감싸고 있다. 즉, 문화다. 그러다 보니 안정만 추구하고 도전하지 않는다.

그러다 보니 큰 가능성들이 전혀 현실화되지 못하고 있다. 대다수의 사람들이 그저 고만고만한 밥그릇만을 죽을 때까지 끌어안고 산다.

유대인이 이렇게 도전할 수 있는 이유는 결국 자신감 덕분이라고 볼 수 있는데, 이들의 자신감은 어디에서 나왔을까? 그것은 생각하는 문화에서 나왔다. 왜냐하면 다양한 생각을 하면서 세상살이가 어려운 것 같지만 충분히 잘 해낼 수 있다고 느꼈기 때문이다. 획일적 답만 추구할 경우, 그 답을 추구하다 답이 안 나오면 죽어야 하지만 세상에 정답이 없다고 생각하면 실패도 정답으로 가는 디딤돌로 여길 수 있게 된다. 또 다양한 생각을 하면 그 속에서 또 다른 정답이 나올 수 있음을 믿게 되는 것이다. 그러니 마음 놓고 도전을 하는 것이다. 실패를 해도 결국에는 어떻게든 성공할 것을 믿을 수 있기 때문이다.

유대인이 창업을 하는 또 다른 이유는 포부가 크기 때문이다. 그들은 자신이 잘사는 것은 기본이고, 나아가 세상을 더 살기 좋은 곳으로 만들겠다는 마음을 품고 있다. 그들 교육의 핵심도 세상을 더 살기 좋은 곳으로 만드는 것에 있다. 그래서 어떤 일을 해도 세상 전체를 생각한다. 즉, 천하를 생각하고 행동하는 것이 습관인 것이다. 그런 태도가 창업을 이끌었다고 생각된다. 왜냐하면 월급쟁의 삶이란 임원이 되더라도 별것이 없다는 것을 알기 때문이다. 그래서 그들은 창업을 한다. 창업을 해야만 나의 세상을 만들 수 있다는 것을 알고 있다.

한국은 지금 어떠한가? 이렇든 저렇든 간에 거의 모든 사람들이 창업가의 삶을 살게 되어 있다. 평생 일할 수 있는 직장이 없기 때문이다. 결국 우리는 창업가가 될 수밖에 없다. 창업은 어떤 것인가? 두렵지만 설레는 것이다. 거대한 결과를 이루어낼 수 있기 때문이다. 우리가 창업을 해 성공하기 위해선 생각하는 문화를 확립시켜야 한다. 그리고 수출을 염두에 두어야 한다. 내수만으로는 필연적으로 한계에 봉착하기 때문이다. 처음부터 수출을 염두에 두고, 나스닥 상장을 염두에 두고 일을 벌려야 한다. 국내는 좁은 우물이라는 생각을 강하게 가져야 한다. 또 실패를 하더라도 딛고 일어서는 투지를 발휘해야 한다. 세상에 실패를 하지 않는 사람은 없다. 한 번도 실패하지 않은 사람은 아무것도 하지 않은 사람이다. 실패를 하더라도 일어설 수 있다는, 실패를 디딤돌로 삼을 수 있다는 믿음을 가져야 한다. 그리곤 나서야 한다. 그래서 우리도 창업국가로 거듭나야 한다. 나스닥 상장을 가장 많이 하는 국가가 되어야 한다. 우리의 미래는 10%의 직장에 취업을 하는 것이 아니라 창업에 있다. 그리고 외국에서 승부를 하는 데 있다. 그리고 그 중심에는 생각하는 문화와 끈기가 있어야 한다.

종교를 공부하는 유대인은
산타클로스가 있다고 말하지 않는다

유대인은 지구상에 있는 전 영역에서 최고의 성과를 거두었다. 그들은 경제계와 교육계를 완전히 장악했다. 또 과학과 기술, 예술에서도 최고의 성과를 거두었다. 그 이유는 현실적인 사고에 있다. 그리고 그 사고는 종교에서 기인한 바가 크다.

유대인의 종교는 유대교다. 유대교는 죽어서 가는 내세보다는 현실세계에서 이상적인 사회를 만드는 데 더욱 관심을 둔다. 즉, 현실적이다. 유대인들도 유대교를 종교로서 믿는 것이 아니라 공부로서 받아들이고 현실에서 실천하는 데 중점을 둔다.

보통의 종교 신도들이 믿음과 기도로써 수양을 하는 데 반해 유대인들은 종교를 공부한다. 그래서 그것을 현실에 적용할 구체적인 방법들로 표현해내고, 그것을 실천해서 현실에서 최고의 삶을 산다.

그들의 삶에 최고의 지침서라고 할 수 있는 《탈무드》도 랍비, 현자, 학자들의 논쟁집으로 현실에서 어떻게 토라를 실천할 것인가에 대한 유대인의 고민이 낳은 '토라에 대한 해석집'이다. 즉, 그들은 종교를 믿는 것이 아니라 철저히 연구하고 현실에서 실천한다.

이들이 이렇게 현실적이게 된 것은 현실적인 성향도 있지만, 1,000년 이상의 박해와 유랑의 역사 속에서 현실적인 사고를 하지 않으면 살아남을 수조차 없었던 배경도 작용했다. 유대인은 그렇기 때문에 자신이 믿을 수 없거나 현실에 맞지 않는 것은 아이들에게도 가르치지 않는다. 그래서 그들은 산타클로스가 있다는 비현실적인 이야기는 절대 하지 않는다. 유대인은 공상을 하지 않고 현실에서 벌어지고 있는 것을 중심으로 이야기를 한다. 그것이 아이의 상상력을 자극하고 잠재력을 이끌어내는 데 낫다고 믿기 때문이다.

유대인 사회의 종교 지도자인 랍비 역시 항상 현실 사회 속에서 생활하고 판단하면서 성직자의 소임도 수행하고 교육자, 변호사, 혼사婚事 중개인, 상사商事 분쟁조정인 등의 다양한 역할을 수행한다. 유대인은 현실적이고, 돈과 성性에 대해서도 솔직하다. "식사를 하는 것은 웃기 위해서, 포도주를 마시는 것은 인생을 즐기기 위해서. 이 모든 즐거움에는 돈이 필요하다."는 《탈무드》의 격언은 돈에 대한 그들의 태도를 잘 표현하고 있다.

랍비도 일상생활을 한다. 신부와 승려처럼 성생활을 하지 않고 수도원이나 교회, 절에서 평생을 지내는 사람은 없다. 랍비도 결혼을 하고, 가족과 평범한 생활을 한다. 유대인들은 종교생활이라는 것도 현실에서 종교교리를 잘 실천하는 것에 있다고 본다. 그들은 '생육하고 번성하여 땅에 충만하라'는《성경》말씀에 따라 성性의 가치와 섹스의 즐거움을 기꺼이 즐긴다. 그들은 돈과 성性에 있어 청교도적인 가르침이야말로 위선이라고 비난을 한다. 일부 종교인이 지키지도 못할 높은 기준을 정해놓고 이를 어기는 것이야말로 안타까운 일이라는 것이다. 돈의 경우에도 생활을 하는 데 반드시 필요하며 그들이 삶에서 가장 중요하게 여기는 가치 중 하나인 선행善行도 돈이 넉넉해야 할 수 있다는 현실적인 사고를 갖고 있다. 마음에서 우러난 선행도 중요하지만 결국 돈이 있어야 선행도 제대로 할 수 있는 의미다. 원래 유대인 사회에서 돈은 구휼을 의미한다. 따라서 돈이 많이 있어야 한다고 주장한다. 또 돈이 없으면 힘든 생활을 할 수밖에 없음을 경계한 뜻도 있다.《탈무드》에서도 이렇게 말한다. "세상에서 가장 가난한 것보다 더 슬픈 것은 없다. 가난은 모든 고통 중에서 가장 지독한 것이다." "자녀에게 경제교육과 기술교육을 제대로 시키지 않는 부모는 자녀를 도둑으로 키우는 것과 마찬가지다."

  유대인은 유대교를 믿지만 이 종교에서 주장하는 형식적인 것을 행하는 것은 겉치레라고 생각하는 사람이 많다. 왜냐하면 유대교의 기본은 항상 현실을 중시하기 때문에, 현실을 무시한 형식은 의미가 없다고 생각한다. 모든 종교도 삶을 더 잘 살기 위한 것이지, 삶을 괴롭게 만드는 것은 아무런 의미가 없다는 현실적인 생각을 갖고 있다.

물론 충실한 유대교도들이 없는 것은 아니다. 충실한 교인들은 아침 일찍 일어나 아침 식사 전까지 약 30분 정도 기도를 하고, 기도 중에는 반드시 목띠를 착용한다. 이어 손을 씻고 기도 후 아침을 먹는다. 식사를 하면서는 《탈무드》에 대한 이야기를 하며 식사 후에는 일을 하러 간다. 그리고 정오부터 일몰까지는 다시 5분 동안 기도를 하고, 저녁에는 《탈무드》 학원에 가서 공부를 하기도 한다. 식사도 계율에 맞추어 하며, 코셔Kosher 라는 방법으로 도살된 가축만 먹으며, 피나 지방이 있으면 안 된다. 술은 과주만 마시며 취할 때까지는 마시지 않고 반주 정도로만 마신다. 코셔는 짐승을 도살할 때 고통을 줄이기 위해 단번에 짐승을 죽이는 것을 말한다. 계율을 충실히 따르는 유대인은 우유와 육류를 함께 먹지 않으며 고기와 생선도 골라서 먹는다. 그러나 이러한 계율을 지키는 유대인은 많지 않다. 형식은 그저 형식일 뿐이고 생각하는 것이다.

유대인들은 자녀들에게 다큐멘터리나 전쟁영화를 적극적으로 보여주는데, 이것은 아이들이 늘 현실을 생생하게 기억하라는 의미다. 결코 낭만에 빠져 허우적대는 일이 있어서는 안 된다는 뜻이다.

그들의 현실적인 사고는 아버지나 아내마저도 믿어서는 안 된다는 태도로 표현되기도 한다. 즉, 아버지라고 무조건 믿어서 낭패를 당해서는 안 된다는 것이다. 또 아내에게도 숨겨야 될 것이 있다고 이야기한다. 왜냐하면 때와 경우에 따라서는 아버지와 아내조차도 믿어서는 안 될 경우가 있는 것이 세상사이기 때문에 항상 현실적인 마음을 잊어서는 안 된다고 말한다. 그리고 그런 교육을 한다. 아버지가 어린 자녀에게 높은 곳에서 뛰어내리라고 한다. 자녀가 뛰어내리고 아버지가 받아준다. 그렇게 몇 번을 한다. 그렇게 하다가 어느 순간에는 아버지가 받아주지 않는다. 결국 자녀는 땅바닥에 그대로 고꾸라지고 피가 나고 만다. 아이는 엉엉 운다. 그리고 아버지는 이것이 때와 경우에 따라서 아버지라도 믿지 않아야 한다는 것을 가르치기 위함이라고 말한다. 이 세상은 혼자 힘으로 살아야 하는 잔혹한 전쟁터라는 것을 알라는 뜻이다. 그렇게 강하게 현실적으로 자녀를 키우는 것이다.

유대인의 이러한 현실을 강조하는 사고는 종교의 성향 때문이기도 하지만 그들의 삶이 그만큼 힘들었다는 것을 반증한다. 무일푼으로 살던 곳에서 쫓겨나는 경험, 밑바닥에서 온갖 고생을 하면서 일어서야만 하는 경험, 타 민족에 의해 죽임을 당하는 경험까지 해야 했던 그들에게 세상은 낭만적인 곳이 아니었다. 그들이 살아남기 위해서는 현실을 강력하게 지배해야 했고, 그러한 강력한 지배 속에서 비로소 낭만이 나온다는 것을 체득했을 것이다. 유대인이 강한 이유는 현실을 완벽하게 장악했기 때문이다. 말로만 하는 것이 아니라 실제의 권력을 완전히 거머쥐었다. 그 결과 역설적으로 낭만적으로 살 수 있게 되었다. 자선도 하고, 예술도 하며, 노벨상도 받을 수 있었다. 이 세상은 약자에게는 한없이 가혹하고 잔혹하다. 어떻게든 현실을 지배해야 한다. 그러기 위해선 현실적이고 합리적인 사고를 해서 반드시 세상을 이겨야 한다. 절대로 지면 안 된다. 이 점을 명심해야 한다.

15
《탈무드》는 생각하는 능력을 키워주는 최고의 도구다

토 라 는 유대인의 기초적인 경전으로 모세 5경에 뿌리를 두고 있다. 토라는 유일신을 중심으로 한 유대인의 결속을 담고 있고, 유대의 율법과 예식도 포함되는데 일주일에 하루를 쉬는 안식일을 최초로 도입했고 비유대권에도 확산되었다.

토라는 가르침 또는 율법이라는 뜻으로 기원전 70년에 예루살렘 성전의 2차 붕괴 이후 토라를 바탕으로 구두로 율법을 강론하는 미쉬나가 나왔고, 이 미쉬나를 기초로 해서 《탈무드》가 나왔다.

유대인은 5세가 되면 가정에서 어머니가 토라를 가르친다. 이것이 유대인에게 있어 최초의 교육과정인데, 여기에서부터 유대인의 교육열과 최고 지도자로서의 훈련이 시작된다. 《탈무드》는 예루살렘을 빼앗긴 이후 세계 각지로 유랑하게 된 유대인들에게 《성경》을 대신할 수 있는 율법 체계가 필요해 저술된 것이다.

《탈무드》가 나오기 전에 미쉬나가 2세기 말경에 완성되었다. 미쉬나의 뜻은 '연구한다'로 미드라쉬와 할라카로 구성되어 있다. 미드라쉬는 토라를 해설한 부분이고, 할라카는 전통적인 율법과 규례를 담고 있다. 미쉬나는 율법이 중심이지만 만드는 과정에서 랍비들 간의 자유로운 토론을 종합하여 담은 것이기 때문에 문학적인 특징도 많다. 미쉬나는 이후 3세기에 걸쳐 주석 작업이 있었고, 이 작업이 끝나면서 나온 것이 《탈무드》다.

《탈무드》는 '바다'라는 뜻으로 바다와 같이 무한대의 지혜를 추구하는 것이라는 의미다. 《탈무드》는 팔레스타인본과 바빌로니아본 2가지가 있는데, 팔레스타인 《탈무드》는 4세기 말에 완성이 되어 역사적 구성과 문학적 표현으로 이루어져 있다. 《탈무드》는 모세 5경인 〈창세기〉, 〈출애굽기〉, 〈레위기〉, 〈민수기〉, 〈신명기〉를 기본으로 이에 대한 토론과 분석을 편집한 유대인이 만든 교육자료라고 보면 된다. 바빌로니아 《탈무드》는 1차 성전 붕괴 이후 유다 왕국의 귀족이 바빌로니아에 포로로 잡혀간 후에 성서를 연구하여 만든 것이다. 2차 유대 반란 후에 바빌로니아 유대인은 팔레스타인 유대인보다 자유로운 분위기에서 학문을 연구할 수 있었고, 이로 인해 토라와 성서 연구의 주도권을 잡을 수 있었다.

바빌로니아 《탈무드》는 팔레스타인 《탈무드》와 비교를 해본다면 주제를 변증법적으로 해석하여 해석의 영역을 확대했고, 깊이를 더했다는 특징이 있다. 그래서 큰 주제보다는 세부적인 내용에 중요성을 부여하고 해석을 세밀하게 한 것이 특징이다. 쉽게 이야기하면 바빌로니아 《탈무드》는 팔레스타인 《탈무드》보다 조금 더 복잡하다고 볼 수 있다. 바빌로니아 《탈무드》는 5세기 초에 아쉬라는 유대학자가 최종 편집한 것으로 전해지고 있으며, 오늘날의 《탈무드》는 대부분 바빌로니아 《탈무드》라고 할 만큼 2,000년 간 유대인의 정신적 기둥 역할을 톡톡히 했다.

기독교인들은 12세기 중반부터 16세기 말까지 《탈무드》를 없애려고 엄청나게 노력을 했으나, 《탈무드》는 입에서 입으로 전해져 14세기 초에 수기로 제작되어 최초로 문자로 기록되게 되었다. 《탈무드》는 총 20권(현재는 계속해서 집필되어서 약 60여 권)으로 구성되어 있고, 1권을 떼면 잔치를 하는 전통이 있다. 훌륭한 랍비의 기준도 얼마나 깊고 광범위하게 《탈무드》를 연구하고 해석할 수 있느냐로 보고 있다.

유대인은 일반적으로 3살이 되면 히브리어 알파벳을 공부하고, 5살까지 알파벳을 공부한다. 그리고 5살부터 토라를 읽고, 히브리어를 공부하며 삶의 지혜를 배운다. 그리고 10살이 되면 미쉬나를 통해서 사는 데 필요한 규칙을 배운다. 그리고 15살이 되면 《탈무드》를 공부하기 시작하는데, 7년 단위로 읽어가면서 토론하며 평생 동안 《탈무드》를 공부한다.

유대인 남자는 결혼을 하고 나서 1년 동안은 직업을 갖지 않고 《탈무드》 공부만 한다. 신랑들끼리 모여 함께 공부하는 공부방이 있다. 남편으로서, 아버지로서 살아갈 길에 대한 인생공부를 하는 시간을 1년 정도 집중적으로 갖는 것이다. 신랑들이 공부를 하는 동안에는 아내가 돈을 벌고, 유대인 공동체에서 생활비를 지급해준다. 사회에 나가기 전에 충분히 도움을 주는 제도와 문화가 유대인 사회에는 확립되어 있는 것이다.

그렇다면《탈무드》공부는 사회생활에 어떤 도움이 될까?《탈무드》를 공부하면 논리적 사고를 할 수 있게 되고, 분석력, 추리력, 상대를 설득할 수 있는 말하기 기술 등을 배우게 되고, 궁극적으로 행동이 바뀌고 성품마저 바뀐다. 많은 지식과 지혜를 섭렵하고 이에 대한 토론을 하면서 스스로 생각을 하고, 그로써 인격의 변화, 성품의 변화를 유도하는 것이《탈무드》인 것이다.

청소년 때의《탈무드》교육은 어떻게 할까?《탈무드》에 대한 설명을 하고 학생들은 질문을 던진다. 수업의 핵심은 하나의 면을 여러 면에서 바라볼 수 있도록 이끄는 것이다. 그리고《탈무드》를 가르치면서 3개의 국어를 사용한다. 영어, 히브리어, 이디쉬어다.《탈무드》는 자발적으로 공부하여 스스로 이해하는 것이 가장 중요하다. 그러면서 다른 관점에서 보게 되는 법을 배우는 것이 가장 중요하다. 즉, 생각을 한다는 것이다. 《탈무드》를 공부하면서 흔히 몸을 앞뒤로 흔드는데, 이것은 집중력을 높이기 위한 행동이다. 몸을 움직이면서 공부하면, 집중력이 올라가고, 그래서 이해도와 생각하는 능력이 향상된다.《탈무드》공부의 경우, 미국 사회에서도 그 효과를 인정하고 있고, 로스쿨에서도 학점으로 인정한다.

유대인은 기본적으로 생각하는 민족이고, 이 생각에 의해서 완성되었다고 해도 과언이 아니다. 즉, 다양한 생각을 많이 하고, 다른 면을 본다는 것이며, 그로써 세상을 입체적으로 이해하고, 세상의 모든 면에 대해서 이해하고 받아들이면서, 그를 통해 새로움을 추구한다는 것이다. 유대인은 100명이 있다면 100개의 대답이 있다고 말하는데, 그만큼 다양한 생각을 존중한다. 너와 내가 다른 것은 당연하며, 그 자체로 존중을 하면서 공생을 하자는 것이다. 한 랍비는 이렇게 말한다. "《탈무드》는 항상 '이럴 수도 있지만 저럴 수도 있다'는 식으로 질문합니다. 질문을 받은 사람이 스스로 자기 답을 알아내도록 하는 것이지요. 무엇이라는 히브리어 단어는 인간과 어원이 같습니다. 즉 인간은 무엇이라는 질문을 던지는 동물입니다. 우리는 항상 질문을 던져야 하고 아이에게도 질문을 하게끔 가르칩니다." 다양한 생각이 공존하고, 그 속에서 서로 다른 것은 당연하며, 이 속에서 엄청난 시너지가 나온다는 것을 유대인은 알고 있다. 그래서 모든 생각을 존중하고, 다름을 훌륭한 가치로 인정한다.

한국은 너무나도 획일적이다. 사회에서의 가치도 무조건 따르는 사람들이 거의 대부분이다. 생각의 다름, 다양성, 창의성, 괴짜, 영웅을 인정하지 않는다. 이런 사회 속에서는 모두가 하나의 모습이 될 뿐이다. 모두 같고, 개성이 없으며, 획일적이라는 것이다. 이 속에서는 시너지가 나올 수 없다. 모두 같기 때문에 다른 사람으로 대체되어도 이상할 것이 없는, 인재 없는 사회가 되었다.

유대인의 생각은 그야말로 유연하다. 가령《탈무드》에는 1페이지가 없는데, 이것은 우리가 언제나 삶을 살아가는 과정 속에 있다는 점을 설명한다. 또《탈무드》공부를 하는 데 시작이 따로 없다는 점도 포함하고 있다. 누구나 자기 삶이 현재 놓여 있는 그곳에서《탈무드》를 배울 수 있다는 뜻이기도 하다. 또《탈무드》의 마지막 페이지도 비어 있는데, 이것은 각자가 자신의 인생 경험과 지식을 마지막 페이지에 써 넣으라는 뜻이다. 또 아무리 뛰어난 지혜라도 매일 살아가는 삶으로 업데이트되지 않으면 의미가 없다는 점도 포함하고 있다. 즉, 유대인은《탈무드》라는 위대한 지혜서도 한계가 있으며 나의 삶이《탈무드》보다 위대할 수 있다고 보며《탈무드》에 자신의 삶을 적을 수 있을 만큼 늘 새로워야 한다고 생각한다. 그렇게 위대한 것에 대해서도 유연하게 생각하고 있다. 유대인은 현실에서 승리하는 것, 살아남는 것, 번영하는 것을 중심으로 생각하고, 형식에 구애받지 않고 최고가 된다면 무엇이든 좋다는 생각한다. 그들의 생각은 실용을 위한 유연성을 그대로 담고 있다.

유대인 공부의 핵심은 공부를 하면서 수많은 질문과 답변을 되풀이한다는 것에 있다. 즉, 하브루타다. 그렇게 하면서 생각하는 능력, 말하는 능력, 창의적으로 생각하는 능력을 자연스럽게 키운다. 즉, 상대방의 논리에 반박하기 위해 온갖 생각을 하고, 치밀하고 빈틈없는 방어를 하면서 지혜와 사고력을 확장하는 것이다. 그들은 실제로 고등학교 때에도 입시에만 집중하지 않는다. 오전 내내《탈무드》공부만 하는 학생들도 상당히 많다. 생각하는 능력을 무엇보다 중요하게 생각하는 것이다. 그렇다면《탈무드》를 공부하는 데 왜 이렇게 토론이 많을까?《탈무드》는 구약성경에 해당하는 토라를 바탕으로 한 것인데, 토라가 수수께끼처럼 간결하고 의미심장하게 서술되어 있었기 때문에 많은 학자들과 종교 지도자들이 해석을 두고 서로 질문을 하고 답변을 계속해서 논쟁을 하고, 그 논쟁을 담은 논쟁집이기 때문에, 이를 읽고 공부하는 데 있어서도 토론이 필연적으로 나올 수밖에 없다. 즉, 특정한 현상에 대해 계속해서 질문을 던지고, 액면 그대로 받아들이지 않고 더 나은 솔루션을 찾고 탐구하는 방식으로 끊임없이 트레이닝을 하는 것이 유대인《탈무드》토론교육의 핵심인 것이다.

무엇인가 배운다는 것은 어떤 것인가? 그것은 의문에 대한 답을 찾아가는 여정이라고 할 수 있다. 유대인은 끊임없이 배우며, 그러기 위해서 배움을 즐기며, 배움이 인생이며, 여정이라고 여긴다. 그리고 그들은 대학을 졸업하고부터 본격적인 공부가 시작된다고 생각한다. 실제로 공부란 무엇인가? 왜 우리는 초등학교, 고등학교, 대학교를 졸업한 것인가? 20대 후반부터 직업을 잡고, 삶을 잘 살기 위해서다. 그리고 40대, 50대에 거대한 결과물을 만들어내기 위해서다. 그 점을 유대인도 잘 알고 있는 것이다. 그들은 40대, 50대에 노벨상을 받고, 위대한 기업을 설립하며, 독보적인 과학기술과 예술을 만들기 위해서 공부에 몰두하는 것이다.

《탈무드》가 유대인에게 의미하는 것은 무엇일까? 그것은 사고하는 방식 그 자체다. 이것은 책의 의미를 뛰어넘는다.《탈무드》는 도서관이고, 인생을 살아가는 인생서이며, 미래를 읽을 수 있는 미래예측서고, 역사와 지혜 그 자체다.《탈무드》는 유대인의 문화, 역사, 전통을 모두 융합하여 내려오는 지혜서로 유대인의 삶과 철학, 지혜가 녹아 있는 용광로다. 지금도《탈무드》는 계속해서 추가되고 있는데, 이것은 과거에 기반을 두고 오늘날의 현실을 담아 창의적으로 집필이 되고 있음을 보여주는 것이다. 처음부터 끝까지 새로운 생각을 담은 것이다.《탈무드》는 생각의 변화를 통해 결국 사람의 인품과 사람의 본질마저도 바뀌는 교육을 지향한다. 교육을 통해서 성품과 인격을 바르게 형성하도록 하고, 이로써 삶의 변화마저 도모한다.

《탈무드》를 공부할 때는 단순히《탈무드》를 읽고 암기하는 것이 중요한 것이 아니다. 책을 읽고, 이것을 바탕으로 자기 생각을 창조해내야 한다. 내가 어떻게 받아들였는가가 중요하다는 의미다. 본래 뜻하는 것이 A라고 해도 내가 B라고 받아들이고 싶으면 B라고 받아들이면 된다. 그런 다른 생각이 바로 창의성이다. 내가 잘못 이해한 것이 아니라, 내 삶에 맞게 이해하고, 그로써 신세계를 창조하겠다는 뜻이다. 책을 볼 때는 A라고 하는 것도 B로 받아들이고 싶으면 받아들여야 한다. 왜냐하면 내 삶을 잘사는 것이 핵심이기 때문에 너무 사전적인 의미에만 집착해서는 안 된다.《탈무드》를 공부할 때도 그래야 한다. 다르게 받아들이고 싶으면 그러면 된다. 중요한 것은 책 그 자체가 아니라 내 인생과 생각이기 때문이다. 단순히 최고가 되는 것이 아니라 남과 다른 사람이 되어야 하는 것이다. 그것이 목적인 것이다.

이런 식으로 받아들이면 당연히 논쟁이 생길 것이고, 이 논쟁이 바로 토론이며, 이 토론을 통해서 내 생각이 옳다는 것을 증명해나가는 것이 삶이다. 그리고 내 생각에 다수의 사람들이 동조하면 그것은 바로 시대정신이 된다. 그렇게 철학과 사상이 탄생한다. 그리고 창의적인 인생이 탄생하고, 세계에 새로운 역사가 만들어지는 것이다.

소위 말하는 창의성이란 무엇인가? 새로운 의견이다. 이것은 어디에서 나오는가? 새로운 아이디어에서 나온다. 그렇다면 새로운 아이디어는 어디에서 나오는가? 책의 원본, 원칙에만 충실한 착한 개가 되어서는 새로운 아이디어는 나오지 않는다. 착한 개는 맛있는 음식만 주면 절대적으로 복종한다. 지금 우리 학생들은 높은 연봉만 주면 절대적으로 복종한다. 이런 착한 개를 길러내고 있는 것이 우리의 교육이고, 그 결과 한국이 위험해지고 있다. 지금 우리의 교육은 착한 개만 키우는 교육이다. 새로운 판도를 바꾸는 이종격투기형 인재를 키워내지 못하고 있다. 그리고 유대인은 거의 모든 학생들이 이종격투기형 인재가 되어 세상에서 이기는 승부를 하고 있다. 이종격투기형 인재는 생각이 다른 사람이고 생각을 창조하는 사람이다.

유대인은 《탈무드》를 공부할 때도 양보다는 질을 더 중시한다. 즉, 얼마나 많이 공부했냐보다는 얼마나 호기심을 갖고, 창의력을 발현하고, 생각하는가를 중요하게 여긴다. 얼마나 암기했나보다는 얼마나 심도 깊게 이해했느냐를 보는 것이다.

《탈무드》 논쟁의 기본적인 약속은 다수 의견을 따른다는 것이다. 그리고 이것은 민주주의의 시초가 되었다. 그렇다고 해서 그들이 소수 의견을 무시한 것이 아니다. 기록을 남겨둠으로써 후세의 사람들이 창의적으로 생각할 수 있도록 하였다. 《탈무드》 내용에 누구나 동의하지 않을 수 있고, 동의하지 않을 경우에는 반드시 스스로 그 이유를 논리적으로 말해야 한다.

《탈무드》에는 이런 말이 있다. "사람들이 세상을 정면으로 바라볼 때 우리는 입체적으로 바라본다." 이 말은 《탈무드》의 기본정신을 담고 있는 말이다. 《탈무드》는 법, 경제, 지리, 역사, 의학, 과학 등 모든 지식이 총망라되어 있고, 이를 통해 통합적으로 사고력을 요구하며, 수천 개의 질문과 답변을 반복하는 과정에서 입체적인 사고력을 키우게 된다. 그래서 《탈무드》는 쉽게 말해서 생각하는 능력을 최상으로 업그레이드 하는 최고의 시스템이라고 표현할 수 있다.

《탈무드》를 제대로 공부하려면 단순히 읽기만 하면 되는 것이 아니라 그 속에 담긴 진정한 의미를 파악해야 하기 때문에, 1시간의 수업을 들으려면 대체적으로 4시간 정도의 예습이 필요하고, 고학년이 되면 1시간의 수업을 듣기 위해 대체적으로 10시간 정도의 예습을 해야 한다고 한다. 그 안에 있는 가르침과 교훈이 매우 깊기 때문이다.

실제로 유대인 사회에서는 《탈무드》의 힘이 워낙에 크기 때문에 《탈무드》 공부가 유대인 사회에서는 필수이자 최고의 권위이며, 《탈무드》를 얼마나 공부했느냐에 따라서 권위와 존경의 척도가 된다. 그래서 《탈무드》를 가장 많이 공부한 사람인 랍비는 유대인 사회에서 최고의 권위를 인정받고 있다. 랍비라는 뜻은 스승이라는 말이다.

유대인이 하버드대학교를 졸업하지 않으면 성공하지 못할까? 나는 아니라고 본다. 유대인은 《탈무드》만으로도 현재와 같은 성과를 반드시 냈으리라고 생각한다. 이유가 있다. 유대인들은 무려 4세기에 걸쳐 유럽 각국의 게토에 살면서 일반 교육에 접근이 일절 허용되지 않았다. 그런데 어느 날 갑자기 정규교육을 전혀 받지 못한 유대인들이 게토를 나와 사회에 진출하면서 수많은 사상가, 철학자, 문인, 예술가로 등장했다. 어떻게 이러한 일이 가능했을까? 이것이 바로《탈무드》교육의 힘이다. 그들은 정규 교육을 받지 않았지만 정규 교육을 뛰어넘을 수 있는 생각하는 힘을《탈무드》를 통해서 키웠고, 그래서 그들에게 기회가 주어지자 최고의 실력을 자랑할 수 있었다. 나는 이것은 지금도 마찬가지라고 생각한다. 현재 전 세계의 대학은 사망선고를 받은 것이나 다름없다. 제대로 교육을 하는 곳이 사실상 전무하다. 전 세계의 대학은 학벌을 줌으로써 그들을 출세를 하게 하는 하나의 카르텔 집단에 지나지 않는다. 결국 스스로의 힘으로 이것을 뛰어넘어야 한다. 카르텔을 뛰어넘을 힘은 생각하는 능력에서 나오고, 이것은《탈무드》를 공부하면서 생긴다고 본다. 아마 유대인은 정규교육을 받지 못하더라도 지금과 다름없는 성과를 낼 것이다. 정규교육이 사실상 사망선고를 받은 지금, 이것은 분명하다고 생각한다.

《탈무드》를 한마디로 결론지으면 생각하는 능력을 키워주는 것이라고 할 수 있다. 생각하는 능력을 키워주기 위해서 끊임없이 생각을 유도하고, 질문하고, 답변하는 과정을 되풀이하면서 세상을 입체적으로 보고, 다르게 생각하게 한다. 유대인은 이것을 일회성으로 하는 것이 아니라, 7년간 집중적으로 하고, 결혼 이후에 1년 동안 집중적으로 하고, 이후 평생 동안 공부를 하면서 생각하는 힘을 놓지 않는다. 그들이 세상의 거의 모든 분야에서 큰 힘을 낼 수 있는 이유는 암기력이 뛰어나거나 IQ가 높아서가 아니다. 그들의 근본적인 힘은 생각하는 능력에서 나왔고, 그 중심에《탈무드》가 있었다.《탈무드》는 유대인의 심장이라고 표현해도 과언이 아니며, 그들은《탈무드》를 통해서 철인哲人으로 거듭날 수 있었다.

유대인은 기꺼이 혼자서 다른 편에 선다

유대인은 히브리어를 쓰는데 이때 히브리라는 말의 뜻은 '혼자서 다른 쪽에 선다'다. 이 말대로 유대인은 각자 다르게 키우는 것에 초점을 맞추고 교육을 시킨다. 유대인은 자녀가 집단적 사고에 매몰되는 것을 경계한다. 즉, 한국처럼 대기업, 공무원에 우르르 몰려가거나, 남들이 다 하는 치킨집을 창업하는 행동은 하지 않는다. 또 사회의 구성원 대다수가 그쪽으로 간다고 해도 자신은 기꺼이 다른 편에 서고자 한다. 이것은 단순히 다른 행동 그 자체에 의의가 있는 것이 아니라 자신의 본질을 따라서 산다는 것을 의미한다. 즉, 남들이 간다고 무작정 가는 것이 아니라 나의 생각과 나의 본질을 존중해서 살아간다는 것으로, 나의 깊은 심연深淵으로 들어가 나의 본질로 당당하게 나아간다는 것을 말한다.

가령 내가 글을 쓰는 것을 좋아한다면, 남들이 뭐라고 하더라도 나의 길을 간다는 것이다. 왜냐하면 남들이 볼 때는 이 길이 틀렸어도 내가 볼 때에는 맞기 때문이다. 나의 적성과 소질에 맞고, 나의 개성에 맞으며, 나의 본질에 맞기 때문이다. 그래서 가는 것이다. 길이 없으면 돌아가면 된다는 생각으로, 돌아가는 길도 없다면 새로 만들면 된다고 생각하기 때문에 당당하게 밀고 나가는 것이다. 그러나 집단적 사고에 익숙한 한국에서는 무조건 남이 가면 나도 가야 하는 줄 안다. 명문대, 대기업의 공식이 거의 일반화된 사회가 한국인데, 이러면 안 된다. 무엇보다도 자신이 무엇을 원하는지 알아야 한다. 그리고 체면을 중시하여 소비가 과한 편이고, 외형을 중시하는데, 있는 그대로의 자신을 존중하고 사랑할 줄 아는 태도가 정말로 필요하다. 왜냐하면 나의 행복은 내가 결정하는 것이지, 남이 결정하는 것은 결코 아니기 때문이다. 나를 있는 그대로 보는 힘이 필요하다.

유대인은 자신의 자녀가 남들과 똑같은 방식으로 공부하는 것, 노는 것, 생각하는 것을 결코 원하지 않는다. 무엇보다도 자신의 개성과 소질을 살려 남다른 방식으로 살아가는 것만이 생존을 위한 유일한 길이라 굳은 신념을 갖고 있다. 남과 같아서는 유혈경쟁을 피할 수 없지만, 혼자서 다른 편에 서면 그야말로 독점을 할 수 있다고 생각한다. 또 한쪽으로 쏠려서 우열을 겨루게 되면 승자는 언제나 극소수에 불과하지만, 남과 다른 능력을 갖게 되어 전혀 다른 쪽에 서 있으면 모든 인간은 서로 인정하고 존경하고 살아갈 수 있는 것이다.

무엇을 하든 가장 중요한 것은 자유로움이다. 자유롭게 무엇이든 해보는 것이 중요하다. 그래야 나를 발견할 수 있다. 자유롭게 하는 것에서 내가 하고 싶은 일을 발견할 수 있고, 이렇게 내가 하고 싶은 것을 알아야 내 길을 갈 수 있다. 우선은 억압을 하지 않고 자신을 풀어보는 것이 필요하다. 나의 경우에는 2014년에 제주도에서 8개월 동안 산 적이 있다. 그때 내가 하고 싶은 것도 마음대로 해보고, 다양한 생각도 해보면서 나의 철학을 뒤흔들어 보았는데, 그러면서 나를 다시 발견할 수 있었다. 그러면서 기존에 가져왔던 나의 철학들을 과감하게 파괴시키면서 내 철학의 영역을 확장시킬 수 있었다. 그런 경험을 통해서 그저 하고 싶은 것을 마음대로 하는 것이 매우 중요하다는 것을 알 수 있었다. 자유로운 영혼의 삶을 산다는 것, 이것이 매우 중요하다는 것을 절감한 것이다. 일단은 자유로움이 중요하다. 여기에서 출발을 해야 한다. 그럴 때 내가 원하는 삶, 나만의 삶, 나다운 삶을 살 수 있다.

또 인정을 해야 한다. 사람은 얼굴도 다르고, 성격도 다르고, 지적 능력도 다르고, 운동 능력도 다르다는 것을 말이다. 즉, 모두 다른 개성을 가진 존재다. 그리고 그 개성을 살려주는 것이 교육의 핵심이고, 성공의 핵심이다. 나의 개성을 정확히 파악하고, 그 개성을 극적으로 살려주기 위한 모든 행동을 다하는 것, 이것이 유대인 교육의 핵심이었고, 이것은 우리에게도 유용한 것이다. 이런 선택을 하려면 무엇보다도 생각이 유연해야 한다. 어떤 틀에 갇히지 말아야 한다. 그것이 무엇이든 간에 남들보다 잘할 수 있는 것, 나의 장점을 있는 그대로 읽을 수 있는 힘이 필요하다.

그러기 위해서는 이데올로기에 갇히지 말아야 한다. 사회의 분위기에 휩쓸리지 말아야 한다. 그래야 전혀 다른 방식으로 새로운 역사를 쓸 수 있는 것이다.

또 초조해하지 말아야 한다. 너무 열심히 일할 필요도 없다. 즉, 남보다 뛰어나거나, 남을 앞질러야 한다는 생각을 할 필요가 없다는 것이다. 나는 내 속도대로 가면 된다. 남은 중요하지 않은 것이다. 내 본질에 입각하여 내 방식대로 그대로 쭉 가면 되는 것이다.

이렇게 다른 방식으로 가야 한다. 다른 생각으로 가야 한다. 100명 모두가 다른 길을 가야만 교육이 제대로 가고 있는 것이다. 일정한 틀에 자신을 가두지 않고 자유로운 삶을 사는 것이야말로 신화를 창조할 수 있는 열쇠인 것이다. 그럴 때 창의력도 극적으로 발현된다. 노벨상 수상자인 아인슈타인은 이렇게 말한 적이 있다. "교육의 목적은 기계적인 사람이 아니라 인간적인 사람을 만드는 데 있다. 교육의 비결은 상호존중의 묘미를 알게 하는 데 있다. 일정한 틀에 짜인 교육은 유익하지 못하다. 창조적인 표현과 지식에 대한 기쁨을 깨우쳐 주는 것이 최고의 교육이다."

그렇다면 유대인의 '혼자서 다른 편에 선다'는 생각은 어디에서 나온 것일까? 사실 이러한 생각은 돈키호테와 같은 생각이다. 다수가 가는 길이 안전한데, 기꺼이 위험한 길로 가겠다는 자체가 일종의 영웅적인 생각이기 때문이다. 물론 그들이 그런 생각을 하는 데에는 《탈무드》에서 말한 "사람이 한 방향으로만 향하면 세계는 기울어지고 말 것이다"라는 현실적인 생각도 작용했을 것이다. 모두가 한쪽으로 가면 다 같이 망해버리고 만다는 것을 잘 알기 때문에 현실적인 판단을 했을 것이다. 그러나 혼자서 다른 편에 선다는 데에는 아무래도 영웅적인 생각, 전 세계의 판도 자체를 바꿔보겠다는 생각이 있을 수밖에 없다.

결국 '혼자서 다른 편에 선다'는 생각은 유대교 신앙의 기본원리 중 하나인 '타쿤 올람' 정신에서 비롯되었다고 봐야 한다. 타쿤 올람이란 '세계를 고친다'는 뜻이다. 이 정신에 따르면 세상은 있는 그대로 받아들이거나 따라야 할 존재가 아니라 개선하고 완성해야 할 존재다. 신이 세상을 창조했지만 인간은 이것을 더 낫게 만들어야 한다는 것이다. 그러므로 유대인은 세상을 있는 그대로 받아들이거나 그대로 두기보다는, 혹은 집단이 가는 방향대로 안이하게 가기보다는, 기존 질서를 파괴하고 새로운 세상을 유감없이 만들어가는 것이다. 또 그들은 대부분 유랑 생활을 해서 '주변인의 시각'을 가질 수밖에 없었다. 즉, 관조력을 가지고 세상을 보고, 관찰자적 시각을 가지고 세상을 통찰하며 봤을 것이다. 그것은 그들에게 세상의 본질을 통찰하게 만들었고, 그를 통해 남이 보지 못한 곳에서 자신의 가치를 극적으로 발휘할 수 있도록 이끌었다. 즉, 자신의 개성으로 신화가 되도록 이끈 것이다.

혼자서 다른 편에 선 인물들을 예를 들어보면 아인슈타인이 있다. 아인슈타인은 초등학교 1학년 담임선생님에게 '이 학생은 앞으로 어떤 일을 해도 성공할 수 없을 것으로 판단됨'이라는 기록이 된 성적표까지 받았다고 한다. 다른 교사들도 그를 멸시했고, 심지어 다른 학생들에게 방해가 된다는 이유로 등교하지 말라는 권유를 받기도 했다. 교장 선생님은 아인슈타인이 10살 때 "너는 절대 사람 구실을 못할 거야"라고 말하기도 했다. 100년에 한번 나올까 말까한 과학자인 아인슈타인은 초등학생 시절 이토록 무시와 모멸을 받았다. 그러나 그의 어머니는 아인슈타인에게 이렇게 말했다고 한다. "걱정할 것 없어. 남과 같아지면 결코 남보다 나은 사람이 될 수 없단다. 너는 남과 다르므로 훌륭한 사람이 될 거야."

그의 어머니는 그를 나무라거나 걱정하지 않았다. 남과 다르므로 남보다 훌륭한 사람이 될 수 있다고 했다. 그리고 그를 격려했다. 훗날 아인슈타인은 자신은 강한 지식욕을 가지고 있었다고 말했는데, 당시에는 아무도 몰랐던 것이다. 그는 실제로 15살 때 이미 유클리드, 뉴턴, 스피노자의 작품을 독파하고 있었다. 아인슈타인은 주위의 평가, 즉 집단적 사고방식에서 흔들리지 않고 자신의 능력을 발현하기 위해서 최선을 다했다. 그 결과 역사적인 과학자의 반열에 오르게 되었다. 만약 초등학교 때 부모가 아인슈타인을 나무랐거나 남들과 똑같은 아이가 되기를 강요했다면 어떻게 되었을까? 명문대 보내기에만 혈안이 되었다면 어떻게 되었을까? 생각만 해도 끔찍하다. 부모는 자녀를 격려하고, 다른 능력이 있다면 그것을 키워주어야 한다. 그것을 키워주기 위해서는 자유로운 사고를 하고, 하고 싶은 것을 하도록 내버려두는 것에 있다. 왜냐하면 창의적인 인물일수록 스스로 알아서 하기 때문이다.

피카소의 경우도 있다. 피카소 역시 알파벳을 외우지 못할 정도로 저능아였다. 글자와 숫자 외우기를 어려워했고, 청소년기까지 글자조차 읽지 못했다. 10세 때는 학교에서 퇴학을 당했고, 가정교사에게 '신에게 버림받은 아이, 구제 못 할 아이'라는 소리까지 들었다. 그러나 아들의 그런 모습에 아버지는 이렇게 말했다. "네가 군인이 된다면 반드시 장군이 될 것이다. 만약 신부가 된다면 로마 교황도 할 수 있을 것이다." 피카소는 5살 때부터 그림을 그렸는데, 아버지는 아들의 재능을 발견하고 후원을 아끼지 않았다. 그리고 뜨거운 격려를 멈추지 않았다. 그 결과 피카소는 세계 최고의 화가의 반열에 오를 수 있었다.

마르셀 프루스트는 어린 시절 무척 소심한 마마보이였다. 한시도 어머니와 떨어져 있기를 싫어했고, 어머니와 헤어지는 일이 세상에서 가장 비참한 일이라고 말할 정도로 마마보이였다. 성인이 된 후에도 어머니에게 하루에도 몇 번이고 연락을 했고, 어머니와 떨어지는 것을 불안해했다. 이러한 다른 점에 대해서 어머니는 불안해하지 않았다. 오히려 큰 장점이고 개성이라고 생각했다. 어머니는 프루스트의 나약한 성격이 큰 강점이라고 생각했고, 독서를 즐기도록 이끌었다. 결국 프루스트는 독서를 즐겼고, 문학적 소양을 키웠으며, 결국은 소설가가 되었다. 그러면서 《잃어버린 시간을 찾아서》라는 명작을 남기게 되었다. 그의 어머니는 남들이 볼 때는 형편없는 약점도 엄청난 개성이고, 장점이 될 수 있음을 알았다. 그리고 그 강점을 극적으로 발휘하면 세계사에 역사를 쓸 수 있음을 알았다. 결국 그것을 독서로 이끌었고, 그 결과 세계를 놀라게 하는 소설을 완성시켜 역사적 작가가 되게 되었다.

대부분의 부모들은 어떠한가? 장점을 키워주기는커녕, 남들과 똑같은 아이로 키우기에 여념이 없다. 공부를 시키고, 학원을 보내며, 정신없이 자녀를 몰아친다. 전교 1등을 하다가 2등을 하면 죽어라고 꾸중하고, 그 결과 자식은 아파트 옥상에서 뛰어내린다. 전교에서 꼴등을 하거나 퇴학을 당하면 인생이 끝난 줄 아는 부모도 부지기수다. 마마보이가 되면 걱정하고, 왕따를 당하면 걱정하며, 공부를 못하면 걱정한다. 그러나 프루스트는 마마보이였고, 아인슈타인은 왕따에 공부까지 못했다. 그들은 누구인가? 역사를 바꾼 인물들이다.

한국의 부모들은 고만고만한 사람으로 만드는 교육에 목숨을 걸고 있다. 그렇게 회사원을 시키고, 의사, 변호사를 시켜서 어떻게 하겠다는 것인가? 생각 없는 노예를 키우고 있는 것이다. 남과 똑같은 사람으로 키워서는 안 된다. 내 안에 있는 보석을 발견해서 키우는 노력을 해야 한다. 자신의 재능으로 회귀해야 한다. 강점을 발견해야 한다. 약점조차도 엄청난 강점이 될 수 있다는 발상의 전환이 필요하다. 이러한 사고가 안 되면 한국은 미래가 없다. 약점조차도 좋은 쪽으로 이끌면 엄청난 강점이 될 수 있음을 깨닫는다면 한국에 낙오자는 단 1명도 없을 것이다. 모두가 신화와 같은 삶을 이끌어나갈 것이기 때문이다. 그래서 자녀를 격려해야 한다. 꾸중하지 말아야 한다. 지금 당장 부족한 성과를 내더라도 격려하고 강점을 키워야 한다. 프로이트는 이렇게 말한 적이 있다. "어머니의 사랑을 받으며 자란 남자는 일생 동안 정복자와도 같은 마음, 다시 말해 성공에 대한 확신을 지니고 살고 그러한 확신은 대개 진짜 성공으로 이어진다." 격려를 통해, 자녀의 강점을 발견해 키우면 자녀는 반드시 신화가 된다.

마지막으로 캘빈 클라인을 보자. 캘빈 클라인의 부모는 남자가 옷 만드는 데 관심이 있다고 걱정하지 않았다. 공부 외에 다른 쪽에 관심을 갖고 있다고 꾸중하지 않았다. 오히려 옷을 만드는 방면에 능력이 있음을 알고 적극적으로 후원을 하였다. 다른 아이들과 다르다고, 남들과 같지 않다고 꾸짖거나 바로 잡으려고 하지 않았다. 만약 그렇게 공부로만 평가받았다면 캘빈 클라인은 분명 낙오자가 되었을 것이다. 유대인 격언에는 "자녀의 두뇌는 비교하지 말되, 개성은 비교하라"는 말이 있는데, 개성을 극적으로 발현시키기 위해서 노력을 하는 것, 이것이 교육의 거의 전부라고 할 수 있다. 왜냐하면 남과 같은 분야에 들어가서 치열하게 경쟁하는 것에 인생의 의의가 있는 것이 아니라, 자신의 본질에 입각해 다른 분야를 개척하고 늘 새로운 생각과 지혜를 통해 새로운 영역을 창조하는 것만이 궁극적인 번영을 보장하기 때문이다. 결국 캘빈 클라인은 부모의 이러한 남다른 생각 덕분에, 신화적인 디자이너가 될 수 있었다. 그 또한 남다른 전략으로 승부를 했는데, 첫째, 기존 패션계에서 유행하고 있던 화려한 장식을 과감히 배제하고, 단순하고 모던한 재단과 실루엣을 통해 기존의 주류적 흐름을 파괴했다. 둘째, 기존 디자이너들은 의상이라는 한 분야에 있었지만, 그는 청바지, 향수, 언더웨어 등 다양한 분야에 진출을 하는 남다른 발상을 보였다. 셋째, 인기 영화배우 브룩 쉴즈를 모델로 채용한 뒤 '나와 캘빈 사이에 무엇이 있는지 아는가? 아무것도 없다'라는 광고 문구로 일대 폭풍을 일으킨다. 이러한 남다른 생각과 전략으로, 즉 '남과 다른 편에 있는 생각과 전략'으로 그는 단숨에 세계 최고로 급부상했다. 이것은 유대인의 '남과 다른 편에 선다'는 생각을 충실히 구현한 것이다.

이제는 바뀌어야 한다. 이제는 나의 본질로 돌아가야 한다. 이제는 개성 중심으로 돌아가야 한다. 재능 중심으로 돌아가야 한다. 나의 길을 가야 한다. 기존의 판을 완전히 파괴해야 한다. 나는 일본의 전국시대를 이끈 오다 노부나가가 위대하다고 생각한다. 무엇이든 처음이 어렵기 때문이고, 무엇보다도 그는 기존의 질서를 파괴하는 새로운 생각들을 많이 했기 때문이다. 총으로 전쟁을 한다는 것은 상상하지도 못했던 시대에 총을 사용해 다케다 신겐 군대에 승리를 거두었다. 그 후, 일본의 전쟁 판도는 총을 사용하는 모습으로 완전히 바뀌어버렸다. 그 전에는 총을 사용하지 않았다. 또 상업을 중시하여 사람들을 부자로 만들었고, 실용을 중시하는 생각을 많이 했다. 그는 이후 관직을 모두 반납하기도 하였는데, 관직이라는 것은 중요하지 않고 실질적으로 세상을 지배하는 힘이 전부라는 것을 알았기 때문이다. 그의 사고방식에서는 유대인의 사고방식을 배울 수 있다. 이후, 사카모토 료마도 그러한 모습을 보인다.

남과 다른 쪽에 서면 두려운 마음이 들 것이다. 그러나 결국 잘못된 것이라면 고쳐야 한다. 세상을 바른 쪽으로 이끌어나가야 한다. 자신의 개성 중심으로 세상을 정의하고 나가야 한다. 남들에게 종속되는 삶, 남이 정의하는 삶을 살지 말아야 한다. 남이 왜 정의하는가? 내 힘으로 나가야 한다. 그런 사고를 가지고 강점을 극대화해야 한다. 부모도 자녀의 장점을 키워줘야 한다. 지금 한국 사회는 공부로만 생각하면 90%의 사람들은 전혀 답이 없는 상태다. 대학을 졸업하고 150만원을 받으면, 고등학교를 졸업하고 서빙해 150만원을 받는 것과 차이가 없다. 대학 등록금과 생활비로 1~2억 원을 쓰고, 이러한 급여를 받고 일한다는 것 자체가 대학의 몰락을 의미하고, 90%의 사람들은 공부로는 아무런 희망을 기대할 수 없는 사회가 되었다는 것을 의미한다. 그렇다고 10%의 사람들에게 희망이 있느냐? 아니, 적어도 생존이 보장되느냐 하면 그것도 아니다. 이제는 다른 방식으로 가야 한다. 남들이 하지 않는 것을 해야 한다. 내가 잘하는 것, 내 개성과 소질로 길을 만들어내야 한다. 그것에 우리 모두의 미래가 달려 있다.

루프트멘슈, 유대인은
세상 어디에 내놓아도 적응할 수 있다

유대인들은 기원전 1804년 극심한 흉년 때문에 이스라엘을 떠나 이집트로 이주를 했는데 그곳에서 무려 400년 동안이나 노예생활을 하였다. 현재 이집트의 피라미드는 사실상 유대인 노예들이 건설한 축조물이다. 당시 유대인들은 이집트에서 '저녁식탁에 떠돌이 개는 앉혀도 히브리 노예는 앉힐 수 없다'는 말이 있을 정도로 천한 취급을 받았다. 또 5세기 후반부터 6세기 중엽까지 이탈리아에서는 유대인 학살이 자행되었고, 5세기에서 8세기 초까지 유대인은 스페인에서 노예로 생활을 했다. 11세기 무렵에는 교황령에 의해 대규모 유대인 화형식이 거행되었고, 12세기 후반에는 유럽 각지에 게토ghetto가 형성되었다. 또 13세기에는 스페인에서 적어도 15만 명의 유대인이 학살되었다. 5세기에서

17세기 말까지 자행된 유럽의 유대인 박해는 1789년 프랑스 혁명을 기점으로 누그러졌다. 그러나 여전히 이방인으로써 차별을 받아야 했고, 땅을 소유하거나 길드에 가입하는 것도 불가능했으며, 게토라는 유대인 거주구역에 갇혀 살아야 했다. 프랑스 혁명 이후에는 히틀러에 의해 약 600만 명이 학살되는 참변을 또 겪어야 했다.

그러나 '그럼에도 불구하고' 지금 유대인은 세계를 이끌고 있다. 한 국가와 민족이 인류 발전에 어느 정도 공헌을 했는지를 판별하는 기준으로 흔히 사용되는 것이 바로 노벨상 수상 경력이다. 유대인은 세계 인구의 0.2%에 불과하지만 전체 노벨상의 26%를 수상했는데 자세히 살펴보면 노벨경제학상은 65%, 의학상은 23%, 물리학상은 22%, 화학상은 11%, 문학상은 7%를 차지했다. 뿐만 아니라 유대인은 미국에서 인구 비율은 2%에 불과하지만 미국 최상위 부자들의 40%를 차지하고 있다. 또한 〈포춘〉이 선정한 세계 100대 기업의 소유주의 40%를 차지하고 있으며, 세계적 백만장자의 20%, 아이비리그 대학교수의 30%를 차지하고 있다. 그들은 현재 전 세계 금융시장과 보석시장도 장악하고 있고, 세계 5대 메이저 식량 회사 중 3개가, 세계 7대 슈퍼메이저 석유 회사 중 6개가 유대인의 소유다. 각본 없는 드라마와도 같은 이런 일이 어떻게 가능할 수 있었을까? 어떻게 그들은 엄청난 고통 속에서도 이러한 번영을 이뤄낸 것일까? 그 극한 상황 속에서의 생존 나아가 세계를 선도하는 성공을 이룬 그들의 비결이나 노하우는 무엇일까?

유대인들은 공기인간이다. 루프트멘슈Luftmensch는 독일어로 '공기 같은 인간'이라는 뜻이다. 독일에서 유대인들을 '공기처럼 가볍고 어디든지 스며들 수 있는 인간'으로 불렀다. 12세기 후반 절대 다수의 유대인들은 게토에 갇혀 하루하루를 연명하는 일용직 근로자에 불과했다. 따라서 그들은 아무리 작은 틈이라도 눈에 띄면 어떻게든 공기처럼 그곳에 스며들어 기회를 만들어내야만 했다. 공기는 주위의 충격에 형태가 유연하게 변하고 그 크기가 매우 작아 어떤 틈새라도 파고들며 온도에 따라 부피가 수축하기도 팽창하기도 한다. 또 공기는 한 군데에 모여 있는 것이 아니라 바람에 따라 끊임없이 이동을 한다. 그리고 열에 의해서도 대류를 하면서 상하 순환 한다. 이처럼 공기는 '한곳에 집착을 하지 않는 유연성', '끊임없이 이동하는 유목성', '어떤 틈새라도 파고드는 강인한 생존성', '상황에 따라 유동적으로 대처하는 임기응변성', '상하의 위치에 고정되지 않는 상식파괴성' 등을 의미를 내포하고 있다. 공기 인간이었던 유대인들은 이 모든 특성들을 몸에 간직하며 살았다.

유대인들은 상식이나 규칙, 법 등에 대단히 유연하다. 자신이 생존을 염두에 두고 판단했을 때 맞지 않으면 그 어떤 것도 따르지 않는다. 심지어 유대인 부모는 자식이 어느 정도 말귀를 알아들을 만큼 자라면 이런 말도 한다. "만일 너와 내가 동시에 위험에 처하게 된다면 먼저 스스로 살아남을 방법을 찾거라. 아무리 방법을 찾아도 길이 없다면 아버지를 밟고서라도 지나가라. 이 아버지도 필요하다면 너를 밟고 지나갈 것이다." 부모에 대한 효와 자식에 대한 사랑이라는 전통적인 관념까지도 여지없이 허물어버릴 정도로 그들은 유연하다. 그들은 공기처럼 어떤 형태로든 변할 수 있는 부드러운 사고를 중시한다. 그래서 경직된 것, 고정된 것을 싫어한다. 그래서 그들은 사고를 하더라도 늘 입체적으로 하고 남들과 다르고, 새로운 것을 생각한다. 그 결과 그들의 생각은 언제나 기존의 상식과 틀을 여지없이 파괴하면서 새로운 것들을 만들어낼 수 있었다. 예를 들어 칼 마르크스, 프로이트, 아인슈타인은 대표적인 유대인들이다. 칼 마르크스는 자본주의의 절대성을 인정하지 않았기 때문에 사회주의 이론을 만들어낼 수 있었다. 프로이트는 인간을 지배하는 의식의 정당성을 부정했기 때문에 무의식이라는 전혀 새로운 연구를 할 수 있었다. 아인슈타인은 기존의 이론을 의심했기 때문에 상대성 이론을 발표할 수 있었다. 피카소는 당시의 고정관념이었던 평면적인 미술을 과감하게 거부했기 때문에 최고의 주목을 받을 수 있었고, 프루스트 역시 인간의 외적 변화만을 소설의 모티브로 삼던 당시의 주류적 문학사조를 파괴했기 때문에 인간의 내면 변화를 중시한 20세기 세계 최고의 소설 《잃어버린 시간을 찾아서》를 집필할 수 있었다.

 그리고 그들은 국가나 회사 심지어 직업까지 어느 하나에 집착하지 않는다. 그들은 이민족에게 전 재산을 빼앗기고 심지어 생명의 위협까지 받아 도망을 쳐야 하는 생활을 밥 먹듯이 했다. 당장 떠나지 않으면 목숨을 잃는 상황에서 자신이 속한 국가나 회사, 지금까지 쌓아올린 경제적 기반을 아까워할 수는 없었다. 그래서 그들은 하나의 국가, 하나의 회사에 집착하지 않았고 떠나야 하면 미련 없이 떠났다. 그리고 하나의 직업만을 추구하지 않았는데 《탈무드》에서는 그것을 이렇게 표현하고 있다.

"구멍이 하나인 우물은 언젠가 썩게 마련이다." 유대인에게 우물은 전통적인 의미로 직업을 의미한다. 그들은 상황에 따라 유기적으로 변하는 길을 추구했고 하나의 직업에만 외골수처럼 집착하는 어리석음을 범하지 않았다. 또 그들은 유목민처럼 끊임없이 이동하는 생활을 해야만 했다. 그래서 그들은 삶에 팽팽한 긴장감을 가질 수밖에 없었다.

그들은 끊임없이 이동하는 이민자의 삶을 살았기 때문에 절박한 삶의 자세를 유지하게 되었다. 실제 이민자들은 일반 거주민보다 부자가 될 확률이 4배나 높다는 통계가 있다. 그 누구도 의지할 수 없는, 오직 자신밖에 믿을 수 없는 현실은 세상에서 가장 유약한 사람을 가장 강하고 냉정한 사람으로 만든다. 그 누구도 의지할 수 없는 사람은 눈빛부터 매섭게 달라진다. 대체로 이민자들의 눈을 보면 예리함과 총명함이 넘쳐 어떤 것이든 집어삼키고 내 것으로 만들겠다는 뜨거운 의지가 느껴진다. 유대인들은 끊임없이 이민자의 삶을 살아오면서 지구상에서 가장 강하고 냉정한 민족이 되었다. 팽팽한 긴장감과 절박함이 가슴 깊숙한 곳에 자리를 잡았기 때문이다.

실제 동아시아 역사에서 보더라도 유목민족인 요나라(거란족), 금나라(여진족), 몽골제국(몽골족)은 대단히 강한 민족이었다. 그들은 유목민족으로 상당한 긴장감과 상무정신(尙武精神)으로 무장해 있었다. 그들의 평소 생활은 불안하고 힘들었다. 때가 되면 힘든 이동을 해야 했고, 그 과정에서 약탈이나 죽음을 당하거나 노예가 되기도 했다. 그러나 그 때문에 그들의 정신 상태는 날이 시퍼런 칼처럼 무섭게 빛나고 있었다. 그 결과 그들은 중국 대륙을 부분적으로 또는 전체적으로 정복할 수 있었다. 그러나 대륙을 지배한 이후 그들은 이만하면 됐다는 안심과 안주로 일관했고 그들을 이끌었던 긴장감과 상무정신을 잃어버렸다. 그 결과 최선과 인내보다는 방탕과 게으름으로 일관했고 마침내는 몰락하고 말았다.

그것은 고구려도 마찬가지다. 고구려인은 수렵민이다. 수렵민은 유목민족보다 훨씬 더 강하다. 수렵민은 유목민보다 훨씬 더 가난하고 척박한 환경에서 살았기 때문이다. 초기 고구려에서의 생활은 짐승과 같은 생활이었고 작은 짐승과 물고기를 사냥해 가리지 않고 닥치는 대로 먹어야 했다. 수렵생활은 목초지가 넘치는 유목생활과는 차원이 다르다. 유목민들은 가축을 길러 먹고 살았지만 고구려인들은 움직이는 짐승들을 사냥해야 했기 때문에 훨씬 더 힘들었다. 사육된 가축을 먹는 자들보다 야생의 짐승을 먹는 자들의 생존 확률은 떨어진다. 그러나 여기에서 살아남은 자들은 그 누구보다 강하다. 고구려인들은 극한 환경 속에서 살아가면서 철저하고 빈틈없는 인간이 되었다.

초원지대보다 먹을 것을 구하기 훨씬 힘든 가난한 숲에 들어오면 조용하게 살 수 있다고 생각할 수도 있다. 그러나 고구려의 숲에는 말갈족들의 노략질과 약탈이 끊이지 않았다. 말갈족들은 여자와 가축을 약탈하고 남자들은 죽이거나 노예로 삼는 일을 심심치 않게 벌였다. 고구려의 산림지대는 결코 안전한 곳이 아닌 언제든지 비극이나 죽음이 벌어질 수 있는 무서운 세계였다. 그래서 고구려인들은 굶어서 죽기 싫다면, 말갈족의 노예가 되기 싫다면, 모든 재산을 빼앗기기 싫다면, 고구려 내에서 낮은 서열로 밀리기 싫다면 거침없이 싸워야만 했다.

　고구려의 군대는 작지만 대단히 강했다. 그 이유는 무엇일까? 고구려에 있어 싸움은 일상생활이었기 때문이다. 그 사람이 누구든 밥 먹고 매일 싸움만 한다고 생각해보라. 어떻게 되겠는가? 고구려는 숲이 우거진 험한 산악지역으로 농토는 존재했으나 미미했다. 그래서 항상 배를 곯았고, 사냥을 할 수밖에 없었다. 그러나 사냥 역시 성공 확률이 그리 높지 않다. 사냥에서 실패하면 굶어서 죽는 일이 비일비재했다. 그래서 고구려인들은 유목민이나 중국인들을 약탈할 수밖에 없었다. 약탈은 선택사항이 아니었다. 약탈을 하지 않으면 죽는 그래서 반드시 해야만 하는 것이었다. 그러나 누가 평생을 바쳐 일군 재산을 순순히 내놓으려고 하겠는가? 당연히 그 과정에서 생기는 피비린내 나는 살육이 고구려인에게는 일상생활이었고, 그 결과 그들은 전쟁에 강해질 수밖에 없었다. 눈물 나도록 비참한 시대, 한 치 앞도 가늠할 수 없는 시대일지라도 그곳에서 태어난 자는 어디까지나 그 속에서 자신에게 닥친 운명의 파란을 지배하며 살아야 한다. 그러다 보면 메마르고 얼어붙은 땅에서 새싹이 돋아나듯 어느덧 찬란한 희망이 동트는 법이다.

　당신과 나의 아버지이며 어머니인 고구려인들은 대단히 강했다. 그러나 그들도 약해졌다. 그렇다면 그토록 강하던 고구려인들이 왜 약해졌을까? 그것은 바로 절실함과 절박함을 잃어버렸기 때문이다. 고구려는 장수왕 이후 평양성으로 천도를 함으로써 수렵민에서 정착민으로 생활패턴이 바뀌었다. 긴장감을 넘어 불안감까지 들었던 수렵생활에서 좀 느긋

하면서 편안하게 생활하는 농촌생활로 생활상이 이동을 한 것이다. 이런 생활상의 이동은 고구려인의 삶의 자세와 태도, 철학을 바꾸어놓았고 상대적으로 긴장감이 덜한 생활을 하도록 만들었다. 그 결과 고구려는 서서히 몰락의 길을 빠져들게 된다.

이것은 편안한 생활이라는 성공이 오히려 실패를 이끄는 독주가 된 셈인데 이것은 모든 역사를 통틀어 봐도 그렇다. 쉽게 말해 너무나도 고통스러운 환경에서는 그 상황을 벗어나고자 죽을힘을 다해 발버둥을 쳐서 기어이 성공을 해내고 말지만, 죽을힘을 발휘하지 않아도 될 환경에서는 느긋하게 살게 돼 경쟁에서 뒤지고 끝내는 무너지는 결과를 맞게 되는 것이다. 그에 대해서 마이크로소프트의 COO를 지낸 로버트 허볼드는 그의 저서 《성공을 경영하라》에서 이렇게 말한다.

"성공은 사업의 취약점이 된다. 성공은 현재 상황을 창의적으로 공략하여 벗어나려는 동기를 없애버리기도 한다. 사람들은 과거 승승장구하던 시절 행했던 접근방식에 빠져서 과거의 성공을 반복하려는 시도만 할 뿐, 더 좋은 방안을 택하지 않고 있음을 모르게 된다. … 성공을 맛보는 순간부터 이제는 영원히 성공할 것이라 믿었고 생산 운영을 대충하기 시작했으며, 지나치게 많은 사람들을 고용하기 시작했고, 더 이상 혁신을 멈춰버린 것이다. … (성공의) 역사는 우리의 적이다. 엄청난 성공에 안주하게 되고 견실함을 유지시킬 힘든 일을 안 하려고 한다. … 성공한 사람들은 심각한 문제나 중대한 기회들을 발견하지 못하고, 대신 엄청나게 자축하며 자신의 업적 부각에만 관심을 쏟는다. … (따라서) 엄청난 성공에 도달했다는 말은 종종 길고도 고통스러운 재앙이 시작되었음을 동시에 의미하기도 한다. … (그러므로) 우승자가 되더라도 뒤쫓아가던 시절만큼이나 공격적으로 일해야 한다."

실제 이것은 인류의 모든 역사를 통틀어보아도 항상 똑같은 패턴을 그리고 있다. 성공한 사람들은 치열한 노력보다는 단순히 즐기는 것에 관심이 더 많다. 그리고 날이 시퍼런 긴장감보다는 만사태평의 느긋함으로 일관한다. 눈빛이 예리하기보다는 둔탁하다. 그리고 생산적인 것을 생산하기보다는 소비적인 것을 소비하기에 급급하다. 그리고 속이 꽉 찬 실리적인 것을 추구하지 않고 속이 텅 빈 과시적인 것을 추구한다. 인류사를 살펴보더라도 화려한 건축물을 짓는 것은 시대의 몰락을 암시했는데, 루이 14세가 그랬고, 진시황이 그랬다. 막대한 재정을 지출하면서 베르사유 궁전이나 아방궁, 만리장성을 짓는 것은 나라를 망하게 만드는 것이었다. 실제 이와 같은 행동들은 나라를 망하게 하는데 그것은 행동 그 자체가 아니라 그 행동이 정신 상태를 반영하고 있기 때문이다. 자신을 세웠던 긴장감을 잃고 방탕과 게으름으로 일관하고 실속보다는 형식을 찾는 순간 인생이든 기업경영이든 국가경영이든 그때부터 사실상 끝장이다.

이에 대해 일본에서 2000년 당시 약 2,800억 엔을 운영하며 연 평균 200%의 투자 수익을 내던 펀드매니저인 후지노 히데토는 그의 저서《잘되는 회사 안되는 회사의 법칙》에서 이렇게 말한다.

"사장실은 경영자의 의지가 반영된 장소다. … 키가 큰 관엽 식물이나 충분히 잘 닦아낸 그루터기, 동물의 박제, 한눈에 화가가 누구인지 알 수 있는 그림, 고급술이나 골프채, 시합에서 받은 트로피, 유명 인사와 찍은 스냅 사진들 가운데서 2가지 이상이 사장실에 놓여 있으면 그 회사의 성장은 끝났다고 생각해도 좋다. … 자기 자신에게 자신감이 있고 업무에 도전적인 자세를 가진 사람이라면 이런 도구들은 불필요하다. 사장실은 업무를 보는 장소인 만큼 업무를 보기에 편하도록 간소하게 꾸민 사장실이 가장 좋다."

　최근 미국의 몰락을 같은 관점에서 봐도 좋다. 초기 영국에서 도망을 왔을 때 허허벌판에서 인디언들과 총을 들고 싸워야 했고 그 황무지를 일구면서 집을 짓고 밭을 갈구고 공장을 세워야 했을 때 그들은 분명 엄청난 긴장감으로 생활을 했을 것이다. 하루하루 한걸음 한걸음에 모든 것을 걸지 않으면 당장 며칠 내에 굶어 죽을 수도 있다고 생각했을 것이다. 그때 그 사람들의 눈빛과 행동은 그야말로 초인적인 힘을 발휘했을 것이다. 그러나 어느 정도 기반을 잡고 나자 허리끈을 푸는 태도를 보였고 그 결과 지금에 이른 것은 아닐까? 실제 그 당시의 긴박감을 그대로 가지고 있다면 어떤 식으로든 미국 내의 경제문제를 해결했을 것이다. 사람이 죽을 각오를 하면 못할 일은 없기 때문이다. 자기 팔도 자기 손으로 잘라내고 심지어 식인까지도 하는 판에 못할 일이 무엇이 있겠는가?(아론 랠스톤은 미국 유타 주 블루존 캐니언 등반 중 127시간 동안 바위에 팔이 껴 죽을 위기에 처하자 등산용 칼로 자신의 팔을 직접 잘라내 생존할 수 있었다. 그리고 난도 파라도는 안데스 산맥에서 약 60여 일 간 조난을 당했는데 그동안 죽은 사람의 인육人肉을 먹음으로써 생존할 수 있었다.) 무엇이든 다 할 수 있다. 그런 점에서 미국의 문제도 정신의 문제를 먼저 지적하는 것이 옳다. 실제 미국의 자동차 회사나 다른 제조 기업들의 긴장감은 형편없었으니 말이다. 인생사 나아가 세상사가 똑같은 맥락에서 돌고 있는 것을 보면 재미있다. 그리고 우리는 이를 통해 큰 교훈을 얻을 수 있다. "어떤 상황이 되든 절대로 긴장감을 놓아서는 안 된다."는 교훈 말이다. 그리고 "가난과 극심한 고통을 오히려 감사해야 한다."는 교훈 말이다. 그리고 "부유한 환경과 커다란 성공을 오히려 두려워해야 한다."는 교훈 말이다. 우리는 이 교훈들을 평생을 잊지 말아야 한다.

   다시 유대인의 이야기로 돌아가자. 유대인들은 틈새시장에 주목할 줄 알았다. 유대인들은 절박했다. 살기 위해서는 무엇이든 해야만 했다. 그래서 어떤 일이든 가리지 않았고 또 어떤 틈새라도 파고들었다. 그들은 남들이 눈여겨보지 않은 것들을 볼 수밖에 없었다. 남들이 많이 가는 주류 분야에는 이미 해당 국가의 사람들이 자리를 잡고 있었기 때문이다. 그래서 그들은 블루오션 전략을 취했다. 블루오션은 미개척 시장으로 새로운 수요창출과 고수익 성장을 향한 기회로 정의된다. 또 게임의 규칙이 아직 정해지지 않았기 때문에 경쟁과 무관하다. 유대인들은 경쟁자들을 벤치마킹하지 않았고 혁신을 추구했다. 즉 그들은 경쟁자를 이기는 데 집중하지 않고 고객에 초점을 맞춰 새로운 비경쟁 시장을 창출함으로써 경쟁 자체를 벗어났다. 그것은 그들의 유연한 사고, 기존의 틀을 깨고 문제 자체를 새롭게 정의하는 사고, 단면만 보지 않고 입체적으로 바라보는 사고가 만들어낸 집결체였다. 그들은 틈새시장으로 가면서 기존의 업계 상식에서 제거해야 할 요소, 더 내려야 할 요소, 더 올려야 할 요소, 새롭게 창조해야 할 요소를 고려하여 새로운 틈새시장을 만들어냈다. 또 그들은 시장에 진출할 때 시장 전체를 보면서 하나의 산업에 매몰되지 않고 연관 산업과 연결을 지어 고객들이 새롭게 선택할 영역을 이끌어 냈고, 또 고객들이 그러한 선택을 하는 결정적인 요인을 이해하고자 했다. 그들은 왜라는 질문을 던지면서 고객들은 왜 그것을, 왜 저것을 구입하는지에 대해서 철저하게 분석했다. 그들은 하나의 시장에 집중하더라도 하나의 타깃 고객에 매몰되지 않고, 구매자를 하나의 그룹으로 보고 다양한 사고로 진짜 고객이 누구인지를 판단했다. 상품의 경우에도 사용 전, 사용 중, 사용 후에 어떤 일이 생기는지를 생각했고 거기에 어떤 문제가 있는지 또 그것을 해결하는 서비스나 재화를 제공함으로써 어떤 이익을 얻을 수 있는지를 연구했다(김위찬 · 르네 마보안,《블루오션 전략》참고). 그러나 그들은 트렌드를 중시하지는 않았다. 트렌드보다는 인간의 본질에 주목했다. 모든 사업은 인간의 대한 이해 그 이상도 그 이하도 아니라는 것을 알고 있었기 때문이다. 그래서 그들은 시류時流에 흔들리기보다는 본질에 집중을 하면서 틈새를 집요하게 공략했다. 그 결과 그들은 큰 성과를 낼 수 있었다. 그들은 다른 사람들이 종교적인 이유로 손가락질을 하던 금융업에 진출했으며 전쟁이라는 혼란 상황 속에서 큰돈을 벌었다. 그리고 이후에도 남들이 하지 않는 일에 남보다 먼저 빠르게 뛰어 기회를 만들었다. 그리고 그곳에서 나오는 모든 이익을 선취先取한 뒤 또다시 다른 새로운 산업으로 끊임없이 이동을 했다.

유대인들은 알렉산더 대왕의 페르시아 원정과 로마의 세계정벌 때에 자금을 지원하여 큰 이익을 남겼다. 또 로스차일드는 나폴레옹이 일으킨 전쟁을 이용해서 오늘날까지도 세계 경제의 큰 손으로 군림하고 있다. 뿐만 아니라 미국에 정착한 유대인들도 남북전쟁이 터지자 자금난에 시달리는 남군으로부터 헐값에 칼빈 소총을 사들여 유럽으로 가져간 뒤 상표만 바꿔 엄청난 돈을 받고 북군에게 팔아 이익을 남겼다. 다음에는 군수물자를 운반해주겠다며 철도를 건설했고 철도를 건설하라고 내준 땅에서 금과 석유를 채굴했다. 이렇게 돈을 번 이후에는 미국 전역에 전신회사를 설립했고 대표적인 기업이 웨스턴유니언이다(이곳의 전신기사로 일하던 에디슨은 유대인으로 전기를 발명한다). 이후 유대인들은 〈뉴욕타임스〉와 로이터통신을, 세계적인 기업 GE를 설립하게 된다. 이후 유대인들은 막대한 산업자금을 바탕으로 JP모건체이스, 아메리카은행, 체이스맨해튼은행, 모건스탠리, 시티은행, 골드먼삭스, 메릴린치, 리먼브러더스 등을 세우게 된다. 이후 철도와 전신주 건설에 막대한 양의 철이 소모되자 유대인들은 몇 명이 자금을 모아 US스틸을 만들었다. 여기에는 밴더빌트와 모건, 로스차일드가 힘을 모았다. US스틸에서 생산되는 철강 및 시멘트의 양은 다른 개발도상국에서 몇 년 동안 사용해도 못 쓰는 양이였는데 낭비를 극도로 싫어하는 유대인들은 이 자재들을 고층건물, 자동차, 군수품 등을 만드는 데 사용했다. 그리고 그 이익금으로는 다시 대학, 조선소, 발전소 등을 닥치는 대로 세웠다. 또 유대인들은 영화산업에도 진출을 했는데 미국의 초기 영화사 8곳의 창립자는 모두 유대인이었다. 이렇게 되자 1880년대부터 1930년대까지 유대인은 미국 산업계의 95%를 장악하기에 이르렀다. 그러자 미국 내에서는 유대인에 대한 불만이 극도로 달했고, 이에 유대인들은 여론을 환기해야 할 필요성을 느끼고 방송국을 세운다. 현재 미국 방송국의 4대 메이저 방송국 ABC, CBS, NBC, 폭스TV는 당시 유대인들에 의해 세워졌다(김욱,《세계를 움직이는 유대인의 모든 것》참고). 현재 유대인들은 IBM과 CNN을 유태계 자본으로 장악하고 있고, 미국의 정치·군사계를 장악하고 있다. 또 세계 최고의 도시 뉴욕은 사실상 유대인의 것인데 예를 들어 뉴욕 빌딩의 80%를 유대인이 소유하고 있다. 남들이 눈여겨보지 않는 곳, 틈새지만 돈이 될 것이 확실한 곳을 주목했고 전쟁이라는 혼란도 적절히 이용을 했으며 기회가 주어지면 절대로 놓치지 않고 철저하게 밀어붙였기 때문에 그들은 성공할 수 있었다.

유대인의 삶은 전쟁과도 같았다. 어떻게든 살아남는 것, 적응하는 것만이 절대적인 룰이 될 수밖에 없었다. 그들은 살아남고자 했고, 그래서 공기인간이 되었다. 어떤 틈이라도 파고들어서 기회를 만들었고, 반드시 성공을 이루어냈다. 그것은 유랑 생활 중이었기에 목숨을 건 도전이었고, 그들은 승리를 했다. 그 중심에는 강인한 정신력이 있는 것이다.

유대인 9명 중 1명은 작가이며, 혁신의 90%는 글쓰기에 달려 있다

세상의 9할은 글쓰기에서 나온다. 글을 쓴다는 것은 글 그 자체만을 의미하지는 않기 때문이다. 글을 쓴다는 것은 책을 쓰고, 기록을 한다는 것이 아니다. 글을 쓴다는 것은 많은 생각을 하고, 그로써 기술을 만들어내고, 예술을 만들어내며, 세상의 혁신을 이루어낸다는 것을 말한다.

책을 많이 보면 필연적으로 쓰지 않고는 못 견디는 순간이 온다. 이유는? 많은 지식과 지혜가 들어가면 그것들은 필연적으로 두뇌 속에서 나열된다. 그러면 굉장히 복잡해지고 지저분해진다. 머리가 텅 비어 있었는데 이것저것들이 마구 들어와 매우 어지러운 것이다. 그러면서 이것들을 정리해야 한다. 정리를 하는 방법은 2가지다. 첫 번째는 생각이다. 생각을 하면 이것들이 정리가 된다. 지식과 지혜들이 차근차근 정리가 되고, 보기 좋게 배열이 된다. 둘째는 글쓰기다. 생각을 많이 하면 분명 큰 도움을 받을 수 있다. 이 세상의 모든 독서는 생각을 위해서 존재하는 것으로, 생각하지 않는 독서는 아무런 의미가 없다. 생각의 도구로써만 그 존재 의미를 가지는 것이 독서이기 때문이다.

책은 남의 생각과 간접경험을 담은 것으로 그것을 암기하는 것은 의미가 없다. 그것을 이해하고, 그 속에서 본질을 찾아내고, 이면적 통찰을 통해 내 생각을 변화시키고, 그로써 세상마저 변화시키는 것에 독서의 본질이 있는 것이다. 결국 독서는 생각의 촉매제다. 그런데 생각만 하면 정리가 되는 듯하면서도 한계가 있다. 필연적으로 써야만 정리가 된다. 이때 정리란 단순히 방을 깨끗이 하는 의미의 정리가 아니다. 폭발하는 융합을 의미한다.

글을 쓴다는 것은 생각이 깊이 이루어져 그 속에서 지식과 지식 간의 결합이 매우 복잡하게 이루어지고, 그로써 완전히 새로운 생산물이 탄생한다. 글을 쓴다는 것은 지식의 결합을 통해 전혀 새로운 이종물을 탄생시키는 것이다. 이렇게 글을 쓰면 이 속에서 혁신과 창조가 나타난다. 그럼으로써 거대한 것이 만들어진다. 이른바 기술 혁신, 예술 탄생 등이 이루어지는 것이다.

유대인은 책을 많이 보고, 그로써 글을 쓰는 민족이 되었다. 인구 9명당 1명이 작가라는 것이 그것을 반증한다. 글을 쓴다는 것은 무엇인가? 자신의 생각을 깊이 있게 파고 들어간다는 것이다. 동시에 생각을 표현한다는 것이다. 그로써 사람과 세상을 설득해서 세상을 나의 것으로, 나의 주도 하에 둔다는 것이다. 그로써 주인이 되는 것이다.

글을 쓰는 사람은 필연적으로 사상가이고, 철학자이며, 논리가 있는 사람이 되게 된다. 글을 쓰다 보면 생각이 정리되고 새로운 것으로 융합되기 때문이다. 또 그렇게 쓰다 보면 자신도 전혀 예측하지 못한 것들을 적으면서 높은 경지로 올라선다. 왜 예측을 하지 못하느냐 하면 글을 쓸 때 생기는 지식과 지식의 결합은 마치 프랑켄슈타인의 탄생처럼 전혀 알 수 없는 지식까지 창조해내는 힘이 있기 때문이다. 그를 통해서 자신도 놀랄 정도의 지적 거인이 되게 된다.

이런 글쓰기의 힘을 적용하는 곳이 있다. 미국의 명문고등학교인 제퍼슨 고등학교는 SAT 1위를 하고 있다. 그 학교에서는 매일 읽은 책에 대한 작문을 꾸준히 하면서 자신의 생각을 정리한다. 독서를 많이 하고, 그를 통해서 글을 쓴다는 것의 본질은 무엇인가? 방대한 지식을 갖게 되는 동시에, 그것을 자신의 생각으로 녹여낸 뒤, 자기 생각을 표현한다는 것은 모든 과목의 기반이 된다. 또 모든 연구의 기반이 된다. 대학에 들어가고 교수가 된 후에도 글쓰기가 자신의 실력을 표현할 수 있는 기반이 되는 것이다. 또 책을 생각하면서, 읽게 되면서 독서에도 보다 큰 힘을 부여하게 된다. 독서란 무엇인가? 생각의 도구다. 따라서 독서는 질문, 대화, 토론, 논쟁 등을 통해서 얼마나 내 것으로 만들고, 이것을 생각이라는 형태로 공유하고 소통하여 세상에 실질적으로 기여하게 하느냐가 중요한 것이다.

실제 글을 쓰는 것은 모든 일의 기반이 된다. 직장에 가서도 보고서를 써야 하고, 교사가 되어서도 글을 써야 한다. 기획서도 글이며, 프레젠테이션도 또 다른 형태의 글이다. 남녀 간의 프러포즈를 하는 편지도 글이며, 부모님께 쓰는 편지도 글이다. 수천억을 투자받기 위한 제안서도 글이며, 기막힌 연구를 정리하는 논문도 글이다. 그 글을 통해서 수많은 학자들을 설득하는 것이다. 입사할 때의 자기소개서도 글이며, 자신의 능력을 PR하는 포트폴리오도 글로써 얼마든지 멋지게 만들 수 있다. 글은 단순한 표현이 아니라 그 속에 자신의 철학과 사상과 기술을 담아내는 도구다. 글을 쓴다는 것은 그래서 멋진 것이고, 세상을 살아가면서 반드시 해야 할 일인 것이다.

한국은 글쓰기 교육을 등한시하고 있다. 대학 입시에서 논술을 평가하고 있지만 체계적인 준비를 해서 논술에 대비를 하는 사람은 없다. 더군다나 글쓰기의 기반이 되는 독서문화는 형편없이 몰락한 상황이다. 이런 상황이라면 국가의 미래가 어두울 수밖에 없다. 그야말로 깊이가 없고, 기교만으로 살아가는 인간을 만들 뿐이기 때문이다. 이것을 타파하기 위해서는 독서문화는 부흥시키고, 글쓰기 문화를 반드시 정착시켜야 한다. 이러한 글쓰기 문화가 정착되어야만 노벨상도 나오고, 세계적인 기업가도 나온다. 우리의 학자들 중에 제대로 글을 쓸 수 있는 사람이 얼마나 되는가? 거의 없는 실정이다. 기업가 중에 문사文士들이 얼마나 있는가? 거의 없다. 글을 제대로 쓸 수 있는 사람이 한국에는 전체적으로 너무 드물고, 전업 작가들도 거의 없는 상황이다. 이런 상황이라면 미래가 너무 어둡다. 유대인은 어떠한가? 인구 9명당 1명이 작가다. 자기소개만 하라고 해도 무려 30분 말을 쏟아낸다. 그만큼 말과 글에 강한 민족이다. 당연히 그 중심에는 독서가 있다.

한국인의 아이비리그 중퇴율이 유대인보다 4배나 높은 이유는?

재미교포인 김승기 박사는 자신의 논문 〈한인 명문대생 연구〉에서 1985년에서 2007년까지 하버드, 예일, 코넬, 컬럼비아, 스탠퍼드 등 14개 명문대에 입학한 한국인 1,400명을 분석한 결과, 그들 중 56%인 784명만 졸업하고, 나머지는 중퇴를 하여 중퇴율이 44%에 이른다고 밝혔다. 이것은 유대인 중퇴율 12.5%, 인도인 21.5%, 중국인 25%보다 훨씬 높은 수치다. 즉, 한국인의 대학 중퇴율은 유대인보다 약 4배 높은 것이다.

나는 한국인의 명문대 중퇴율보다 더 심각한 것이 있다고 본다. 그것은 명문대를 들어가고 졸업한 뒤 도대체 무엇을 하며 사느냐는 것이다. 기껏해야 좋은 직장에 가고, 월급쟁이를 하려고 명문대를 갔냐는 것이다. 우리 한국인들이 놓치고 있는 것 중에 중요한 사실 하나는 해외 명문대 입학에만 관심을 갖지, 그 이후의 삶에 주목하지 않는다는 것이다. 실제로 명문대에 들어간 이들 중에서 구글에 버금갈 정도의 기업을 키운 이는 얼마나 되는가? 아니 구글의 1% 정도의 규모를 키운 이는 얼마나 되는가? 사실상 전무하다시피 하다. 아니 없다.

이유가 있다. 한국인의 교육은 명문대에 가 안정적인 직장을 얻는 것으로 끝나기 때문이다. 기껏해야 상무가 되었느냐, 전무가 되었느냐로 끝이다. 그 이상은 없다. 그래봐야 세계적인 기업을 만든 유대인 밑에서 월급을 받는 존재일 뿐이다.

우리는 도대체 누구를 위해서 살고 있는가? 한국인은 남의 눈을 위해서 살고 있다고 해도 과언이 아니다. 이 문화가 너무 강하기 때문에 남의 눈이 자신의 생명보다 소중하다고 착각을 일으킬 정도다.

한국인이 아이비리그에서 중퇴율이 높은 또 다른 이유도 있다. 목표의식이 없고, 꿈이 없기 때문이다. 오직 남의 눈만 있으니 어려운 공부를 버텨낼 수가 없는 것이다. 그리고 졸업을 해도 자신만의 꿈을 만들어내지 못한다. 오직 안정된 직장에서 오너의 바짓가랑이나 붙들고 어떻게 하면 오래 직장을 다닐까 밖에 생각하지 못하는 것이다. 이러니 무엇이 되겠는가? 얄팍하고, 손쉽게 돈을 벌고, 남들이 인정하는 것에만 몰두하는 것이 한국인의 모습이다. 자신이 진짜로 원하는 공부를 하는 사람, 자신이 진짜로 원하는 일을 하는 사람은 없다. 그저 돈을 많이 벌고, 잘 먹고 잘 사는 것에만 집중된 얄팍한 정신문화가 판을 치고 있고, 실패를 거듭하며 끊임없이 도전하고 있는 젊은이에 대해서도 찬사를 보내기는커녕 안타까워한다. 9급 공무원이 되거나 대기업에 다니면 편하게 살 텐데 왜 사서 고생을 하느냐는 것이다.

중요한 것은 명문대를 갔느냐, 중퇴했느냐, 졸업했느냐가 아니다. 그래서 무엇을 하느냐는 것이다. 그래서 무엇이 되었느냐는 것이다. 현재 어떤 과정에 있느냐는 것이다. 비록 현재 큰 성공을 거두지 못했더라도 끊임없이 향상하고 있다면 그것은 대단한 것이다. 그러나 그렇지 않고, 고만고만한 것에 만족하거나 남의 눈이나 신경 쓰고 있다면 미래는 없는 것이다. 그것은 본질적으로 자기다움을 잃어버린 삶이기 때문이다. 자기답게, 자신의 개성을 강하게 발현하여 주류적인 흐름마저 바꾸는 삶을 살아야 큰 인물이 될 수 있다.

한국 학생들은 고등학교 때 이미 공부에 질려버린다. 대학에 왜 갔는지 물으면 대답하지 못하는 학생들이 대부분인 상황에서 대학은 무조건 그것도 명문대를 가야만 하는 현실에서, 너무 입시공부만 해서, 진짜 공부를 해야 할 때 진이 빠져 버리는 것이다. 그래서 공부는 생각조차 하기 싫은 것이다.

또 그저 남의 눈에 멋지게만 보이고 싶기 때문에 공부의 필요성을 느끼지 못하는 것일 수도 있다. 한국의 문화가 남의 눈에 초점을 두는 사회이기 때문에 남의 눈에만 멋지게 보이면 되지 진짜 공부를 할 필요는 없는 것이다. 그런 점에서 진짜 공부를 할 필요 자체가 없는 것이다. 그저 좋은 직장을 얻고, 안정적으로 살면 되지, 무슨 공부를 하느냐는 것이다.

무슨 연구를 하느냐는 것이다. 교수의 경우에도 연구비만 많이 받고, 안정적으로 교수만 하면 되는 것이지, 무슨 노벨상을 받을 연구를 하느냐는 것이다. 그저 보신에만 급급한 것이다.

그저 돈이 되는 연구만 하는 대학도 문제다. 노벨상을 받기 위해서는 지속적인 연구, 즉 수십 년 동안 한 가지를 꾸준하게 연구해야 하는데, 한국은 돈이 되는 연구만 한다. 그 주기도 매우 짧다. 보통 2~3년 만에 연구 주제를 바꾸어버리니 제대로 된 연구를 할 수가 없다. 아무리 머리가 좋아도 끈기 있게 20년씩 연구를 한 유대인을 이길 수가 없는 것이다. 이런 상황이 고착화되면 한국의 노벨상 수상은 요원한 일이 된다. 만에 하나 노벨상을 1명이 받더라도, 그 1명으로 끝이지 유대인처럼 매년 여러 명이 수상하는 일은 결코 일어나지 않을 것이다. 이것은 국가의 중대한 문제다.

결국 국민 각자가 이것을 인식해야 한다. 한국의 문화가 문제고, 이 속에서는 자기다움을 스스로가 확보할 수밖에 없다. 한국인의 사고와 행동은 남의 눈 때문에 너무 경직되어 있고, 자기가 하고 싶은 것도 마음대로 하지 못한다. 마음대로 살지 못하고, 어떤 틀에 갇혀서 사는 것이 굳어진 것이다. 그러나 유대인은 다르다. 가령 이스라엘에 한국인 남자가 가면 이스라엘 여대생이 스스럼없이 와서 어깨동무를 한 뒤에 사진을 찍는다. 자신이 사진을 찍고 싶으니 그렇게 찍는 것이다. 그렇게 웃으면서 동의를 구하고 답례로 잘생겨서 그랬다는 말과 콜라를 건넨다. 그런 자유로운 문화가 있다. 그저 하고 싶으면 하는 것, 그것이 유대인의 문화다. 왜냐하면 인생이란 하고 싶은 것을 하며 사는 것에 있기 때문이다. 그런 자유로움이 있다. 그런 자유로움을 어떻게 확보하느냐, 이것은 매우 중요한 문제다.

　오늘 나는 대구 동성로에서 글을 쓰고 있다. 그런데 대구 사람들은 매우 보수적이고 경직되어 있다. 그런 문화에서 나도 10년 넘게 살고 있기 때문에 익숙해졌다. 그러나 외국인은 다르다. 오늘 외국인 여자 3명이 나에게 미소를 지으면서 손을 흔들었다. 나도 손을 흔들었더니 3명 모두 웃으면서 손을 흔들었다. 그리고 기쁨의 표정을 지었다. 대구 사람은 대개 이러지 않는다. 한국인은 대체적으로 경직되어 있고, 남의 눈을 지나치게 의식한다. 이 틀을 깨야 한다. 이 틀을 깨야 내가 하고 싶은 것을 마음대로 할 수 있는 힘이 나온다. 이렇게 내가 원하는 것을 마음대로 할 수 있고, 그것을 끝까지 추구할 수 있을 때 강력한 힘이 나온다. 그렇게 자신의 길을 끝까지 밀고나갈 때 노벨상도 받고 구글 같은 기업도 생긴다.

왜 한국에서는
세계적인 예술가가 나오지 않는가?

진정한 예술가는 깊이가 있다. 진한 국물이 있다. 무언가 느껴지는 깊은 맛이 있다. 이것은 단순한 기교 때문이 아니다. MSG와 같은 조미료가 없다. 테크닉도 아니고, 기술도 아니고, 잔재주도 아니고, 일시적인 만족을 위한 기교도 아니다. 깊이가 있다. 이러한 깊이가 있을 때 세계적인 예술가가 된다. 그리고 이러한 깊이는 치열한 자기 수련에 달려 있다. 이 수련은 단순히 열심히 하는 것도 포함되지만, 다양한 실험도 필요하고, 쉽게 결과가 나오지 않는다 하더라도 실망하지 않는 태도도 필요하며, 예술에 대한 철학과 실천도 필요하다.

그러나 한국의 교육은 어떠한가? 한국의 교육에서 예술은 이미 죽었다. 철학과가 없어지고, 예술가들도 취업률로 역량을 평가하고 있다. 깊은 맛이 나오려면 오랜 시간이 필요하다. 적어도 7~8년의 시간이 필요하다. 그러나 한국에서 이러한 도전을 할 수 있는 사람은 흔치 않다.

한국의 예술은 기교에 지나치게 의존하고 있다. 예술을 기술로 여기고 있다. 그래서 피아노를 치는 사람은 피아노만 치고, 그림을 그리는 사람은 그림만 그린다. 물론 연습은 반드시 필요하다. 그러나 다양한 실험도 필요하다. 피아노를 치는 것에도, 그림을 그리는 것에도 다양한 실험이 필요하고, 많은 고민과 숙고가 필요하다. 또 다양한 도전도 필요하다. 틀을 깨보는 것이 필요하고, 그 속에서 자기다움을 구현하려는 노력이 필요하다.

또 한국에서는 무엇이든 즉석 돈벌이에 치중한다. 그래서 지금 당장 돈이 되지 않으면 무시하고 외면한다. 예술이란 오랜 시간이 걸리는 일이다. 그러나 지금 당장 돈이 되지 않으면 무시한다. 현재 한국의 연극배우들도 상당한 어려움을 겪고 있는데 유럽이라면 코웃음을 칠 일이다. 왜냐하면 프랑스만 해도 연극배우에게 8개월 정도의 생활비를 지급하기 때문이다. 왜냐하면 그래야만 연극배우를 할 수 있기 때문이다. 그리고 이러한 예술이 있을 때 사회문화 전반적인 생산성과 효율성이 극대화될 수 있기에 정부에서도 투자하는 것이다. 그리고 이 투자는 몇 천 배의 이익으로 사회에 돌아오고, 사회구성원 모두가 그 혜택을 누린다. 그러나 우리나라는 지금 당장 눈에 보이지 않으면 잘못되었다고 생각한다. 사회전반적으로 여유가 없는 것이다. 그리고 통찰력이 마비된 것이다. 지금 당장 눈에 보이지 않는다고 해서 공기가 존재하지 않는 것은 아니다. 진정으로 중요한 것은 눈에 보이는 것을 넘어서 있다는 것을 모른다. 지금 당장 보이지 않으면 안 된다고 생각하는 것이 한국의 문화다. 이런 문화 속에서는 진정한 예술가는 나올 수가 없다. 그저 기교꾼, 협잡꾼만 판을 칠 뿐이다.

사회에 예술가의 탄생은 왜 중요한가? 위대한 예술가의 탄생은 왜 사회에서 그토록 중요한 것인가? 예술가의 탄생은 한 사람의 노력으로 나오는 것이 아니다. 문화의 산물이다. 예술가가 나올 수 있는 문화가 형성된 후, 많은 사람들이 그런 문화에 흠뻑 빠진 후에야 특별한 예술가가 나온다. 그리고 이미 많은 사람들이 준예술가 수준의 철학을 가지고 삶을 마치 예술처럼 살아간 후라야 되는 일이다. 노벨상 수상자들과 보통의 과학자들을 비교한 결과, 노벨상 수상자가 보통 과학자보다 음악가가 될 가능성이 4배, 소설가나 시인이 될 가능성이 25배나 높다는 사실은, 예술이 높은 창의성의 기반이 된다는 것을 반증한다. 예술이란 무엇인가? 깊이를 추구하고, 많은 실험을 해야 하며, 이 속에서 투지와 끈기를 발휘해야만 한다. 그리고 높은 수준의 상상력과 통찰력이 있어야만 진정한 깊이를 추구할 수 있다. 노벨상 수상은 실제로 이러한 높은 예술성이 겸해져야만 수상이 가능할 정도로 학문을 마치 예술처럼, 또 깊이 있게 추구해야만 가능하다. 즉, 노벨상 수상자가 예술가가 될 가능성이 높은 것은 우연이 아닌 것이다. 사회 전반에 예술가가 나올 문화를 완전히 파괴한 나라는 그야말로 예술과 과학, 그리고 사회 전반의 창의성이 급격히 무너질 수밖에 없고, 이것은 후진국화를 이끄는 것이다.

기교만 느는 사회에는 미래가 없다. 여기에는 기술자는 있을지언정 예술가는 없다. 기교는 있을지언정 깊이는 없다. 그러면 예술가와 깊이를 추구하는 사람의 머슴이 될 수밖에 없다. 늘 머슴살이밖에 못하는 것이다. 즉, 2류 국가가 되고, 2류 인재가 되며, 늘 추종하는 사람밖에 안 되는 것이다. 우리나라 기업들이 해외의 최고 기업들을 따라잡고 선도하지 못하는 것도 늘 모방만 하고, 창의적으로 생각하지 못하기 때문이다. 사회 전반의 문화가 예술을 완전히 파괴시켜버렸기 때문에 높은 수준의 창의성이 전혀 나오지 않는 것이다. 우리에게는 기교와 빠른 속도의 모방, 그리고 하루 12시간 이상의 과도한 노동만 존재한다.

예술적인 능력을 키우는 것을 개인에게만 맡기기에는 문제가 있다. 한국적 토양에서 스스로 예술가가 되기에는 너무나 힘들다. 이것은 국가에서 나서야 할 문제다. 예술적인 토양을 만들고, 마음대로 도전할 수 있고, 마음대로 예술적 실험을 할 수 있는 토양을 만들어야 한다. 그리고 예술로도 충분히 잘살 수 있다는 사례들이 나올 수 있도록 도와야 한다. 그리고 무엇보다 기교가 아니라 깊이로 승부하는 문화를 반드시 만들어내야 한다. 그렇지 않고 현재처럼 가다간 국가의 몰락을 피할 수 없을 것이다.

예술은 단지 예술이 아니다. 모든 학문의 기반이 되고, 모든 사업의 중심이 된다. 이것은 사고의 깊이를 더하고, 철학을 만들며, 사상을 만든다. 그리고 다양한 실험을 통해 가능성을 극대화시킨다. 예술을 하면서 혼자 있으면서 겪는 고독을 통해 인간은 강해지고, 사색을 통해 깊이를 간직하게 된다. 그리고 이러한 깊이가 있는 사회는 쉽게 흔들리지 않는다.

무엇이 옳고 그른지도 잘 판단한다. 그렇지 않고 기교만 있는 사회에 껍데기만 판치게 된다. 성형수술이 판치게 되고, 모방이 판치게 되며, 스펙만 판치게 된다. 그저 껍데기만 있으면 된다는 생각 때문이다. 중형차가 판치고, 남에게 보여주기가 판치며, 그럴 듯한 포장만으로 승부하는 협잡꾼들이 사회를 주도하게 된다. 이런 사회는 세계적인 승부가 이루지면 모두 패배한다.

결국은 깊이가 필요하다. 사회에 묵직한 깊이가 필요하고, 이러한 깊이를 통해 사회를 올바르게 이끌어가야 한다. 이 중심에는 문화가 있다. 누구나 그렇게 살 수밖에 없는 문화가 있다는 것이다. 이 문화를 만들고 못 만들고의 차이가 한국 예술의 미래를 바꿀 것이다. 그리고 이 예술의 승부 여부에 한국의 과학, 기술, 경제의 미래가 달려 있다.

유대인의 성공비밀
III

일하는 시간만 보면 한국은
세계에서 가장 부유한 나라가 되어야 한다.
그런데 결과는 전혀 다르다. 왜 우리는 일을 오래 일하고도
가난하고, 유대인은 오후 4시에 퇴근하고도 세계에서 가장
부유할까? 그 차이는 도대체 어디에 있을까?

유대인은 어떻게 창의적인 인재가 되었는가?

　　　　창의적이라는 것은 남과 다르다는 것이고, 남과 다르기 위해선 자기다우면 된다. 남과 똑같아지기 위해서 노력하기 때문에 창의성을 잃는 것이다. 자기답게 살아가면 창의적일 수밖에 없다. 왜냐하면 나는 이 세상에 하나이기 때문이다. 즉 70억의 인구 중 오직 나 하나뿐이기 때문이다. 그래서 자기답게 살아가면 창의적일 수 있다. 그러나 남들처럼 살면 천편일률적일 수밖에 없다. 남들이 맞추어놓은 틀에 자신을 가두고, 그 속에서만 살아가면 창의성을 잃는 것은 당연한 것이다.

　그래서 창의적이기 위해서는 자기다워야 하며, 자기답게 위해선 자유로워야 한다. 자유로운 사고, 자유로운 행동이 반드시 필요하다. 내가 하고 싶은 것을 내 마음대로 한다는 것이다. 그것이 자유다. 내가 원하는 것에 걸림이 없이 살고, 그 속에서 나의 본질을 발견하고 혁명을 추구한다는 것이다. 그러면 자유 속에서 자기다움으로 나아가게 되어 창의적이게 된다. 그렇게 하고 싶은 것을 마음대로 하면 자기다움이 나오고, 또 이것저것 다 하기 때문에 다양한 생각, 다양한 행동이 필연적으로 나온다. 금기와 틀을 깬 사고와 행동들이 창의성의 핵심이다. 즉, 이것저것 다양하게 생각하고, 다양한 실험을 하며, 다양하게 행동해보면 남과 다른 생각, 남과 다른 결과가 나온다.

자유로우면 어떻게 될까? 이것저것 마구 하게 된다. 그러면 어떻게 될까? 당연히 실수와 실패가 많게 된다. 그래서 유대인은 실수와 실패에 대해 관용적이다. 유대인은 자신의 자녀가 실수를 했을 때 웃으면서 격려해주는 '마잘톱'이라는 말이 있다. '마잘톱'은 히브리어로 축하한다는 뜻이다. 실수는 인생에서 큰 가르침을 얻을 수 있기 때문에 좋은 경험을 했다는 의미에서 축하한다고 말한다. 사람은 자유롭게 살아가면 아무래도 실수와 실패의 횟수가 많을 수밖에 없다. 아무것도 하지 않고 살면 실수와 실패도 없다. 그러나 자유로운 영혼으로 살아가면 실수 덩어리가 되는 것이다. 그러나 유대인은 실수를 해도 칭찬을 하기 때문에 실수를 두려워하지 않고 도전하는 삶을 살게 된다. 또 엉뚱한 생각이나 자유로운 생각과 표현을 마음 놓고 하게 되고, 이것이 창의력의 뿌리가 된다. 즉, 창의력의 원천이 되는 것이다.

창의적이기 위해서는 기존 사고의 틀을 그야말로 자유롭게 깨뜨리고 독창적으로 생각해야 한다. 그러기 위해서는 자유롭게 다양한 생각을 해보는 것이 필요하고, 이렇게 되려면 그야말로 시간과 여유가 필요하다. 공부만 해서는 절대로 창의적인 인재가 될 수 없다는 이야기다. 소위 명문대를 졸업한 사람이나 고시합격을 한 사람들과 이야기를 나누어보면 마인드가 갑갑할 때가 많다. 그들은 우리 사회의 주류의 프레임을 그대로 되풀이하기 때문이다. 그리고 그 프레임이 그들의 삶의 철학인 경우가 대부분이다. 나 혼자 다른 편에 선다는 생각을 이야기하면 그들은 오히려 주류가 가는 길을 가야 한다고 강변한다. 전혀 말이 통하지 않는다. 왜냐하면 그들은 생각하지 않고 하루 종일 공부만 했기 때문이다. 생각을 해야 공부가 자신의 것이 되는데, 하루 종일 공부만 하고 생각을 하지 않으니 앵무새가 되는 것이다.

그러면 창의적이기 위해선 어떻게 해야 하는가? 놀아봐야 한다. 마음 놓고 놀아보는 경험이 반드시 필요하다. 여행도 한두 달이 아니라 1년씩 제주도나 해외에서 해볼 필요가 있다. 책도 조금씩 보는 게 아니라, 1년씩 뚝 떼어서 1,000권 정도의 책을 읽을 필요가 있다. 영화를 보더라도 1년에 1,000편 정도 보고, 다큐멘터리를 보더라도 1년에 1,000편 정도를 보는 자유로움이 필요하다. 이렇게 놀아봐야 한다. 산을 다녀보고, 고승을 만나보고, 기인들과 만나보고, 세계적인 거물들도 만나면서 그들의 내공도 느껴봐야 한다. 그렇게 놀아봐야 한다. 그러면서 자유로움 속에서 자기다움을 찾아내야 한다.

놀지 않고 공부만 하면 절대로 생각할 수가 없다. 생각하지 않으면 창의력은 제로가 된다. 노는 시간은 노는 시간이 아니라, 창의성을 위한 투자인 것이다. 영화를 보고, 드라마를 보고, 책을 보고, 다큐멘터리를 보고, 신문을 보고, 여행을 하고, 사색을 하고, 사람들과 이야기를 하는 시간이 어떻게 노는 시간인가? 이 시간은 새로운 형태의 공부이자 투자다. 이 시간 속에서 인간은 성장한다. 때로는 바다를 2시간이고, 3시간이고 보고 때로는 하루에 50km 정도를 걸어도 보는 것이다. 그러면서 사색도 해보는 것이다. 때로는 새벽 3~4시에 길거리를 한 달간 걸으면서 사색을 해보는 것이다. 이러면 자신의 철학을 뒤흔들리면서 영역이 확장된다. 사색을 통해 자신의 생각이 깊어짐과 동시에, 새로운 경험 속에서 자신의 진면목을 재인식하게 된다. 이러면 진정한 창의성이 무엇인지 온 마음으로 느끼게 된다.

소위 놀아봐야 창의적인 것이 무엇인지 알게 된다. 놀아야 차분하게 생각하고, 이 생각 저 생각하면서 온갖 생각 속에서 길을 찾게 된다. 또 다양한 실험을 하게 되면서 자신의 철학이 확장되는 것을 온몸으로 경험하게 된다. 놀아야 한다. 놀 줄 모르면 절대로 성장을 못한다.

또 창의성이란 엉뚱한 생각과 같은 말이다. 엉뚱하다는 것은 남과 다르다는 것이며, 그것이 창의성의 핵심이다. 괴짜, 엉뚱한 생각, 전혀 다른 생각, 창의성, 노벨상! 이것은 모두 같은 말이다. 남과 다른 생각을 통해 전혀 다른 결과를 추구하는 것이기 때문이다. 이렇게 살려면 마음대로 생각할 수 있어야 하고, 엉뚱한 생각도 주저 없이 할 수 있는 용기가 필요하다. 한국의 경우에는 엉뚱한 생각을 하거나, 공부를 못하면 가만두지 않는 문화가 있는데, 이것을 과감하게 극복해야 한다. 그러려면 용기가 필요하다. 부모님의 말도 듣지 말아야 하고, 친구들의 무시도 극복해야 하며, 사회의 의심의 눈초리도 큰 폭으로 뛰어넘어 자신의 생각 속으로 용기를 내어 들어가야 한다. 그리고 이 속에서 수영을 하며, 자신의 영역을 만들어야 한다. 이것은 자유로움 속에서 창의의 길을 걷고, 새로운 생각을 만나는 것을 말한다.

　미국의 경제학자이자 스탠퍼드대학교 교수인 에릭 하누셰크 교수는 이렇게 말한다. "창의력은 학교에서 가르치는 게 아니다. 권위와 위계질서를 극복할 수 있는 문화 기반을 만들어야 창의력이 꽃필 수 있다. 내가 가르쳐본 한국 학생들은 너무 예의가 발라 내가 엉뚱한 소리를 해도 이를 지적하지 않는다. 이런 위계질서를 중시하는 문화가 훗날 직장에서도 창의성을 발휘하지 못하게 한다." 이것은 스스로가 극복을 해야 한다. 노력을 해야 한다. 내가 노력하면 문화도 바뀐다.

　한국은 소위 군대문화가 확고하게 자리 잡은 곳이다. 무조건 복종을 해야 한다. 복종을 하지 않으면 가만두지 않는다. 대기업의 임원도 창의적인 인재를 뽑아야 한다는 것은 단순히 구호에 불과하다는 것을 인정할 것이다. 창의적인 인재는 자기주장이 강하고, 자유롭게 사고하고 행동하며, 괴짜인 경우가 많은데, 이런 사람을 군대인 대기업이 받아들이기 어렵다는 것을 모두가 알고 있기 때문이다. 그래서 앵무새, 일만 하는 사람, 생각하지 않는 사람이 대기업에 모여 있고, 그렇지 않은 사람은 창업을 하는 기현상이 벌어지고 있는 것을 대기업의 임원이라면 인정할 수밖에 없을 것이다.

더군다나 한국은 야근이 너무 많다. 야근이 많다는 것은 일만 하는 사람이 된다는 것이다. 그리고 몸이 너무 피곤하기 때문에 독서도 못하고, 생각도 못한다는 것을 말한다. 또 유대인처럼 가정교육도 직접 챙기지 못한다는 것을 말한다. 이것은 국민의 지적 수준이 형편없이 떨어지고, 생각을 하지 않음으로써 바보로 만들며, 동시에 가정교육을 엉망으로 만듦으로써 국가의 미래를 흔들리게 만든다. 나는 야근을 많이 시키는 문화가 기득권이 서민을 바보로 만들기 위한 고도의 계략이 아닌가 하는 생각도 한다. 왜냐하면 생각을 하면 올바름에 대해 알게 되면, 비판도 하고 대안도 제시하면서 괜히 안정된 사회를 변화로 출렁이게 해 기득권을 피곤하게 만들기 때문이다. 그래서 일만 하고 생각은 하지 않게 함으로써 우민愚民으로 만들고(우민화 정책), 그로써 자신들의 기득권을 굳건하게 지키는 효과가 있는 것이다. 이대로 가면 필연적으로 국민 전체가 바보가 될 수밖에 없다. 일을 많이 해 피곤해서 책도 못 보고, 생각도 못하고, 가정교육도 못하면 국가의 뿌리 자체가 뽑힐 수밖에 없다.

한국형 인재는 대부분 I자형 인재이거나 T자형 인재다. 즉, 어떤 일이 있으면 무조건 열심히만 하는 인재이거나 대충 옆에 있는 지식들을 버무려서 내는 인재라는 뜻이다. O자형 인재로 세상의 모든 것을 융합하는 인재가 유대인 인재형이라면 한국은 그러하지 못하다. 세상을 주도하려면 결국 세상을 많이 알아야 한다. 그러므로 다양하고 많은 독서가 필요하다. 일단은 알아야 무언가가 나온다. 그런 다음, 생각을 많이 해야 한다. 그래서 자기 생각을 만들어내야 한다. 그리고 그 생각을 글로써 독창적으로 표현하고, 그로써 사람들을 설득해 세상을 변화시켜내야 한다. 그런 과정이 필요하다. 그것이 창의적인 인생을 사는 사람의 길이다.

이제는 인재의 기준도 바뀌어야 한다. 명문대를 졸업한 인재, 무조건 열심히 하는 인재, 하루에 17시간씩 일하는 인재에서, 생각할 줄 아는 인재로 바뀌어야 한다. 독서하는 인재로 바뀌어야 한다. 글을 쓸 줄 아는 인재로 바뀌어야 한다. 자유로운 영혼의 삶을 사는 인재로 바뀌어야 한다. 엉뚱한 발상을 하는 인재로 바뀌어야 한다. 그래서 창의적인 결과를 낼 줄 아는 인재로 바뀌어야 한다. 그래야만 세상을 주도할 수 있다. 열심히 해서 1등을 모방만 해서는 영원히 3류인 것이다. 진정한 1류가 되기 위해선 세상에 표준을 제시할 수 있어야 하고, 그 표준은 오직 자신의 머리에서 나온 유일무이한 것이어야 한다. 그야말로 창의적인 것이어야 한다. 그러려면 이러한 일련의 과정이 필요하다. 이제 우리는 인재의 정의 자체를 바꾸어야 한다.

《탈무드》는 이렇게 말한다. "가르침을 무턱대고 받아들이는 사람은 권력과 자기 자신을 부패하게 한다." 즉, 통념과 고정관념에 매몰되지 말아야 하며, 무조건 복종하는 삶을 살아서는 안 된다는 말이다. 그렇게 생각도 하지 않고, 비판도 하지 않으며, 복종만 하는 삶은 자신을 부패하게 하고, 발전을 없게 만든다는 것이다. 왜냐하면 생각 없는 앵무새의 삶이기 때문이다.

1999년 미국의 〈타임〉은 20세기 최고의 인물 100명을 선정했는데, 철학자 중에는 유일하게 비트겐슈타인이 선정되었다. 그는 권위에 도전한 유대인으로 유명한데, 그의 스승 러셀은 그를 매우 아꼈음에도 불구하고 그는 러셀을 거침없이 비판하였다. 즉, 스승에 대해서도 유감없이 도전한 것이다. 칼 포퍼 역시 과학이나 이성은 절대적 진리가 아니라서 반증을 계속해야 진리에 다가설 수 있다고 말하는데, 그래서 그는 '나는 옳다'거나 '이것이 진리이다'라는 생각은 잘못된 것이라고 말한다. 즉, 절대적 권위란 없다는 것이다. 이것은 권위에 대한 파괴, 권위에 대한 도전, 권위를 넘어 새로운 세계를 창조한 것으로 볼 수 있다.

한국인은 창조를 잘 모방하거나 개선을 하는 것이라고 생각하지만 그것은 창조가 아니다. 창조란 존재하지 않는 것을 새로 만드는 것이다. 무에서 유를 만드는 것으로, 이것은 기존의 지식을 융합해서 전혀 새로운 작품을 만드는 것을 말한다. 물론 이 중심에는 자신만의 생각이 있다.

창의적이기 위해서는 명심해야 할 것이 한국의 군대식 문화를 어떤 식으로든 극복해야 한다는 것이다. 이것을 사회 전체적으로 극복하지 못하거나 개인적으로 극복하지 못하면 미래는 없다. 생각 없는 사람이 될 수밖에 없기 때문이다. 예수나 부처가 한 말도 틀릴 수 있는데, 대기업 회장이 한 말을 그대로 따른다는 것은 있을 수 없는 것이다. 한낱 대학 교수가 한 말을 그대로 따른다는 것은 있을 수 없는 것이다. 우리는 너무 권위에 복종한다. 또 권력에 복종한다. 그러면서 자기 스스로 생각하지 않는다. 그러면서 자유로움을 스스로 포기한다. 그렇게 하면서 스스로가 창의성에서 멀어져 간다. 우리 사회는 지금까지 말 잘 듣고, 시키는 대로 일하는 사람을 최고의 인재로 정의해왔다. 그러나 이제는 사회가 바뀌었다. 그렇게 살면 안 된다. 스스로가 군대식 문화를 극복해야 한다. 여기에 창의성의 길이 달려 있다.

유대인을 보라! 20년을 연구한 교수가 강의를 해도 틀린 것이 있으면 수업 중에 바로 틀렸다고 이야기를 한다. 유대인은 그렇게 지적을 하고, 옳은 것을 주장하는 학생을 오히려 칭찬하고 격려한다. 또 기존의 통설을 뒤집는 학자에게 찬사는 물론 큰 경제적 보상도 한다. 또 기업에서도 그러하다. 오너가 하는 말이 잘못되었다는 것을 지적하고, 그에 대한 증거를 정확히 대고, 그런 과정을 통해 회사가 더 발전했다면 막대한 물질적 보상을 한다. 그런 문화가 확고히 자리 잡혀 있다. 그러니 너도 나도 기를 쓰고 자유로운 사고를 한다. 잘못된 것이 있으면 기를 쓰고 고친다. 오너든 대통령이든 그런 것은 신경 쓰지 않는다. 오직 좋은 세상을 만들겠다는 뜻에만 집중한다. 그래서 반드시 일을 내는 것이다. 그래서 유대인의 문화는 창의적인 인재가 나올 수밖에 없다. 틀린 것을 틀렸다고 말할 수 있는 문화다. 군대문화가 아니다. 그리고 그러한 이야기를 하면 즉시 개선이 이루어지고, 혁명이 이루어진다. 또 그러한 발전을 통해서 사회가 진보한다. 그것에 대한 동의는 물론 찬사와 격려, 막대한 물질적 보상까지 이루어진다. 그리고 그러한 혁명적 사고를 사회 공동체의 번영을 위해서 활용할 줄 아는 지혜로움까지 있다. 그러니 개인도 혁명가가 되고, 사회도 크게 발전하는 것이다.

창의성이란 다른 생각이다. 이것은 자유로움에서 나오며, 자유롭기 위해서는 자유로운 사고를 막지 않는 문화가 확립되어 있어야 한다. 나아가 격려하고, 옳은 사고를 했을 때는 막대한 경제적 보상까지 하는 문화가 확립되어 있어야 한다. 모두 잘 살기 위해서, 좋은 세상을 만들기 위해서 하는 생각이기 때문에 이것은 당연한 것이고, 마땅한 것이다. 우리 사회도 하루 속히 군대문화를 극복해야 한다. 그리고 창의적인 국가로 나가야 한다. 창업국가로 나가야 하고, 기업국가로 나가야 하고, 노벨상의 국가로 거듭나야 한다. 그 중심에는 창의성이 있다. 자유로움이 있다. 군대문화를 극복하는 것에 있다. 통념에 갇히지 않고 나의 사고를 하는 것에 있다. 일하는 시간을 줄여서 생각하는 시간을 만드는 것에 있다. 모두의 꿈과 야망을 극적으로 발현하고, 그에 대한 막대한 경제적 보상을 하는 문화에 있다. 그러면 한국도 유대인 못지않은 강국으로 탈바꿈할 수 있다. 노벨상도 수천 명씩 수상할 것이다.

22
세계의 운명은 자기 생각을 남에게 전달할 수 있는 사람에 의해 결정된다

　　　　　　　한국 사람은 말을 많으면 경박하다거나, 시끄럽다거나, 점잖지 못하다고 생각한다. 그래서 말이 많으면 단점이나 흠으로 생각한다. 그래서 한국사람 대다수는 말이 없다. 말수가 적으며 자기표현을 할 줄 모른다. 단순하고, 짧게 말하며, 표현이 서툴다. 이것은 문화 자체가 말을 많이 하는 것을 부정적으로 생각하기 때문이다. 꼭 필요한 말만 아주 조금 하는 것, 이것이 한국 문화다.

　그러나 유대인은 다르다. 유대인은 말을 많이 하는 것이 매우 중요하다고 생각한다. 말을 많이 하는 것도 일종의 경험으로 경험의 폭을 넓히는 것으로 생각한다. 또 자신의 생각을 논리적으로 말하는 것이 성공하는 가장 필요한 핵심요소라고 생각한다. 왜냐하면 세상에서 성공하기 위해서는 다른 사람의 협조를 얻어야 하는데, 그러기 위해서는 사람들을 설득해야 하고, 설득을 하려면 말을 논리적으로 해야 하기 때문이다. 그래서 그들은 지혜란 듣는 것이 아니라 말하는 데에서 시작된다고 생각한다. 말을 할 때 생각을 하게 되고, 논리적으로 생각하게 되며, 표현을 함으로써 비로소 자신의 것이 되고, 표현을 할 때 상대방의 반응을 얻을 수 있다는 점에서 말을 중요하게 본다.

유대인은 말이 많은 민족이다. 자기소개를 하라고 하면 보통 30분 동안 말을 한다. 끊임없이 말하는 것에 익숙하다. 그들은 한마디 말을 들으면 세 마디 말을 해야 한다고 믿으며, 말을 하는 데에서 교육이 시작된다고 믿을 정도다.

그들은 질문도 많이 하는데 질문도 역시 말하기다. 또 답변도 말하기다. 또 글을 쓰는 것 역시 말하는 것의 일환이다. 그들은 항상 토론을 하고, 항상 질문을 하며, 항상 답변을 한다. 그리고 무엇이든 말로써 표현하고자 한다. 그들은 말을 달고 사는 민족이다. 그들은 과묵하다는 것을 비난으로 여긴다. 말을 많이 하는 것을 최상의 교육으로 여기기 때문이다.

펜실베이니아대학교 부총장을 역임한 유대인 에제키엘 이매뉴얼은 자신의 저서에서 "누군가 자기 생각을 말할 때 고개만 끄떡이거나 미소 짓는 것은 우리 집에선 오히려 모욕"이라고 말한 바 있다. 말을 하고 서로 소통을 해야만 진정으로 알게 되고, 그럴 때 공부가 된다고 생각한다. 상대방이 말을 하지 않으면 공부의 진행이 막히게 된다는 것이다. 유대인 가정에서는 말이 많으며, 그들은 밥도 말하면서 먹는다.

말이란 소통이기 때문에 정신건강에도 당연히 좋다. 대화가 없는 가정은 그야말로 삭막하다. 대화야말로 인생의 윤활유다. 대화가 통하느냐 통하지 않느냐는 그야말로 인간관계를 결정짓는다. 또 자녀와 부모 간의 대화가 얼마나 많고, 얼마나 통하는가는 매우 중요한 가정교육의 지표다. 대화가 통한다는 것, 서로 질문과 답변을 통해서 그들의 소통을 짐작할 수 있고, 그로써 얼마나 가정교육이 잘 되고 있는지, 그로써 얼마나 부모가 자녀에게 자신의 가치관을 잘 전달하고 있는지를 알 수 있는 것이다. 또 자녀가 부모에게 부담 없이 이야기를 함으로써 자신감을 가지고 자신의 의견을 얼마나 표현하는지, 또 자신의 생각을 얼마나 갖고 있는지를 알 수 있는 것이다.

그래서 유대인들은 사람이 말수가 없고 점잖으면 대성하기는 글렀다고 생각한다. 과묵하면 공부를 제대로 할 수가 없다고 여기기 때문이다. 말이 없으면 질문을 하지 못한다. 질문을 하지 못하면 제대로 된 대답을 들을 수 없다. 또 자기표현을 못한다. 그러면 자신의 주장을 관철하지 못해 원하는 것을 얻을 수 없다. 또 말을 하지 않기 때문에 말하는 것에 능숙하지 못해 자신의 의견을 잘 표현하지 못하는 것은 물론 논리력도 훈련할 수 없기 때문에 생각하는 능력에도 필연적으로 문제가 생긴다고 본다. 그래서 공부에, 사업에, 인생에 문제가 생긴다고 본다. 얼마나 말을 잘 하느냐, 얼마나 논리적이냐는 그 사람의 생각하는 능력이 어느 정도인가를 가늠하는 척도라는 점에서 유대인의 말하기 예찬론은 일견 타당해 보인다.

실제로 유대인 사회에서는 얼마나 분명하게 자신의 의견을 말하는가를 랍비가 되기 위한 필수조건으로 보며, 존경받는 랍비의 조건으로 본다. 유대인들은 기본적으로 '말을 통해서 배운다'는 생각을 갖고 있기 때문에 말을 못하면 배움을 얻을 수 없고, 그러면 결국 훌륭한 사람이 될 수 없다고 생각한다. 그들의 교육은 사실상 질문과 대답, 토론으로 이루어져 있고, 이를 통해 생각하는 공부를 하는 것이기 때문에 말이란 곧 생명인 것이다.

창의성이라는 것도 결국 표현의 산물이다. 다양한 말들을 해봐야, 그 속에서 남과 다른 말이 나오는 법이다. 말하기에도 훈련이 필요한 셈이다. 이러한 훈련이 되지 않은 상태에서 갑자기 말을 잘할 수는 없고, 좋은 생각을 할 수도 없는 것이다.

실제로 유대인은 아이가 학교에서 공부를 하고 돌아오면 "수업 시간에 무엇을 질문했니?"라고 묻는다. 무엇을 배우고 들었냐고 묻지 않는다. 즉, 무슨 말을 했느냐는 것이다. 유대인 부모들은 항상 아이들에게 이 질문을 한다. 말이 없거나 적극적으로 질문을 하지 않는 아이는 사회성도 없고, 공부를 잘할 가능성도 없기 때문에 말이 없는 것에 대해서는 대단히 크게 걱정을 한다. 말이 많고, 자기표현이 강하고, 그래서 어떤 식으로든 자기가 원하는 것을 얻고, 말을 많이 해 논리적인 사고에 강해지고, 또 생각을 많이 하는 사람은 아무래도 강할 수밖에 없다. 또 모르는 것에 대해서도 말을 함으로써 모르는 것을 반드시 알고 넘어가는 것은 배움에 있어 매우 중요한 것이다. 말을 많이 한다는 것은 순수한 것이며, 마음을 열고 상대방을 대하는 것이다. 내가 모르는 것에 대해서도 부끄러움을 타지 않는다는 당당한 자신감이며, 배움과 교감을 통해서 나와 세상을 긍정적으로 바꾸어나가겠다는 강력한 표현이다. 말하기의 힘은 매우 강한 것이다.

말이라고 하면 빠질 수 없는 인물이 바로 래리 킹이다. 그는 세계적으로 유명한 앵커다. 그는 미국의 대통령, 영부인, 만델라, 르윈스키 등 전 세계의 화제 속 인물 4만 명 이상을 인터뷰한 인터뷰의 제왕이다. 그는 25년 이상 방송하여 최장수 토크쇼 프로그램으로 기네스북에 등재되었다. 그는 말하기의 제왕인 것이다. 그는 말을 잘 하려면 쑥스러워하거나 두려워하지 않아야 한다고 말한다. 또 호기심이 있어야 한다고 말한다. 그는 그러한 마음을 바탕으로 인터뷰를 하고, 수많은 질문을 해댄다. 그 중심에는 그런 마음이 있다. 그는 인터뷰 사전준비를 하지 않는 인물로도 꼽히는데, 이는 어린 시절부터 꼬리에 꼬리를 무는 질문을 하는 습관이 있기 때문에 가능한 일이다. 유대인은 엉뚱함을 결코 이상하게 보지 않는다. 그것이 오히려 위대함의 징표로 여긴다. 왜냐하면 거기에서 창의성이 나오기 때문이다.

그래서 유대인은 자녀가 엉뚱한 질문을 해도 화를 내지 않는다. 귀찮거나 하찮게 여기지 않는다. 그들의 생각을 진지하게 듣고, 자신의 생각을 논리적으로 펼칠 수 있도록 답변을 해준다. 그러면서 끊임없이 말을 하도록 말을 이어 나간다.

말을 하는 것은 매우 중요하고, 또 질문을 하는 것도 매우 중요하다. 실제로 이러한 힘을 바탕으로 성장한 인물이 아시아에서는 손정의가 있다. 그 또한 말이 많았고, 그의 부모는 다양한 질문을 하면서 생각하는 능력을 키워줬다. 그의 아버지 손삼헌은 손정의에게 항상 질문들을 던졌다고 한다. 손정의는 이렇게 말한다. "나는 기억력이나 지식에는 자신이 없지만 생각하는 힘만큼은 누구에게도 지지 않는다." 손정의가 이렇게 말할 수 있는 이유는 아버지의 교육에 있다. 손정의의 아버지는 손정의에게 '생각하는 힘을 키우는 훈련'을 수시로 했다. 예를 들면 이렇다. 길을 가던 중 건널목에 이를 때쯤 '파란 신호에 저 건널목을 지나다가 사고가 났다면 이유가 뭘까?'라고 손정의에게 질문을 던진다. 그러면 손정의는 이렇게 말한다. "빨간 신호에서 사고가 났다면 당연한 거예요. 하지만 파란 신호에서 사고가 났다면 신호기가 고장 났다는 증거예요. 그러니까 사고를 당했겠죠." 그러면 손삼헌은 "그래, 넌 역시 천재다. 아버지는 몰랐다."고 과장되게 놀라워했다. 즉, 대답할 필요가 없는 질문을 던져 '생각하는 힘을 키우는 교육'을 시켰던 것이다. 그 결과 손정의는 생각하는 힘이 강해질 수 있었다(《손정의, 나는 당신과 생각이 다르다》참고).

말을 많이 한다는 것은 필연적으로 생각을 많이 한다는 것을 포함하고 있다. 말을 하려면 생각을 해야 하기 때문이다. 의미 없는 말이라면 생각을 하지 않아도 되지만 어려운 질문을 받으면 필연적으로 생각을 해야만 하기 때문이다. 말을 많이 하면 생각해야 대답을 할 수 있는 질문을 계속해서 받는 법이다. 그러면서 끊임없이 생각을 하게 된다. 유대인이 왜 말을 많이 하는 것을 중요하게 생각할까? 말을 많이 하면 생각하는 힘이 키워지기 때문이다. 또 말을 많이 하면 논리적으로 사고할 수 있기 때문이다. 또 자기 표현력이 향상되어 자신이 원하는 것을 얻을 수 있는 힘을 가지게 되기 때문이다. 성공하고 싶다면, 공부하고 싶다면 말을 많이 해야 한다. 말을 하지 않고는 아무것도 얻을 수 없다. 표현을 해야만 얻을 수 있다.

답을 하기 위해 스스로 생각할 수밖에 없는 질문을 던져라!

유대인의 주된 특징 중 하나는 언제나 질문을 한다는 것이다. 질문을 하고 또 하며, 심지어 질문을 받아도 대답을 하지 않고, 도리어 질문을 한다. 그만큼 질문을 많이 한다. 판사가 "유대인들은 왜 그렇게 질문을 많이 하느냐?"고 질문을 하자 유대인은 "왜 그렇게 하면 안 됩니까?"라고 질문하는 것이다. 유대인 부모들도 아이들에게 수업시간에 질문할 것을 필히 당부한다. 그리고 학교에서 다녀오면 오늘은 무슨 질문을 했는지 질문한다. 그리고 아이가 대답을 하면, 왜 그런 질문을 했는지 또 다시 질문한다. 그렇게 질문하고 대답을 하면서 토론을 하고, 그렇게 하면서 생각하는 능력을 키워나간다. 유대인은 공책에 필기하는 것이나 암기하는 것은 아무 필요가 없다고 생각한다. 공책은 불에 탈 수 있고 잃어버릴 수도 있다. 책도 잃어버릴 수 있다. 머리에 담아야 하고, 그것을 응용할 수 있어야 하는 것이다. 그것은 지식은 활용이 중요하며, 그 중심에 생각이 있음을 말한다.

유대인은 무엇이든지 납득을 할 때까지 질문을 멈추지 않는다. 어느 정도 노력을 해보고 타협을 하는 짓은 절대로 하지 않는다. 질문을 던지고 또 던져서 반드시 문제를 해결한다. 그리고 그런 태도를 훈련에 의해서 습관으로 만든다. 그래서 기어이 모르는 것을 알아낸다. 유대인이 지식의 거인으로 우뚝 올라설 수 있던 것은 끊임없이 질문을 함으로써 다양한 대답을 도출할 수 있었기 때문이다. 정답이 하나라고 규정하고 않고, 다양한 면에서의 해답을 도출하여 독자적인 지식 체계를 구축하고, 위대한 업적으로 만들어낸 것이다.

질문은 당연히 대답을 얻게 되고 여기에 다시 질문을 던지고 또 다시 대답을 듣게 된다. 따라서 질문은 필연적으로 토론으로 연결된다. 토론은 생각을 하게 하고, 다양하고 깊은 생각을 필연적으로 키워낸다. 결국 유대인은 창의적인 인재가 되는 것이다. 많은 생각을 하면서 남과 다른 생각, 어제와 다른 생각을 하기 때문이다. 토론은 결과가 아니다. 토론은 과정이며 다양한 사고를 하고 결론을 얻기 위한 다양한 실험을 내포하고 있다. 이것은 해결책이 아니라 해결과정을 익히게 하는데, 이를 통해 삶에서 어떤 문제를 맞이하더라도 스스로의 생각과 힘으로 풀어낼 수 있도록 만든다. 그리고 연구를 하더라도 보다 깊은 연구를 하도록 이끈다.

그렇다면 왜 질문이 위대한 것인가? 질문을 하려면 핵심 요지를 분명하게 알고 있어야 하며, 자신이 무엇을 모르고 있는지 정확히 알아야 한다. 모른다는 것을 안다는 것은, 안다는 것보다 더 중요하다. 대부분의 사람은 자신이 무엇을 모르는지 모른다. 무엇을 모르는지 알아야 해결할 수 있다. 그러면 지적인 빈 곳을 완전히 채움으로써 완벽으로 나아갈 수 있게 된다. 대부분의 사람들은 자신이 무엇을 모르는지 모르며, 무엇이 약점인지 모르며, 무엇 때문에 실패했는지 모른다. 그렇기 때문에 완전함으로 나아가지 못한다. 그리고 질문을 하면 스스로 생각을 많이 하게 됨으로써 자기 의견을 갖게 된다. 남들이 하는 말을 그대로 외우고 반복하는 앵무새가 아니라 자신의 생각을 창조해내는 창조자이자 혁명가로 나서게 된다. 비로소 세상으로 나설 준비를 갖추게 되는 셈이다. 그리고 질문은 말이다. 말을 하면 자신의 생각을 잘 표현하는 방법을 훈련하게 된다. 결국 질문을 하면 말도 하게 되고, 토론도 하게 되며, 그를 통해 생각도 하게 되어 지식과 지혜가 늘어나고 깊어지게 된다.

그렇다면 어떤 질문을 던져야 할까? 정답을 구하는 식의 단답식 질문은 좋지 않다. 생각을 요하는 질문을 던져야 한다. 그래서 그에 대한 합리적인 이유와 근거를 댈 수 있는 질문을 해야 한다. 그래서 스스로의 논리력을 키워야 한다. 그리고 상상력을 키워야 한다. 그럼으로써 그것이 무엇이건 간에 액면 그대로 받아들이는 것을 지양하고, 끊임없이 생각하고 고민함으로써 올바른 해결책을 찾고 탐구하는 방향으로 나가야 간다. 이것이 유대인의 교육이다.

당연히 이러한 질문을 하려면 전제되어야 할 것이 독서다. 독서를 하지 않으면 아는 것이 없어서 질문을 할 수가 없다. 그리고 모든 것을 당연하다고 생각하는 습관을 버려야 한다. 어떤 것이든 의문을 가지고 바라봐야 한다. 그래야 질문을 던질 수 있다. 또 호기심이 필요하다. 세상의 모든 것을 알고자 하는 마음이 있어야 질문을 던질 수 있다. 그리고 틀린 질문도 할 수 있다는 생각을 가져야 하고, 그를 통해서 잘못된 답을 도출할 수 있다는 실패를 두려워하지 않는 자세도 가져야 한다. 그럼으로써 끝까지 질문을 하고, 또 해야 한다.

그렇다면 사색은 어떨까? 사색도 일종의 질문이다. 왜 사색이 질문인가? 사색은 스스로에게 묻고 답을 하는 것이기 때문이다. 즉, 자기 자신에게 질문을 던지는 셈이다. 그리고 그로써 생각을 하도록 하고, 창의성을 샘솟게 하는 것이다. 사색은 왜 하는가? 단 하나의 정답을 찾기 위해서가 아니다. 가장 좋은 해답을 찾기 위해서 끊임없이 질문과 대답을 하면서 자기 안에서 뜨거운 토론을 하는 것이다. 그래서 사색은 현명함과 지혜로움으로 나아가는 궁극의 길이다.

또 인생이란 무엇인가? 인생이란 평생의 질문을 세우고, 그것을 해결하기 위한 과정이라고 할 수 있다. 예를 들어 아인슈타인은 뉴턴의 물리학을 넘어서는 나만의 물리학은 무엇인가라는 질문을 던졌고, 평생 동안 이 질문을 해결하기 위해서 노력한 결과 상대성 이론을 만들 수 있었다. 심리학의 대부인 프로이트 역시 무엇이 인간의 마음을 지배하는가라는 평생의 질문을 던졌고, 그 질문에 해답을 평생 동안 고민하면서 무의식과 정신분석의 세계를 만들어냈다. 즉, 그들은 평생의 질문을 던지고, 그를 해결하기 위해서 자신의 인생을 걸었고, 그 결과 역사를 만들어낼 수 있었던 것이다. 인생이란 결국 평생을 건 질문에 답을 하는 과정이라고 할 수 있다. 즉, 질문은 인생을 건 거대한 도전이자 나침반인 것이다.

유대인에게 질문은 일상적인 것이다. 유대인의 가정에서는 매일 질문을 한다. 하루도 빠지지 않는다. 그들은 저녁식사를 인생에서 가장 중요하게 생각하는데, 여기에서도 질문은 절대로 빠지지 않는다. 계속 질문을 하고, 또 한다. 그날 있었던 일부터 학교에서 배운 내용 등에 대해서 끊임없이 질문한다. 그리고 반드시 머리를 쓰는 질문을 함으로써 계속해서 두뇌를 트레이닝한다. 그렇게 하면서 생각하는 사람, 창의적인 사람으로 거듭난다.

질문은 당연히 이상한 질문도 있다. 그 이상한 질문도 좋은 질문이다. 위대한 발명가 에디슨의 경우, 초등학교 시절 이상한 질문을 계속해서 선생님에게 찍혀버렸다. 에디슨은 수업 시간에 계속해서 엉뚱한 질문을 했고, 결국 에디슨은 3개월 만에 초등학교에서 퇴학을 당했다. 그러나 에디슨의 어머니는 "넌 반드시 큰 사람이 될 거야."라고 격려했다. 그의 어머니는 질문의 힘을 신뢰했던 것이다. 매우 엉뚱하면 그것으로 다른 편에 서고, 그것을 활용하면 위대한 인물이 된다는 유대인의 생각도 있었을 것이다. 에디슨의 어머니는 에디슨의 질문에 계속 답해나갔다. 그러면서 아들이 바보라고 생각하지 않았고, 자신에 대한 도전이라고 여기지도 않았다. 왜냐하면 유대인 사회에서 권위에 대한 도전은 그야말로 당연한 것이기 때문이다.

에디슨은 훗날 이렇게 말했다. "어머니가 오늘의 저를 만드셨습니다. 어머니는 언제나 저를 이해해주셨죠." 에디슨은 어머니와 질문과 답변을 이어나갔고, 결국 위대한 인물이 되었다.

단 하나의 정답을 폭압적으로 강요하지 않고, 마음 놓고 자유롭게 질문을 할 수 있는 환경을 만들어주면 에디슨 같은 인재도 나올 수 있다. 왜냐하면 이렇게 자유롭게 질문을 하고, 자유롭게 생각을 하는 과정이 창의적 사고의 출발점이기 때문이다. 에디슨도 기존의 통설만 암기하고, 질문을 하지 않도록 하였다면 결코 위대한 발명가가 되지 못했을 것이다. 그저 공부를 잘해서 하버드대학교를 갔을 것이고, 그렇게 좋은 기업에 가서 평범한 샐러리맨으로 인생을 마감했을 것이다. 그렇다면 우리는 오늘 휴대전화도 사용하지 못했을 것이고, PC도 사용하지 못했을 것이며, 저녁에는 아무것도 하지 못하는 생활을 하고 있을 것이다.

유대 격언에는 "좋은 질문은 좋은 답보다 낫다."는 말이 있다. 중요한 것은 정답이 아니기 때문이다. 정답은 바뀔 수도 있다. 지금이야 옳은 것이라고 인정받고 있지만, 그것이 100% 옳다고 어떻게 단정할 수 있는가? 시간이 지나서 다른 반증이론이 나오면 그것은 뒤집힌다. 그렇기 때문에 지금 현재의 통설을 암기하는 것이 중요한 것이 아니라 스스로 생각해서 진보적이고 창의적으로 나아가는 것이 중요하다. 그렇게 해서 올바름을 만들어나가는 것이 중요하다. 그렇게 하면 좋은 세상을 만들 수 있기 때문이다.

일본 최고의 영웅 사카모토 료마도 인생의 의의는 문명의 진보에 있다고 말했다. 일본 소설가 시바 료타로가 쓴 《료마가 간다》는 일본 최고의 영웅인 사카모토 료마를 다루고 있다. 그 책에서 사카모토 료마는 이렇게 말한다. "인간이 하는 일에는 크고 작은 것이 있지만 결국 그것과 같아. 누군가가 불을 꺼지지 않게 계속 밝히는, 그런 일을 하는 것이 불멸의 인간이라 할 수 있지. 서양에서는 시빌리, 시빌리……." 료마는 시빌리제이션이라는 말을 하려고 했다. 아무튼 료마가 말하려는 것은 인간은 문명의 발전에 참가해야 한다, 그렇게 하면 산조카타케의 등불처럼 그 생명이 영원하다는 것이었다. "그러니까 나는 죽지 않아. 죽지 않는 삶을 살고 싶어." 보다 나은 세상을 만드는 것에 인생의 의미가 있다는 뜻이다. 놀랍게도 이 말은 스티브 잡스도 했고, 손정의도 했으며, 유대인도 하고 있다. 월터 아이작슨이 쓴 그의 평전인 《스티브 잡스》를 보면 스티브 잡스의 아내가 한 이런 말이 나온다. "비범한 재능을 타고난 많은 위인들이 그렇듯이 그(스티브 잡스)도 모든 영역에서 비범하진 않아요. 다른 사람의 입장이 되어 본다거나 하는 사회적 배려는 없어요. 그 대신 인류에게 권능을 부여하는 일이나 인류의 진보, 인간의 손에 훌륭한 도구를 들려주는 일에는 깊이 관심을 쏟죠." 즉 인생의 의의는 보다 나은 세상을 만드는 것에 있다는 것이고, 그래서 그것을 위해서는 다양한 생각과 놀라운 행동들을 해야 한다는 것이다. 료마, 스티브 잡스, 손정의, 유대인과 같은 영웅들은 큰 생각을 하고, 큰 결과를 냈던 것이다.

《탈무드》에서도 이렇게 말한다. "교사는 혼자만 알고 떠들어서는 안 된다. 만약 아이가 듣기만 한다면 가르치는 것이 아니라 앵무새를 키우는 것일 뿐이다. 교사가 이야기하면 학생은 그것에 대해 질문을 해야 한다. 그래서 교사와 학생이 주고받는 말이 많을수록 교육 효과는 상승한다." 그러나 한국에서는 어떻게 가르치고 있는가? 토론이 전혀 없다. 질문이 전혀 없다. 한국의 대학에서 수업시간에 수업 흐름을 끊는 질문들을 계속 던진다고 해보자. 다른 학생들은 어이가 없어한다. EBS 다큐프라임의 다큐멘터리인 〈왜 우리는 대학에 가는가〉에서도 대학 강의실에서 대학생이 교수에게 질문을 여러 번 던지는 모습을 보여주었다. 그때 다른 학생들은 어이가 없어했고 웃었다. 그리고 나댄다는 말까지도 뒤에서 했다. 그런 분위에서 무슨 공부가 되겠는가? 토론 교육은 매우 중요한 것이다. 질문은 지식을 자랑하려고 하는 것이 아니다. 알려고 하는 것이다. 그래서 질문을 던지는 것이다. 그리고 생각을 하기 위함이다. 창의성을 키우기 위함이다. 더 나은 세상을 만들기 위함이다. 결국 모두의 삶을 향상시키기 위해서, 문명의 진보를 위해서 던지는 것이다. 좋은 일이다. 그런데도 왜 어이 없어하고, 웃으며, 나댄다고 여기는가? 이것은 말이 되지 않는 일이다.

　페이스북의 최고경영자인 셰릴 샌드버그도 책을 집필한 적이 있다. 그 동기는 딸의 질문 때문이었다. 딸이 4살이었을 때, 그녀는 미국 대통령 이름이 나열된 노래를 불러주었는데, 그때 딸이 이렇게 질문을 했다. "왜 대통령은 모두 남자야?" 딸의 질문에 샌드버그는 큰 충격을 받았다. 그래서 그녀는 딸에게 보여주기 위해 여성 리더십에 관한 책인 《린 인》을 집필했다. 여성도 할 수 있고 리더십이 있으며 그렇기 때문에 기꺼이 도전해야 한다는 내용을 말함으로써 여성들과 교감을 나누기 위해서 집필을 한 것이다. 그녀는 이렇게 말한 적이 있다. "여러분이 앞으로 자신감 넘치는 여자아이를 만난다면 그 아이에게 절대 '나댄다'는 표현을 쓰지 마세요. 대신 '잘한다', '리더십이 있다'라고 말하는 날이 오길 바랍니다." 여성들에게 용기를 주는 책도 결국 한 문장의 질문에서 나왔고, 그 결과 세계의 수많은 여성 독자들이 큰 힘을 얻을 수 있었다.

  질문을 한다는 것, 이것은 결국 세상의 모든 것을 변화시키겠다는 뜻을 포함하고 있다. 모르는 것을 기꺼이 알고자 하며, 이로써 세상을 변화시키겠다는 것이다. 그리고 질문을 통해서 끊임없이 생각하고, 이로써 창의적인 인물로 나아가며, 이로써 세상을 변화시키겠다는 것이다. 그래서 질문을 한다는 것은 위대한 것이며, 생각하는 사람으로 나아간다는 것이며, 새로운 지식과 지혜를 창조한다는 의미다. 배움을 얻고자 하는 자라면 질문해야 한다. 노벨상을 받고자 한다면, 세계적인 기업을 창업하고자 한다면, 후회 없는 인생을 살고자 한다면 질문을 해야 한다. 최고의 성과를 내는 것도 질문이고, 깊은 사색으로 이끄는 것도 질문에서 출발하기 때문이다.

24. 유대인이 외국어 공부를 통해서 부자가 될 수 있었던 비밀은 무엇인가?

유대인 중에는 2개 이상의 외국어를 구사하지 못하는 사람이 거의 없다. 대학을 졸업한 사람이라면 대부분 3~4개의 언어를 구사하는 것이 보통이다. 이스라엘에서는 초등학교 4학년부터 정규 과목으로 외국어를 가르친다. 처음 1년은 아무것도 없이 영어권 선생님에게 그냥 영어로만 수업을 듣는다. 그리고 1년이 지나면 교과서를 통해 단어나 문장을 배운다. 유대인은 역사적으로 외국어를 잘할 수밖에 없었다. 왜냐하면 오랜 유랑 생활을 하면서 타국에서 삶을 이어나가야만 했고, 그러기 위해서는 그 나라의 말을 할 수 있어야 했기 때문이다. 그리고 조국이 없다 보니 친척들이 외국에 사는 경우가 종종 있었고, 다른 친척들과 갓난아기 때부터 만나다 보니 자연스럽게 외국어를 접할 수 있었다. 그리고 그 나라의 문화를 이해해야 친근감을 가지게 되면서 빠른 속도로 배울 수 있는데, 그들은 방랑 생활과 잦은 이동으로 외국의 문화에 익숙해졌고, 이것이 외국어를 익히는 데 큰 도움을 주었다. 그리고 그들에게 외국어는 공부가 아니라 삶을 살아나가기 위한 필수적인 생존도구였다. 그 나라 말을 해야만 먹고살 수 있기 때문이다.

그러한 역사와 전통 덕분에 외국어를 배우는 것이 당연한 일이었다. 그리고 물론 현재에도 외국 특히 미국에서 사는 유대인이 많기 때문에 미국으로 왕래할 기회가 많고, 이것은 영어공부에 많은 도움을 줬을 것이다. 또 미국에 사는 유대인 역시 이스라엘에 사는 친척이 있을 것이고, 그렇기 때문에 히브리어 공부에 도움을 받을 것이다. 그러면서 그들은 최소한 2개 이상의 외국어를 할 수 있게 된다. 그리고 다른 친척이 독일이나 프랑스에 살고 있다면 역시 그 나라에 왕래를 하면서 그 나라의 언어를 익히게 될 것이다. 그러면 3~4개의 언어를 하게 된다.

이스라엘에서는 초등학교 4학년부터 교과서 없이 영어권 선생님으로부터 영어로만 수업을 받는데, 이것이 어쩌면 영어공부에 성공을 가져오는지도 모른다. 언어란 비교적 일찍 배워야 하는 특징 때문이다. 이스라엘의 경우에도 중학교 때부터 외국어 공부를 가르치니 공부가 잘 되지 않았다. 왜냐하면 히브리어에 익숙해져 영어를 접하니 공부를 하기가 힘들었기 때문이다. 우리의 경우에도 너무 늦게 영어를 공부하는지도 모른다. 그래서 한국어에 너무 익숙해져서 영어공부가 어려운지도 모른다. 영어 조기교육을 하는 이스라엘은 영어뿐만 아니라 프랑스어, 아랍어 등의 언어까지도 초등학교 6학년부터 공부를 하는데, 이것은 언어가 삶의 도구로써 큰 힘을 낸다는 것을 잘 알고 있기 때문이다. 은행가이자 미국 금융계의 신화인 조지프 셀리그먼은 그리스어, 영어, 프랑스어, 독일어, 히브리어, 독일어와 히브리어가 혼합된 이디쉬어까지 총 6개의 언어를 구사하기도 했다.

그렇다면 왜 유대인은 외국어 교육에 열성을 보일까? 정답은 창의성을 기르기 위해서다. 외국어는 무엇인가? 말이다. 말은 무엇인가? 창의성의 원천이다. 말을 하면 생각을 해야 하기 때문이다. 그리고 생각을 많이 하면 남과 다른 생각을 하게 되고, 이것이 곧 창의성인 것이다. 유대인은 대화를 나누면서 자유로운 사고를 하게 하고, 창의성과 논리력을 키운다. 그래서 유대인 엄마들도 자녀들과 외국어로 대화를 하면서 언어교육을 한다. 따로 언어공부를 시키는 것이 아니라 일상생활 속에서 자연스럽게 대화를 나눔으로써 외국어 공부를 하는 것이다.

외국어 교육의 장점은 또 있다. 바로 외국인과 어울리고, 외국의 문화를 흡수할 수 있다는 것이다. 노벨상위원회에서 유대인이 노벨상이 많은 이유를 다양한 문화를 경험했다는 점을 꼽은 것처럼 수많은 사람들과 섞이거나 어울리는 것은 지적인 자극을 주고, 철학의 영역을 확장시킨다. 궁극적으로 발전은 어떻게 이루어지는가? 경쟁도 하고, 협력도 하면서 발전을 한다. 협력은 어떻게 이루어지는가? 섞이고 어울릴 때 이루어진다. 다른 문화를 접하고, 외국인과 어울리려면 그 나라의 말을 할 줄 알아야 한다. 말을 하지 못하면 어울릴 수가 없어 다양한 문화를 접할 수 없고, 그들의 협조도 이끌어낼 수도 없다. 결국 성공을 못 하는 것이다. 유대인이 열심히 외국어 공부를 하는 이유는 바로 다양한 문화를 접하고, 외국인들과 어울리며, 그들의 협조를 이끌어내기 위함이 있다. 다양한 문화를 접하면 생각을 하게 된다. 외국인들과 어울리는 것도 많은 생각을 하게 만든다. 왜냐하면 생각을 하지 않으면 그들과 어울릴 수 없기 때문이다. 잘 어울리기 위해서는 생각을 많이 해야 한다. 또 그들의 협조를 이끌어내기 위해서는 더더욱 그러하다. 즉, 유대인의 외국어 공부는 단순한 공부가 아니다. 그 나라에서 살아남기 위한 생존의 도구인 동시에, 그들의 문화를 배우고, 그들과 어울리면서 큰일을 도모하기 위한 번영의 도구였던 셈이다. 또 그 과정 속에서 그들은 치열하게 생각을 해야 했고, 덕분에 그들은 생각하는 민족, 창의적인 민족, 남과 다른 민족, 노벨상을 받는 민족, 사업에 성공하는 민족이 될 수 있었다. 그들에게 외국어 공부는 단순한 공부가 아니라, 번영의 도구였고, 생각을 하게 하는 촉매제였던 것이다.

지금 우리 시대는 어떤 시대인가? 무엇보다도 생각을 요구하는 시대다. 스스로 생각을 하고, 그로써 남과 다른 길을 걸어가고, 그로써 반드시 성공을 해야만 하는 시대다. 이것은 즐거운 전쟁이며, 이 속에서의 승리는 모두에게 영광을 준다. 우리는 왜 외국어를 공부해야 하는가? 바로 생각을 하기 위해서다. 다른 문화를 접하기 위해서다. 외국인들과 어울리기 위해서다. 그들의 지식과 지혜를 전수받고, 그들과 함께 일을 도모하기 위해서다. 우리나라는 어떤 곳인가? 삼면이 바다고, 인구도 적고, 땅도 좁다. 한국에서만 일을 하면 미래가 전혀 없는 곳이다. 우리는 밖으로 나가야 한다. 밖으로 나가기 위해선 외국어를 공부해야 한다. 그런 면에서 외국어 공부는 단순한 공부가 아니라 성공을 위한 디딤돌이라고 할 수 있다.

왜 유대인은
오후 4시에 퇴근해도 부유하고,
한국인은 오후 11시에 퇴근해도 가난한가?

일하는 시간만 보면 한국은 세계에서 가장 부유한 나라가 되어야 한다. 그리고 일하는 시간만 보면 유대인은 세계에서 가장 가난한 나라가 되어야 한다. 그런데 결과는 전혀 다르다. 왜 우리는 오래 일하고도 가난하고, 유대인은 오후 4시에 퇴근하고도 세계에서 가장 부유할까? 그 차이는 도대체 어디에 있을까?

우리는 IQ도 유대인보다 높고, 대학 진학률도 80%에 육박한다. 전 세계 최고 수준이다. 또 학구열은 어떠한가? 대학 진학 때까지 하루 10시간 공부는 기본으로 한다. 또 직장에서도 하루 종일 일을 한다. 심지어 이것 때문에 건강을 해치고, 가족관계마저 깨질 정도다. 그런데도 일의 성과가 낮고, 개인의 미래 또한 불안하다. 나는 그 차이를 첫째, '생각하면서 일하는 것'에 있다고 본다. 둘째, '생각을 자유롭게 표현할 수 있는 문화'에 있다고 본다. 셋째, '이 생각으로 인해 다양한 실험을 해보고, 도전을 해보는 것에 있다'고 본다. 넷째, 결과의 차이란 '시간이 아니라 질의 차이로 결정되는 속성'에 있다고 본다. 다섯째, '상관에게도 자유롭게 이야기하고 비판할 수 있는 문화'에 있다고 본다. 여섯째, '자유로운 도전을 하고, 그에 대한 책임을 사회가 함께 짊어지는 것'에 있다고 본다. 일곱째, '적게 일하고 삶의 질을 확보함으로써 일에 시너지를 받을 수 있는 것'에 있다고 본다. 여덟째, '퇴근 이후에 공부를 하고 토론을 하는 것'에 있다고 본다.

결국 유대인이 일을 적게 하고 많은 돈을 벌 수 있는 것은, 그들의 문화에 기인함이 크다고 본다. 하나하나 생각을 해보자. 그들은 생각을 하면서 일을 한다. 생각을 하면서 일을 한다는 것은 무엇인가? 주어진 일만 받아서 일을 하지 않는 것이다. 주어진 일에 대해서도 다양한 생각을 한 뒤에 일을 한다는 것이고, 주어진 일이라는 것은 한 면이기 때문에, 다양한 면에서 생각해보고, 그 결과 더 나은 방법이 있다면 그것을 상관에게 이야기하고, 그것을 실천하여 더 나은 결과를 도출한다는 것이다. 그러니까 한국의 기업은 1명의 CEO가 있지만 유대인은 직원 전체가 CEO인 것이다. 직원 전체가 생각을 하고, 그를 통해 CEO와 어깨를 나란히 하는 생각들을 하며, 그것을 CEO에게 제안하여 회사의 경영에 반영한다는 것이다.

생각을 하면서 일을 한다는 것은 너무나 중요한 것이다. 생각을 하면서 일을 하면 결과가 큰 폭으로 달라지기 때문이다. 우리는 망치를 열심히 두드리기만 하지, 어떤 포인트에 두드려야 최대의 성과가 날지는 좀처럼 생각하지 않는다. 무엇보다도 생각하지 않는 문화를 사회 전반에 만들어버렸기 때문이다. 생각이란 무엇인가? 빈둥거려야 할 수 있는 것이다. 사색에 잠겨 있어야 하며, 일을 하면서 끊임없이 생각을 해야만 할 수 있는 것이다. 그래야 생산적인 생각이 나온다. 그런데 우리는 앞만 보고 가기에도 바쁜 문화를 만들었다. 다들 '빨리빨리'만 외치지 좀처럼 생각하지 않는다. 무엇을 생각하든 생각하는 문화에 길들여지지 않았기 때문에 우리에게는 참 익숙하지 않은 일이다. 더군다나 생각을 하더라도 그것을 CEO에게 말할 기회는 주어지지 않고 직언을 했다는 이유로 해고가 되기도 쉬운 구조다. 생각할 기회도, 말할 기회도 주지 않는 것이다. 말이란 무엇인가? 생각의 도구이며 생각을 잘 할 수 있는 길이다. 그렇기 때문에 말을 한다는 것은 창의적인 길로 가는 첩경이다. 그런데도 우리는 말을 하지 못하게 한다. 생각도 못하게 한다.

유대인은 상관에게도 자유롭게 말하는 문화가 기본적으로 형성되어 있다. 평등정신이 사회 전반의 문화로 누구에게나 자유롭게 말하는 것이다. 또 권위에 도전하고 새로운 생각을 만든다는 후츠파 정신이 충만하다. 그렇기 때문에 자유롭다. 어떤 생각이든 마음대로 할 수 있고, 마음 놓고 추진할 수 있다. 그래서 누구나 생각을 하고, 창의의 길을 가며, 남다른 도전과 생각을 하는 것이다. 그리고 이것은 남과 다른 결과로 이어진다. 그들에게 남과 다른 생각과 다양한 실험은 일상이며, 이것은 당연히 큰 차이를 불러온다. 그리고 그들은 직원들이 일을 잘하면, 직원에게 기업을 분리해줘서 창업하도록 하며, 이렇게 해서 나스닥에 상장이 되는 경우도 있다. 즉, 대기업이라고 하지만 기본적인 정신이 직원들로 이루어진 집단이며, 이 직원들이 소집단 형태로 강한 기업을 만들 수 있다고 보는 것이다. 그래서 그들에게 맡기며, 그들은 생각하면서 일을 하여, 그들의 소집단을 나스닥에 상장하여 세계 최고의 강소기업으로 만들어가는 것이다.

또 그들은 기본적으로 창업을 중심으로 움직이며, 그 창업을 뒷받침하는 사회문화가 있다. 사회는 그들에게 벤처 자금을 지원한다. 물론 그들이 모두 성공하는 것은 아니다. 그러나 그중에 성공하는 사람들은 많이 나온다. 또 실패를 하더라도 다시 도전할 수 있는 기회를 준다. 그런 패자 부활전이 가능한 사회이며 기본적으로 실패도 자산으로 보는 인식이 매우 강하다. 우리는 유독 실패에 인색하다. 대학도 좋은 대학에 못 가면, 기업도 실패를 하면 낙인을 찍고 키워주지 않는다. 실패에 대한 공포감이 장난이 아니다. 일본만 하더라도 실패에 대한 책들이 상당히 많이 출간되어 있지만 우리나라는 거의 없다. 나와 공단기의 전한길 선생님이 함께 집필한《창피함을 무릅쓰고 쓴 나의 실패기》는 아마도 우리나라 사람이 쓴 실패에 대해 쓴 책 중에는 다섯 손가락 안에 들 것이다. 그만큼 실패에 대한 문화가 없다. 실패에 대한 인정이나 용인이 없다. 그러나 유대인은 다르다. 유대인은 실패에 대해 당연한 것이라고 본다. 누구나 실패를 할 수 있다는 것이다. 그리고 그 실패란 모험을 하고 도전을 했으며 위험을 기꺼이 감수한 위대한 용기로 본다. 그리고 이 실패에 대한 복기를 통해 더 나은 길로 나아갈 수 있음을 확신한다. 그렇기 때문에 실패자에 대해서 기꺼이 지원하고, 그들이 다시 일어설 수 있게 도와준다. 그러나 우리는 실패에 너무 차가운 문화여서 다들 실패하지 않기 위해 안정적으로만 생각하고 행동한다. 그 차이는 창업, 직장생활, 학업 등 모든 분야에 커다란 영향을 미친다. 아예 시도조차 하지 않게 만들며 그렇기 때문에 생각할 필요가 없는 사람으로 만든다.

또 우리나라는 일과 공부를 지나치게 시간에 의존하는 경향이 있다. 무조건 오래 일하면 잘하는 것으로 생각한다. 그것이 한국의 큰 병폐 중에 하나다. 일은 얼마나 하면 되는가? 하루에 8시간 중 6시간 정도면 충분하다. 그렇다면 2시간은? 생각하는 시간으로 만들어야 한다. 사색하는 시간으로 만들어야 한다. 채우는 것에만 급급하면 자신의 것이 되지 않는다. 생각하지 않으면 바보가 된다. 책을 많이 읽더라도 생각하고 사색하지 않으면 바보가 된다. 그래서 책을 많이 보고 1년 정도는 사색하는 시간을 따로 가져야 한다. 그런 시간이 없으면 바보가 된다. 일만 하면, 채우기만 하면, 필연적으로 자기 것이 되지 않는다. 생각을 해야 응용을 할 수 있다.

한국형 공부라는 것이 너무 암기에 집중되어 있기 때문에, 이런 병폐가 나타난다. 수능도 그러하고, 고시도 그러하다. 현재 서울대학교 경영학과를 졸업한 학생의 90%는 고시공부를 하거나, 공기업에 입사를 하거나, 대기업에 입사를 한다. 창업하는 비율이 극히 낮다. 공부를 잘했다고 해도, 심지어 경영학을 공부했다고 해도, 공부에만 머물러 있고, 그저 시간을 투자하는 것에만 머물러 있다. 생각하지 않는다. 휴식하지 않는다. 그러면서 궁리하지 않는다. 세상을 넓고 깊게 보지 않는다. 그러면 방법이 나오지 않는다. 또 고시의 경우에도 그러하다. 고시 출신 중에서 사업을 해서 성공한 경우가 거의 없다. 고시공부에만 적합한 인재인 것이다. 공부와 사업은 다르며, 암기와 생각하는 능력은 다르다. 이것에 대해서 우리는 너무 무지하다. 그래서 무조건 열심히 시간으로만 때우려고 한다. 창의적인 결과를 내는 것에 대해서는 관심이 없다. 일을 하되, 생각을 통해 창의적인 결과를 내려고 하지 않는다. 이것은 절대로 낭비가 아니다. 엄청난 투자다. 유대인이 왜 오후 3~4시에 퇴근하고도 세계 최고의 부자인가? 이유는 단순하다. 일은 적게 하고, 많은 시간 동안 생각하기 때문이다. 그들은 집에서 공부를 한다. 무엇을 하는가? 독서를 한다. 그리고 토론을 한다. 늘 그렇게 생활한다. 이것은 최고의 자기계발 시스템을 전 국민적으로 확립했다는 것이며, 이것을 통해서 최고의 결과를 도출하고 있다. 독서와 토론은 무엇인가? 최고의 자기계발 방법이다. 일단 무엇이든 통찰을 하려면 독서를 해야 한다. 알지 못하면 아무것도 나오지 않기 때문이다. 그리고 토론이란 무엇인가? 생각의 다른 표현이다. 토론을 한다는 것은 생각을 한다는 것이다. 생각을 한다는 것은 세상을 입체적으로 보고, 그 속에서 기회를 쟁취한다는 것이다.

이제는 우리가 바꿔야 할 문화가 있다. 바로 윗사람에게 옳은 이야기를 제대로 하는 것이다. 그리고 젊은 기수들이 나와야 한다. 30대 기수들이 나와야 한다. 전 세계를 보라. 언제 세계 최고의 기업을 창업하는가? 대체로 30대다. 즉, 30대는 일의 성과에 있어서 최고로 높은 경지를 보여주는 단계다. 20대에 집중적으로 실력을 쌓아오고, 30대에는 결실을 보는 것이다. 그런 흐름이 전 세계적인 흐름이다. 그러나 우리는 어떤가? 30대가 훌륭한 생각을 해도, 40대와 50대는 찍어 누르기 바쁘다. 밥그릇이 빼앗긴다고 생각하는지 젊은이는 형편없는 생각을 한다고 생각하는지 이야기를 들으려고도 하지 않는다. 옳은 이야기를 해도 듣지 않는다. 무조건 명령만 전달하고 절대 복종하길 원한다. 다른 건 없다. 이러니 젊은이들도 생각을 하지 않는다. 사회 전반적으로 생각을 허용하지 않는 문화, 말을 하지 못하게 하는 문화, 생각하지 않는 사람이 승진하는 문화 속에 우리는 놓여 있다. 이것이 우리는 생각하지 않고 오로지 일만 하는 '생각 없는 일벌레'로 만들었고, 그 결과 우리는 죽도록 일을 하고도 좋은 성과를 전혀 내지 못하는 민족으로 전락하고 말았다. 우리의 젊은이들은 길을 찾지 못하고 방황하고 있으며, 그것은 우리의 어두운 미래를 암시하고 있는 것이다.

   수많은 젊은이들이 공무원이 되기 위해서 산속 고시원으로 가고 있다. 유대인은 창업을 하며, 세상은 좁다고 외치고 있는데, 우리는 도리어 산속으로 들어간다. 이것이 무슨 말인가? 우리는 왜 이렇게 '노력만 하는 사회'에서 살게 되었는가? 왜 '생각이 없는 사회'를 살게 되었는가? 그 책임은 교육에 있고, 크게 보면 문화에 있다. 문화의 부산물이 바로 교육이기 때문이다. 사회 전체의 문화를 바꾸어야 한다.

또 일을 적게 하면 좋은 점이 있다. 우리는 결국 무엇을 위해서 일을 하고 있는가? 행복하기 위해서다. 우리는 돈을 벌기 위해서가 아니라 행복하기 위해서 살고 있으며, 이 행복이란 다름 아닌 가족과 함께하는 시간이고, 개인적인 시간을 조금이라도 갖는 것에 있다. 하루 종일 일만 하고, 그렇게 30년, 40년씩 보낸다는 것은 무엇인가? 이 속에서 삶을 살아가는 각 개인들은 어떤 생각으로 삶을 살까? 도대체 무엇을 위해서 이렇게 산다고 생각할까? 이 삶은 분명 지겨울 것이고, 힘들 것이고, 낙이 없을 것이다. 이런 삶에는 희망도, 행복도 없는 것이다. 돈이 주는 행복이란 그렇게 크지 않다. 어느 정도 수치를 넘어서면 그때는 사람으로 얻는 행복, 자기 시간을 갖는 행복이 최고의 행복이다. 그것은 자신이 100억 원 정도를 가졌을 때 무엇을 하고 싶은지를 묻고, 버킷리스트를 스스로 작성해보면 이해할 수 있을 것이다. 우리는 돈이 많다고 해서 거창한 것을 바라는 것이 아니다. 가족과의 시간, 스스로의 시간, 어느 정도의 여행과 독서 정도일 것이다. 사람은 작은 것을 바라며, 그것이 인생의 주축을 이룬다. 그런데도 우리는 무엇을 위해서 일에 혹사당하며 살고 있는가? 무엇 때문인가?

적게 일을 하면 삶의 행복이 보장된다. 가족과 시간을 보낼 수 있고, 혼자만의 시간을 가질 수 있다. 그것은 행복을 보장한다. 또 적게 일해야만 건강할 수 있고, 그래야만 행복할 수 있다. 일에 혹사당해서 매일 꾸벅꾸벅 조는 삶이 어디 삶이라고 할 수 있는가? 도대체 누가 이러한 문화를 만들었는지 따지고 싶을 때가 한두 번이 아니다. 지금 한국은 이 문화를 바꾸지 않으면 안 된다. 그리고 시간이 남을 때 공부를 하는 문화를 만들어야 한다. 무엇보다도 가장 중요한 것은 독서다. 유대인이 일찍 퇴근하고 집에서 텔레비전을 보고 놀고, 가족들과 쓸데없는 이야기나 하며, 취미생활만 한다면 당연히 바보 민족이 될 것이다. 일도 적게 하고, 남은 시간도 쓸데없이 보내기 때문이다. 그러나 유대인은 달랐다. 그들은 퇴근한 후에 무조건 책을 본다. 유대인 민족 전체가 이러한 문화 속에 있다. 책을 매우 숭상하며, 책을 신주단지 모시듯 하는 것이다. 책을 본다는 것, 이것은 지식을 늘린다는 것으로 세상을 넓고 깊게 볼 수 있는 창을 제공한다. 책을 읽지 않으면 깊이가 없다. 요령과 술수만 있을 뿐, 깊이가 없기 때문에 더 나아가지를 못한다. 그런데 유대인은 독서를 한다. 그렇기 때문에 힘이 나오는 것이다. 그리고 가족들과도 시시한 이야기를 하지 않는다. 그들은 진지한 이야기를 하며, 역사를 공부하고, 어떤 사안에 대해서 토론을 한다. 그러면서 끊임없이 생각을 자극하고, 머리를 자극한다. 토론을 한 후에는 다시 책을 읽는 것이 일상이다. 그러니 그들은 일찍 퇴근한다고 해도 상관이 없는 것이다. 일찍 퇴근을 해도 끊임없이 공부하고, 생각하며, 새로운 길을 만들 준비를 하기 때문이다. 당연히 이것은 자발적인 것이고, 즐거움의 일환이기 때문에 가능하다. 공부도 진짜로 하게 되면 삶이 즐겁다. 호기심을 해결하는 것의 쾌감은 엄청난 카타르시스를 제공하기 때문이다.

　결국 유대인은 생각을 하면서 일을 하는 문화, 회사의 CEO에게도 편안하게 직원이 좋은 생각들을 이야기하는 문화, 실패에도 관용적인 문화 덕분에 누구든지 자유롭게 도전하는 문화, 모두 꿈이 있는 사람인 문화, 퇴근 후에도 끊임없이 공부하고 토론하는 문화 덕분에 적게 일하고 최고의 결과를 낼 수 있는 민족이 되었다. 사실 그들은 일하는 시간만 적었을 뿐, 최고의 결과를 내기 위한 최적의 과정을 밟아온 것인지도 모른다. 일이란 시간으로 때우는 것이 아니고 노벨상은 IQ로 받는 것이 아닌 오직 생각하는 능력으로 결정되기 때문이다. 그들의 힘은 생각에 있고, 그 생각은 철저하게 독서와 토론에서 나왔다는 점도 잊어선 안 된다.

학교에서는 무엇이 아니라 어떻게 사고할 것인가를 가르쳐야 한다

우리나라 사람은 고등학교 때까지는 공부를 세계에서 제일 잘 한다. OECD 학업 성취도 평가에서도 읽기, 수학, 과학에서 핀란드를 제외하고 우리나라는 세계 최상위권을 자랑한다. 그러나 한국에서의 공부란 암기이기 때문에 한계가 있다. 시험이 끝나면 잊어버리는 것이다. 그렇기 때문에 가장 중요한 것은 시험 그 자체가 아니라, 어떻게 문제를 풀어내는가라는 시험풀이의 과정에 있다. 즉, 다른 형태의 문제가 주어지더라도 그것을 해결할 수 있는 능력이 있는 것, 그것이 시험의 근본적인 의의인 것이다. 그래서 유대인은 시험의 결과보다는 문제를 풀기까지 어떤 과정으로 접근했고, 어떤 사고를 했고, 자기만의 방법을 만들어 냈는가를 중점적으로 본다. 그들은 실제로 성적표도 없다. 서열 평가 자체가 무의미하기 때문이다. 문제해결력을 보는데 왜 서열평가를 하느냐는 것이다. 또 창의적으로 결과를 내는 것은 100명이면 100명 모두가 달라야 하는데, 어떻게 서열이 나올 수 있느냐는 발상인 것이다. 이런 발상이기 때문에 100명 모두가 승자가 된다.

유대인이나 핀란드 사람들이 가장 중요하게 생각하는 것 중 하나는 작문이다. 글쓰기는 생각을 표현하는 것으로, 무엇보다도 생각 그 자체에 집중하는 교육법이기 때문이다. 글을 쓴다는 것은 자기 생각을 표현하는 것은 물론 그동안의 지식과 지혜를 총망라하여 표현하는 것이기 때문에 지적 몰입과 창의적 표현에 특히 앞선 것이다. 글을 쓸 수 있다는 것은 그래서 강한 것이다. 현재 모든 지적인 작업은 글로써 표현된다는 점, 회사 간의 설득도 대부분 글로 이루어진다. 결국 글을 쓸 수 없는 자는 성공을 하지 못하는데, 그 중심에는 생각이 있다.

그렇다면 유대인은 어떻게 해서 최고의 성과를 낼까? 그들은 개성 중심의 교육을 하며, 자신이 좋아하는 것에 집중해서 최고가 된다. 그렇기 때문에 남과 다른 것이다. 그들 자신에 집중했기 때문이다. 그들은 자기가 좋아하는 일을 하면 세계 최고로 성공할 수 있다는 믿음이 있다. 그러나 한국은 자기가 좋아하는 일을 하면 굶어죽는다는 생각이 사회에 만연하다. 자기가 좋아하는 일을 해서는 안 되고, 잘하는 일을 해야 한다는 이상한 논리마저 나온다. 자신을 바꿔 사회에 맞춰야 한다고 말한다. 자기 본질대로 가서 시장의 판도마저 바꾸어버리려는 유대인의 발상과는 전혀 다르다. 자기다움을 버리라는 말이기 때문이다.

그러다 보니 정해진 틀 안에서 공부를 하고, 그 틀에서 벗어나면 바보 취급을 당한다. 소위 성적이 좋지 않으면 외면을 받는 교육이 자리 잡은 것이다. 소위 대세를 추종하는 교육만이 자리를 잡았다. 명문대를 가고, 경시대회에서 상을 받고, 성적표가 좋은 학생만이 우수한 학생으로 평가 받고, 보상마저 막대하다. 그러다 보니 모두 틀에 맞춰서 공부한다. 이렇게 우리는 10년 이상 길들여지며 인격과 품성마저 바뀌었다. 소위 길들여진 인재가 최고의 인재라는, 어떤 틀 안에서 최고가 될 때 최고가 된다는 발상을 국민 모두가 갖게 된 것이다. 이 교육방식은 과거 일본에서 가져온 것으로, 그 당시 산업상의 인재, 즉 개성은 없으면서 어떤 특정한 지식만 가지고 열심히 일할 수 있는 인재가 필요한 시대상이 만들어낸 것을 지금도 그대로 사용하면서 생긴 폐해다. 그러나 지금은 생각하는 인재, 새로움을 창조하는 인재가 필요하다. 왜냐하면 과거의 경제가 정부 주도의 경제라면 지금은 개인주도의 경제이고, 생각을 중심으로 새로움을 창조하고, 세계의 표준을 만들어내야 하는 경제이기 때문이다.

유대인의 학교에서는 무엇을 배우느냐는 중요하지 않다고 한다. 어떻게 사고할 것인가, 즉 사고하는 방법을 잘 익히는 것이 중요하다고 한다. 암기하는 지식은 곧 잊어버리게 돼 아무런 의미가 없기 때문이다. 중요한 것은 어떤 정보를 받아들였을 때, 어떻게 해석을 하고, 응용을 하며, 그로써 세계의 리더가 되느냐에 있다는 것을 그들은 누구보다도 잘 알고 있는 것이다. 그렇기 때문에 그들이 중요하게 생각하는 것은 정보처리능력이며, 자기 생각을 표현하는 능력이고, 자기만의 생각과 방식으로 해결하는 것에 주목한다. 그래서 자기가 혼자서 무언가를 해서 만든 것을 중요시하고, 책을 읽고 글을 쓰는 것을 통해서 자기를 표현하는 것을 중요시하며, 무엇보다 끊임없이 생각하는 것을 중요시하는 것이다.

한국은 여유가 없기 때문에 생각이 어려우며, 암기에 집중하는 교육이기 때문에 문제가 있다. 교육부에서도 이것을 눈치 채지 못하고 있다. 과거 일본에서 가져온 교육방식을 그대로 쓰고 있고, 앞서가는 유대인이나 핀란드 방식의 교육에 대해서는 둔감하다. 이런 상황이라면 개개인이 노력을 하는 수밖에 없다. 생각하는 교육을 위해서 말이다.

한국의 기업들은 창의적인 인재를 원한다는 슬로건을 내건다. 그것은 구호에 불과하다. 창의적인 괴짜란 성실하지 않을 수도 있다. 아니, 엄밀하게 말해 성실하게 보이지 않을 수도 있다. 필을 받으면 하루에 20시간도 일을 하지만 그렇지 않을 때는 생각을 하고 있기 때문이다. 또 독서를 하고 있기 때문이다. 또 영화를 보거나 드라마를 보고 있기 때문이다. 그들은 왜 그렇게 하는가? 근본적인 아이디어는 그렇게 조용히 생각하고, 무언가를 보고 있을 때 나오기 때문이다. 심지어 드라마에서도 좋은 아이디어가 많이 나온다. 나의 경우에도 일본 드라마를 상당히 많이 보았다. 아마도 100편 이상은 본 것 같다. 드라마를 보면 남들은 노는 줄 알지만, 인간의 삶에 대해서 깊은 깨달음과 지적 자극을 받게 된다. 어떤 상황에서는 눈물을 흘릴 정도다. 나도 일본 드라마를 보면서 눈물을 흘린 적이 있다. 드라마 속 인물을 보면서 생각하고, 느끼며, 인생에 대해서 많은 것을 생각하게 된다. 그리고 인문학적으로 변하게 된다. 즉, 자기만의 눈으로 세상과 삶을 바라보는 힘을 갖게 된다.

그러나 한국의 상황에서 이렇게 다른 일을 하는 사람은 인정을 못 받고, 일률적으로 성실하게 일하라고만 강요받는다. 어떤 틀 안에서만 움직이기를 바란다. 그러나 창의적인 인재라면 그런 틀 안에서만 일할 수 없다. 자기만의 방식으로 승부를 하기 때문이다. 그리고 끊임없이 공부를 해야 하기 때문이다. 독서를 해야 하고, 다큐멘터리를 봐야 하고, 드라마를 봐야 한다. 그러나 그렇기 때문에 인정을 못 받는다.

또 한국 문화의 문제는 일단 공부를 하면 바로 성과를 내야 한다는 생각이다. 성과란 10년, 20년 후에 나오는데, 대체로 조금 노력을 하면 돈을 벌어야 한다고 생각하거나 성과가 있어야 한다고 생각한다. 이러면 조급증에 빠지고, 차분한 노력을 못한다. 또 이렇게 조급증에 빠지면 근본적으로 자유로움을 잃게 되고, 호기심을 잃게 된다. 무언가에 쫓기는 마음에 휩싸이면 다른 생각들이 지장을 받는다. 협소한 틀에 갇히게 되는 것이다.

유대인은 유대인을 생각하는 사람으로 만들기 위해 모든 노력을 기울인다. 암기보다는 이해, 질문, 대화, 토론을 강조한다. 뉴욕의 초등학교가 가장 강조하는 것도 독서이고, 1년에 25권은 강제적으로 읽게 한다. 강제적으로 읽힌 것이 독서하는 습관을 만드는 기초가 된다. 일단 책을 많이 읽으려면 그냥 읽어야 한다. 하루에 5권씩 매일 10시간씩 책상에 앉아서 읽어야 한다. 책을 손에서 놓지 않아야 한다. 그래야 습관이 된다. 뉴욕의 초등학교는 그런 점을 알고 있는 것 같다. 일단 공부라는 것은 해야 하고,

그래야 습관이 된다는 것을 말이다. 독서를 하려면 책을 그냥 읽는 것부터 해야 한다.

결국 유대인은 생각하는 것에 집중하고 있다. 이 세상은 생각에서 결정난다는 것도 알고 있다. 세상의 다양한 측면에 대해서 온갖 생각을 하고, 그로써 자기만의 삶을 살도록 유도한다. 독서라는 것도 엄밀히 말하면 무엇인가? 생각의 도구다. 내 생각을 하기 위해 필요한 도구. 즉, 책을 읽는 행위 자체가 중요한 것이 아니라 생각을 위한 바탕인 것이다. 그리고 그 독서를 대체할 수 있는 것이 직접 경험이고, 다큐멘터리며, 드라마와 영화이고, 신문이고 잡지인 것이다. 무언가의 정보를 접하는 것, 그로써 많은 생각을 하는 것, 그것이 핵심인 것이다. 중요한 것은 암기가 아니라 느끼는 것이다. 어떤 글을 보고 정보를 보고 느끼는 것이다. 느껴야 내 철학이 흔들리고, 그럼으로써 내 철학의 영역이 확장된다. 과거의 내가 파괴되고, 미래의 나로 나아가는 것이다. 사고의 영역이 확장되고, 내가 바라보는 세상이 더 커진다. 세상을 넓게 보려면 많이 알아야 하고, 많은 생각을 해서, 자기의 틀을 깨야 한다. 더 크다는 것, 남이 옳을 수도 있다는 것, 좋은 의견이 있다는 것, 다른 생각이 있다는 것을 받아들이고, 그 속에서 배우고 느끼면서, 나만의 생각을 만들어야 한다. 그럴 때 길이 생긴다.

학교란 무엇을 하는 곳인가? 인생을 제대로 살아갈 수 있도록 힘과 용기 그리고 지혜를 주는 곳이다. 그리고 그 바탕이 되는 것이 생각이다. 우리는 다시 본질로 돌아가야 한다. 암기를 통해서 성적을 받고, 그것을 통해 이름 있는 대학에 가서, 그것을 출세의 면허증으로 사용하는 과거의 구조를 깨야 한다. 자기만의 생각으로 자기만의 세계를 만드는 교육을 해야 한다. 그리고 가장 중요한 것은 무엇보다도 문화다. 왜냐하면 문화로 만들어야만 모두가 이러한 삶을 살고, 그래야만 단 1명의 낙오자도 없는 사회를 만들 수 있기 때문이다.

유대인 성공의 핵심은
각자의 개성을 살리는 것에 있다

유대인이 소수의 인원으로도 엄청난 성과를 거둘 수 있었던 것은 낙오자를 만들지 않는 교육 덕분이다. 낙오자도 생기지 않도록 만드는 교육에 있었다. 그리고 그것은 문화였다. 즉, 그들은 공부로만 사람의 능력을 평가하지 않았다. 가령 그림을 잘 그리면 화가로 나가고, 셈을 잘 하면 장사로 나가고, 글을 잘 쓰면 작가로 나가는 문화가 확고하게 자리 잡혀 있었다. 그들은 한 분야로만 모든 사람들이 가면 모두가 필패한다는 것을 알고 있었고, 모든 사람들이 그러한 틀 안에 들어갈 수도 없다는 것도 알고 있었다. 즉, 사람은 각자 다른 개성을 가지고 있기 때문에 일률적으로 평가하면 모두가 망한다는 것을 잘 알고 있는 것이다. 그리고 각자가 잘하는 것에 집중해서 모두가 최고가 되도록 만드는 것에 그들의 성공 비밀이 있다.

　성공을 한다는 것은 지극히 개인적인 것이다. 지극히 나 중심적인 것이다. 남들이 얼마나 했느냐, 세상이 어떠냐는 나중 문제다. 내가 할 수 있느냐 없느냐, 내가 그쪽 방면에 관심이 있느냐, 내가 살아온 삶의 여정이 어떤가를 중심으로 자신을 봐야 한다. 그래서 철저히 나를 파고 들어가야 한다. 그래서 내 안에서 답을 구해야 한다. 세상의 유행이나 트렌드는 그다음 문제다. 내가 할 수 있느냐 없느냐가 먼저이고, 거의 전부인 것이다. 그래서 내면에 대한 탐색과 고민을 철저히 해야 하고, 그를 통해서 나의 길을 찾아내야 한다.

　그러나 한국의 경우에는 대부분 공부로만 성공을 하도록 만들어놓았다. 공부 외에 다른 길은 거의 막아버렸다. 사회적인 지원도 거의 없고, 그런 인식도 아직은 거의 없는 편이다. 공부로만 성공해야 하고, 좋은 대학을 가야 하고, 대기업에 취직해야 한다. 그리고 실패했을 때 어떻게 해야 하는지는 아무도 이야기하지 않는다. 그냥 알아서 비참한 삶을 스스로 참아내라는 것인가? 아니면 낙오를 하면 그대로 무너져버려야 한다는 것인가?

　우리 사회가 지금 엄청난 내홍을 겪고, 젊은이들이 갈 길을 잃어버린 것도 이 때문이다. 대기업에 경쟁률이 대부분 200~300대 1을 넘어가고 있고, 공무원만 해도 100대 1을 넘어간다. 그렇다고 해서 그들이 행복하냐, 혹은 엄청난 비전이 있느냐 하면 그것도 아니다. 그저 먹고사는 것만 해결할 뿐이다. 더군다나 대기업은 안정적이지도 않다. 그리고 중소기업은 월급이 매우 적으며, 혼자의 삶도 감당하기가 벅찬 경우가 대부분이고, 직장의 90% 이상은 이러한 직장이다. 이 속에서 젊은이들은 스스로의 길을 잃는다. 공부로만 성공하고, 좋은 직장에만 가는 것이 유일한 성공이라고 말해왔는데, 이 속에서 대다수가 탈락하는 구조를 만들어놓고, 90%의 사람들은 어떻게 살아가라는 것인가? 90%의 삶은 버려지는 구조가 만들어진 것이다.

유대인은 그렇지 않았다. 그들은 모두가 다른 삶을 살도록 만들어놓았다. 그래서 그들은 강하다. 모두가 성공하기 때문이다. 거의 대부분의 계열에서 성공하는 모습을 보여주고 있다. 그야말로 압도적인 성공률이다. 한국은 인재들 중 90% 정도는 실패하지만 유대인은 80~90%가 성공하는 모습을 보여주고 있다. 그 이유는 개성에 있다.

그렇다면 우리는 어떻게 살아가야 하는가? 우선은 나에 집중해야 한다. 나를 살펴보는 것이 우선이다. 공부 그 자체가 중요한 것이 아니다. 심지어 하버드대학교 졸업장도 우리를 보장해주지 못한다. 공부 그 자체는 일단 제쳐두어야 한다. 그런 다음 자신에 대해 많이 생각해야 한다. 무엇보다도 나의 본질, 나의 소질, 나의 재능에 집중해야 한다. 그래서 나의 본질을 찾고, 그것을 찾은 다음 사회에서의 수요를 봐야 한다. 비록 시장이 없더라도 괜찮다. 왜냐하면 시장이 없다는 것은 내가 시장을 창출하면 독점할 수 있는 기회이기 때문이다. 시장에서의 수요란 무엇인가? 드러나지 않았더라도 충분히 만들 수 있는 것이다. 세상을 놀라게 한 전기나 전화기의 경우에는 고객의 설문조사를 통해서 그들이 그것을 원하고 있다는 것을 알 수가 없다. 그들은 전기라는 것도 모르고, 전화기라는 것도 모른다. 개념 자체가 없는 것이다. 그러나 상품의 본질이란 무엇인가? 인간의 욕망을 충족시킬 수만 있다면 상품이 될 수 있다. 그래서 그들의 요구를 객관적으로 설문조사할 수 없고, 측정할 수 없다 하더라도 그것이 인간의 본질에 부합한다면 상품이 되는 것이다. 그래서 시장에 아예 상품이 없고, 시장 자체가 형성되어 있지 않더라도, 상품의 본질을 믿고 나아가면 되는 것이다.

이러한 시장을 읽는 힘은 독서와 사색에서 나온다. 그렇기 때문에 늘 책을 읽고 사색을 해야 한다. 그리고 압도적인 사례는 바로 독서와 다큐멘터리, 드라마에서 나온다. 이것들을 떼놓지 말아야 한다. 늘 공부해야 한다. 늘 활용해야 한다. 결국 모든 지식이 삶의 도구다.

앞으로 한국의 미래는 각 개인들의 개성을 살리는 것에 있다. 모두가 공무원이 되고 대기업에 입사할 수는 없다. 또 그렇게 되어서도 안 된다. 그렇게 되면 나라가 망한다. 모두 윗사람에게 복종하는 것만 추구하는 것이기 때문이다. 내가 없고, 내 생각이 없으며, 내 기업이 없다. 그러면 미래가 없다. 교수가 된다고 해도, 대학 본부의 요구만 따르는 교수가 되면 미래가 없다. 지금 한국에서 노벨상이 없고, 획기적인 연구가 없는 이유는 반골反骨 기질의 교수가 드물기 때문이다. 바른 말을 하고, 자기 생각과 주장을 하는 교수가 드물기 때문이다. 그저 보신에만 급급하기 때문에 이러한 일이 발생한다. 그도 그럴 것이 대학 본부는 어떤 곳인가? 자신들에게 비판을 가하는 교수를 결코 용납하지 않는다. 아부와 처신에

능한 사람들이 판치는 이유다. 사학의 비리란 대기업의 그것보다 훨씬 깊고 넓다. 그런 점에서 대학의 미래는 매우 어둡다.

결국은 현재의 흐름을 깨뜨리고, 나의 길을 추구해야 한다. 나의 길을 가야 한다. 나의 개성을 살려야 한다. 나의 본질로 다시 돌아가야 한다. 이것이 먼저다. 그런 다음, 세상을 창조해야 한다. 시대의 흐름을 만들어내야 한다. 시대의 흐름을 만들어낸다는 것은, 시류를 읽고, 그 속에서의 수요를 찾아내 내 것으로 만드는 것이다. 반드시 승리해야 한다. 실패하면 안 된다. 나의 개성으로 돌아가서 크게 성공해야 한다. 그것만이 우리들이 살 길이다. 지금처럼 공무원과 대기업에 몰빵하면 모두가 패배자가 되고, 인생은 비참하게 끝날 뿐이다. 우리는 유대인들의 개성 중심의 문화를 배워야 한다. 그들은 결코 90%가 낙오자가 되는 일을 벌이지 않는다. 오히려 90%가 성공하는 문화를 만들어냈다. 그것은 각자가 모든 분야에서 1인자가 되는 것에 있었다. 현재 그 분야가 없더라도 새로운 분야를 얼마든지 만들 수 있고, 그것은 시장의 본질을 읽는 힘에 있고, 그 힘은 독서와 사색에서 나온다. 유대인이 자신의 길을 걸을 수 있었던 것은 개성을 존중하고, 자유롭고 창의적인 길을 걷도록 하는 문화와, 그것을 뒷받침할 수 있었던 독서와 사색 그리고 토론 문화 덕분이다.

유대인의 이혼율이 세계 최저일 수밖에 없는 이유

유대인의 이혼율은 세계 최저다. 반면 우리나라의 이혼율은 세계 최고다. 그 이유는 어디에 있을까? 결혼과 가정의 평화는 삶에서 가장 중요한 것들이다. 삶의 행복은 결혼과 가정에서 나오기 때문이다.

유대인이 결혼을 하고, 이혼을 하지 않으며, 가정의 평화를 중요시하고, 또 실질적으로 세계 최저의 이혼율을 자랑할 수 있는 힘은 역시 '생각하는 힘'에 있다. 그들은 어떤 민족인가? 생각하는 민족이고, 말하는 민족이며, 토론하는 민족이다. 또 글을 쓰는 민족이고, 연구하는 민족이며, 항상 공부하는 민족이다. 또 어떤 민족보다 자유로운 민족이며, 틀을 깨는 사고를 하는 민족이며, 하고 싶은 것을 하는 민족이다. 또 권위를 넘어서는 민족이며, 자기 의견에 자신감을 가지고 표현을 하는 민족이며,

어디에도 자신을 가두지 않는 민족이다. 또 입체적인 사고를 하는 민족이고, 사물의 본질을 다방면에서 보고 끊임없는 생각을 하며 이로써 현명함과 지혜로 나아가는 민족이다. 그들에겐 생각하는 힘이 있다.

그들은 분명 알 것이다. 결혼이 중요하고, 결혼을 유지하는 것의 힘이 대단하다는 것을 말이다. 그렇기 때문에 그들은 생각을 하고, 서로를 배려하는 문화를 만든 것이다. 또 그들은 말이 많은 민족이고, 남편의 경우에도 일찍 퇴근을 하는 문화가 확립되어 있다. 그리고 집에 온 이후에는 한국의 남편처럼 피곤하다며 잠을 자기 바쁜 것이 아니라 매일 많은 시간을 대화한다. 대화란 무엇인가? 남녀 간에 최고로 가까워지는 방법이다. 남녀 간의 사랑은 대화에서 만들어지고 대화를 해야만 가슴이 트이게 된다. 불만은 즉시 표현을 하여 합의점을 찾는다. 또 대화를 통해 더 나은 길을 도모할 수 있다. 사랑의 본질은 대화에서 시작되어 대화로 끝난다고 해도 과언이 아니다. 대화가 되면 행복하고, 그렇지 않으면 불행할 수밖에 없다. 그들은 소통을 놓지 않았을 것이다. 그 결과 가정의 화합이 유지될 수 있었을 것이다.

그리고 사회적으로도 배려를 많이 한다. 그들은 결혼과 동시에 부부가 부모교육센터에 다니면서 부부수업을 한다. 또 남편의 경우 1년 간 직장을 다니지 않고 《탈무드》를 공부한다. 《탈무드》란 무엇인가? 삶의 모든 해결책을 담고 있는 해결서다. 그 공부를 하면 지혜로워지고, 이렇게 지혜로워지면 아내를 얼마나 사랑해야 하는지, 어떻게 사랑해야 하는지에 대해서 많은 생각을 하고 실천을 하게 된다. 그리고 남편이 이러한 공부를 할 때는 생활비를 사회에서도 지불한다고 하니 얼마나 대단한가? 즉, 가정의 안정을 위해서 공부를 시키고, 이 공부 비용을 사회에서 지불하는 것이다.

결국은 인생은 행동에서 결정된다. 실천과 행동에서 결정나고 이것의 삶의 근본을 이룬다. 그리고 그 근본의 중심에는 항상 생각과 철학이 숨어 있다. 어떤 행동이든 생각을 해서 하는 것이지, 아무런 생각을 하지 않고 하는 것은 없기 때문이다. 그런 면에서 그들의 행동에는 그동안 단련된 생각이 있다고 봐야 하고, 그 생각이 대단하기 때문에 결혼을 유지하는 것으로 봐야 한다. 그런 생각 중심의 교육, 생각하는 교육, 지혜로운 교육을 했기 때문이다.

더군다나 그들은 저녁식사를 매일 함께하고 있고, 이것을 인생에서 가장 중요한 것으로 여긴다. 돈을 아무리 번다고 하더라도 남편과 아내가 함께 저녁식사조차 하지 못한다면 어떻게 되겠는가? 하숙집의 소년과 무엇이 다르겠는가? 말만 부부이지 아무것도 기대할 수 없는 것이다.

혹자는 유대인 남자가 유대인 여자에게 많은 배려를 해서 이혼율이 낮다고 하지만 그것만으로 유대인의 낮은 이혼율을 설명할 수 없다. 한국의 남자 역시 많은 배려를 하기 위해서 죽을 듯이 노력을 하고 있기 때문이다. 그러나 한국은 어떤가? 엄청난 이혼율을 보이고 있다. 그러나 한국의 경우 이혼율이 높은 것은 역시 이유가 있다고 본다. 한국의 경우에는 암기식 교육을 했고, 그러면서 생각하는 능력을 키우지 못했다. 그리고 남과의 비교가 중요한 사회다. 내가 중요한 것이 아니라 남을 중심으로 나를 평가하고, 사회에서도 나보다 남이 그것을 요구하느냐를 먼저 보고 움직인다. 즉, 내가 없고 남만 있으니 남이 그렇게 한다면 무작정 따라 하고, 내 생각이 없다는 것이다. 그리고 저녁식사를 할 수 없는 문화가 있다. 야근을 하느라 저녁식사를 하지 못하는 것이다. 더군다나 아침식사도 먹는 둥 마는 둥 한다. 그리고 부부 둘 다 피곤해 아무것도 못하고 잠자기 바쁘다. 대화도 없고, 식사도 없고, 행복도 없다. 더군다나 생각하는 교육을 못했기 때문에 대부분 스펙만 뛰어나지 그 안에 내실이 없다. 내공도 없고, 지혜도 없고, 생각하는 힘도 부족하다. 생각을 많이 하려면 독서를 많이 해야 하는데 근래에 책을 많이 읽는 사람이 굉장히 드물다. 그러면서 더더욱 알맹이가 없는 모습을 보인다. 무라카미 하루키가 쓴 책을 카페에 펴놓고만 있지 읽지 않으며, 책도 유명작가의 책을 펴놓은 채 멋이나 부리지, 그 속에 있는 진정한 철학을 탐구하려고 하지 않는다. 어떻게 좋은 직장에 들어갈까, 얼마나 승진할까만 생각하지, 내실을 생각하지 않는다.

 사회 전반에 이렇게 숨 막히고, 각박하며, 남들과의 비교로 돌아가고, 나의 생각이 없으니 이혼이 높은 건 당연할 수밖에 없다. 적어도 스스로 생각하는 힘만 있어도 이혼은 매우 적게 할 것이다. 이렇게 된 것은 아무래도 생각하는 힘이 부족하기 때문이고, 그 결과로 이혼율이 높다고 봐야 한다. 이혼이란 결국 자기 의사로 결정하는 것이기 때문이다.

 생각하는 교육의 힘으로 유대인은 이혼하지 않는 것이다. 가정이 삶에서 무엇보다 소중하다는 것을 누구보다도 잘 알고 있기 때문이다. 그리고 그러한 생각이 있기 때문에 남편이나 아내나 서로를 배려하는 것이 문화적으로 자리를 잡고 있다. 여러 면에서 상대를 배려하는 것들이 마련되어 있고, 친척이나 친지들 간에도 잘 어울린다. 또 우리보다 명절이 더 많다. 또 반드시 저녁식사를 하면서 대화의 끈을 놓지 않는다. 또 집에서도 항상 대화를 하고 책을 읽으면서 지혜로워진다. 책을 읽는다는 것은 무엇인가? 지식과 지혜를 습득하는 것도 되지만, 일종의 도道를 닦는다는 의미도 된다. 수양의 의미란 말이다. 왜냐하면 책을 읽는 것도 힘이 들고, 이 힘든 고행을 하면서 <u>스스로</u>를 돌아보게 되기 때문이다. 사람은 아무래도 책을 읽는 것보다 놀러 가는 것이 좋은데, 이 독서를 문화로 만들면서 사람들을 차분하게 만들고, 생각하도록 하며 경거망동하지 않도록 이끄는 것이다. 그러니 갑자기 화가 난다고 해서 이혼을 하자는 이야기도 하지 않고, 차분하게 생각한 끝에 좋은 결론을 내리게 되는 것이다. 결국 그들의 낮은 이혼율은 독서에서 나왔다고 봐야 한다.

유대인에게 조기 교육보다 중요한 것은 평생 공부 습관이다

유대인은 유치원에서 놀이와 체험을 배운다. 어릴 때는 놀게 하는 것이다. 왜냐하면 유대인의 기본적인 사고방식은 평생 배워야 한다는 것이기 때문이다. 그렇기 때문에 놀 수 있을 때에는 놀게 한다. 유아기 때에는 공부에 대한 것은 접어두는 것이다. 그러나 한국의 경우에는 너무 어릴 때부터 공부를 가르치려고 한다. 그래서 초독서증이라는 것도 생긴다. 초독서증이란 뇌가 성숙하지 않은 아이에게 무조건 글자를 주입해서 의미는 전혀 모르면서 기계적으로 글자를 암기하는 유아정신질환을 말한다. 어릴 때는 무엇을 해야 하는가? 놀아야 한다. 산에서 뛰어놀고, 가재도 잡아보고, 친구들끼리 숨바꼭질도 해봐야 한다. 그러면서 섞임과 어울림을 배우고, 자연 속에서 자유로움을 느껴봐야 한다. 너무 어릴 때부터 공부만 하게 되면 혼자서만 지내게 된다. 이것은 본격적으로 공부할 때 해야 할 일로, 어릴 때는 친구들끼리 어울려야 한다. 그리고 자연을 느껴봐야 한다.

대체로 부모는 아이가 어릴 때 공부를 잘하면 자신의 자녀를 영재나 천재로 여긴다. 그러나 어릴 때 공부를 잘했다고 나중에 노벨상을 받는 경우는 거의 없으며 평범한 생활을 하는 경우도 극히 드물다. 사회성이 없고, 자연을 온몸으로 느끼는 능력이 없기 때문이다. 평범한 생활 속에서 인간은 많은 것을 배운다. 그리고 이 평범한 생활이 결국 우리가 추구하는 행복이다. 나이가 들어 노벨상을 받을 연구를 하더라도 가정이나 친구의 중요성은 매우 크다. 영화 〈뷰티풀 마인드〉를 보면 영화의 주인공 존 내쉬이 너무 공부만 한 나머지 정신병을 앓게 된다. 그리고 그것을 아내의 사랑으로 극복하게 된다. 이후 그는 노벨상을 받게 되는데, 그것을 보게 되면서 느낀 것은 결국 평범함의 힘이다. 사랑을 하고, 가정을 꾸리고, 친구들과 교제를 하는 것 말이다. 아무리 높은 수준의 연구를 하더라도 평범함을 놓치게 되면 사람은 몰락한다. 행복하지 않기 때문이다. 탁월한 연구만으로 세상에서 인정받으려고 하면 사람은 무너진다. 화려한 명성과 명예, 세상의 주목은 별것이 아니기 때문이다. 〈타임〉의 표지모델이 된다고 하더라도 그것이 어떻게 사람을 오랫동안 행복하게 해줄 수 있겠는가? 행복은 사소함에 있고 작은 것에 있다. 사랑에 있고, 친구에 있고, 대화에 있다. 그것을 깨달아야 한다. 심지어 노벨상을 받을 연구를 하더라도 일상생활 속에서 연구의 근본적인 힘이 나온다. 그렇지 않으면 사람은 미치고 만다. 연구는 외롭고 힘든 일이다. 그것을 극복해주는 것이 가정이고, 친구이고, 평범한 생활이다. 이것이 전제되지 않으면 성공은 어려운 것이다.

어릴 때에는 놀아야 한다. 지나치게 공부하는 것을 경계해야 한다. 친구들과의 관계가 중요하고, 자연 속에서 느끼는 것이 중요하다. 시골생활도 좋고, 산속에서의 생활도 좋으며, 문화재를 보는 것도 좋다. 일단 많이 다녀야 한다. 나의 경우에도 지금은 책을 많이 보고, 다큐멘터리를 많이 보며, 책을 쓰는 전업 작가의 생활을 하고 있지만 어릴 때에는 많이 놀았다. 친구들과 축구를 하고, 쥐불놀이를 하고 연날리기를 하였다. 그리고 여름에는 계곡에 수영을 하러 다녔다. 겨울에는 썰매를 탔다. 그러면서 어울림을 배웠고, 자연을 느꼈다. 이것은 당연히 힘을 준다. 유대인은 이 힘을 아는 민족이다. 그래서 어릴 때는 체험과 놀이를 강조한다.

노는 아이가 머리도 좋다는 것은 과학적으로도 증명되는데, 만 7세까지는 우뇌가 발달하고 이후 좌뇌가 발달하게 된다. 우뇌는 창의력과 같은 감성적인 능력이, 좌뇌는 분석력과 같은 이성적인 능력이 발달하기 때문에 만 7세 전에는 놀이와 체험을 통해서 감성을 키워야 하고, 만 7세 이후부터는 소위 말하는 공부를 시켜야 한다. 만 7세 이전에는 공부를 하더라도 공부다운 공부를 시켜서는 안 된다. 그것보다는 가슴으로 느끼는 것을 공부해야 한다. 일반적으로 만 3세 전에 뇌의 70~80%가 만들어지는데, 이때는 절대로 수학이나 과학과 같은 공부를 시키지 않는 것이 유대인이다. 이때는 공부를 한다고 해도 성과가 없고, 오히려 부작용이 나타난다. 어릴 때는 놀게 해야 한다. 친구들과 어울리게 해야 한다. 그런 다음에 진짜 공부는 나이가 든 이후에 본격적으로 해야 한다.

유대인의 경우 어릴 때는 놀이와 체험 중심으로 공부하지만 시간이 지나면 평생 공부를 지향한다. 공부가 습관이 된다. 집에서도 거의 매일 독서를 하고, 토론을 한다. 또 학교에서도 질문을 마구 쏟아낸다. 끊임없이 생각을 하는 것을 훈련하고 또 훈련한다. 그러면서 두뇌를 단련하고, 대학에 간 이후부터는 제대로 공부를 한다. 그리고 30세부터 학문적으로 승부를 한다. 또 사업적으로 승부를 한다. 그리고 그러면서도 책에서 손을 놓지 않는다.

그러나 한국의 경우에는 전혀 다르다. 대학에 입학하기 위한 공부, 먹고살기 위한 자격증에만 몰두한다. 생각을 키우지 않는다. 그리고 공부를 지겨운 것으로 생각한다. 왜냐하면 공부에 이미 지쳤기 때문이다. 또 '공부=돈'으로 생각하기 때문이다. 이러한 현상은 '독서=돈'으로 생각하여 독서를 돈으로만 생각하거나 아예 하지 않는 현상을 불러오고 있다. 그리고 본격적으로 공부를 해야 할 30대 이후부터 공부를 하지 않는다. 명문대 졸업생은 명문대 어드밴티지가 있으니 하지 않고, 비명문대 졸업생은 성공할 가능성이 없으니 하지 않는다.

유대 격언에는 이런 말이 있다. "현자는 없다. 현명하게 공부하는 사람만 있을 뿐이다." 유대인의 평생 공부는 여러 격언과 《탈무드》에서 나타난다. 그들은 모든 사람들에게 배워야 한다는 생각을 기본적으로 갖고, 평생 동안 공부하는 것을 삶의 좌우명으로 여긴다. 그들은 배움을 한시라도 놓으면 지금까지 배워온 것을 모두 잃는다는 생각을 갖고 있고, 20년 동안 배운 것도 1년 만에 잊어버릴 수 있다고 생각한다. 그래서 늘 긴장을 놓지 않고 공부한다.

그들은《탈무드》의 경우에도 7년 간 집중적으로 공부한 다음, 평생 동안 공부를 한다. 우리로 치면 사서삼경을 평생 동안 공부하는 셈이다. 책이라는 것이 한번 보면 알 것 같지만, 2번 볼 때 다르고, 3번 보면 또 다르다. 좋은 책은 다시 볼 때마다 새로운 것을 알려준다. 그러면서 또 다른 깨달음의 세계로 나를 인도한다.《탈무드》는 생각하는 책이므로 볼 때마다 다르게 다가올 것이다. 왜냐하면 책이란 지금 상황과 여건에 따라 전혀 다르게 해석이 되며, 나이를 먹게 되면 그에 걸맞게 해석이 되기 때문이다. 그렇기 때문에 보고 또 봐도 도움이 되는 것이다.

유대인의 노벨상의 배출 이유도, 유명한 작가의 배출 이유도, 뛰어난 사업가의 배출 이유도 결국은 평생 공부에서 찾아야 한다. 그들은 책에서 손을 놓지 않는다. 그리고 끊임없이 지적 토론을 한다. 유대인은 매일 배운다. 매일 어제보다 나은 사람이 되고 있는 것이다. 그러나 우리는 어떤가? 타고난 머리로 성공이 결정되거나, 출신대학으로 성공이 결정되거나, 입사한 기업으로 성공이 결정된다고 믿는다. 그러나 성공의 진실은 다르다. 긴 시간 동안의 학습과 노력이다. 끊임없이 생각하는 힘이다. 그렇게 평생 동안 노력하면 사람은 거인이 되게 된다. 노력하는 것의 힘이란 우리가 생각하는 것보다 훨씬 더 강한지도 모른다. 그러나 우리는 그동안 단기 노력만 해왔다. 2~3년 정도의 노력, 4~5년 정도의 노력을 해보고 안 되면 안 되는 것이라고 생각했다. 그러나 공부는 평생 해야 한다. 평생하지 않으면 안 된다.

우리는 후천적인 노력의 중요성을 어쩌면 많이 간과하고 있는지도 모른다. 그리고 몇 년 노력해보고 안 되면 안 된다고 단정 짓는지도 모른다. 그리고 아예 공부와 도전을 포기해버리는지도 모른다. 그러나 진실은 평생 공부에 있다. 평생 동안 하는 힘에 있다. 평생 동안 노력하면 안 될 일이 없다. 유대인은 거의 대부분의 사람들이 성공한다. 실패하는 사람들이 적다. 우리나라에는 대부분의 사람들이 실패한다. 이유는 어디에 있을까? 그중 하나는 평생 공부에 있다고 생각한다. 평생 동안 공부를 하는 사람이 우리나라에는 극히 드물기 때문이다. 식당을 하더라도 평생 동안 공부하는 자세를 잃지 않는다면 반드시 대성할 것이다. 어떤 식으로든 최고가 될 것이다. 한국은 어떤 사회인가? 깊이가 얕은 사회고, 진짜가 거의 없는 사회다. 그럴듯한 포장만 있는 사회다. 스펙사회가 그것을 반증한다. 사회 곳곳을 훑어봐도 진짜가 없다. 그런 점을 생각한다면 평생 공부가 우리 사회에서 얼마나 강한 힘을 발휘할지 알 수 있다. 우리는 우리를 믿어야 한다. 그래서 평생 동안 공부해야 한다. 공부는 배신하지 않는다는 믿음을 가지고 공부해야 한다. 그래서 반드시 우뚝 올라서야 한다. 유대인은 평생 공부의 힘을 우리들에게 유감없이 보여주고 있다.

유대인의 '샛길 사고'란 무엇인가?

　　　　　　　　수직적 사고라는 것은 기존의 지식과 경험으로 사고하는 것이다. 이 사고는 이분법적으로 사고하며, 옳다와 그르다로 판단된다. 그러나 수평적 사고는 다양성에 무게를 두고 창조와 변화에 중점을 둔 것으로 변화를 위한 사고라고 표현하기도 한다. 수평적 사고는 모든 것을 가능성으로 보고 순간순간 발생되는 아이디어를 활용한다. 이것은 소위 생각의 틀을 깨는 것이고 고정적 패턴을 파괴하는 것이다.

　이 사고를 하려면 당연한 것에서 빠져나와 반대 방향으로 생각하기도 하고 결코 일어날 수 없는 일에 대한 상상을 하기도 해야 한다. 즉흥적으로 하기도 하고, 차이점에 주목하기도 하며, 다양한 조건들을 대입해서 다양한 결론을 맞기도 해야 한다. 이러한 수평적 사고의 개념은 창조공

학의 에드워드 드 보노가 창안한 것으로 영어에서는 샛길 사고라고 하는데, 어떤 대상과 거리를 두고 전체를 보면서 샛길로 빠져나갈 구멍이 있는지를 생각하는 것을 말한다. 즉, 어떤 대상을 관조적으로 보고 빈틈을 보는 것이다.

즉, 그것이 무엇이든 그 문제에만 집중하면 문제를 해결할 수 없다. 언제나 한 발짝 떨어진 태도로 사물을 다각도로 살펴볼 필요가 있다. 즉, 입체적인 사고를 해야 한다. 사물의 본질에는 한 면만 있는 것이 아니라, 다양한 면이 있고, 그 속에서 다양한 가능성이 나올 수 있다는 것을 인식해야 한다는 말이다. 유대인은 이러한 사고법을 평상시에 하고 있다.

유대인이 창의적인 이유는 그야말로 자유로운 사고를 하기 때문이다. 어떤 틀에 자신을 가두지 않기 때문이다. 또 세상의 편견에도 휩쓸리지 않기 때문이다. 당연히 그들은 유행에도 민감하게 반응하지 않는다. 그들은 그 본질을 보고, 조금 멀리 떨어져 있으면서 그 속에서의 기회를 본다. 그리고 그 기회를 포착해 반드시 성취를 이루어낸다.

한국의 사고방식은 고정적인 틀에 자신을 맡기고, 그 속에서 모든 판단을 한다. 남들의 판단이 옳다면 무조건 움직이는 태도가 있는 것이다. 대다수의 사람들이 그런 방식으로 움직인다. 자기만의 의견을 가지고 있거나 세상을 좀 더 멀리서 관조적으로 보는 사람이 드물다. 소위, 냉철한 관찰자의 자세를 견지한 사람이 드물다. 모두 몇 사람이 뛰면 다 같이 뛰어버리는 속성을 가지고 있다. 차분하지 못하다. 생각을 하지 않는다. 그리고 상황의 이면에 대해서 보는 습관이 없다. 책을 보더라도 그렇다. 한국의 독자들은 책을 봤을 때 저자가 했던 것을 그대로 따라하려고 한다. 자기계발서의 경우에도 저자가 했던 방식을 똑같이 따라하려고 한다. 또 무엇이 성공했다고 하면 묻지도 않고 무조건 그 업체가 했던 방식을 100% 똑같이 해서 따라하려고 한다. 그 속에서 무엇을 얻어야 하는지, 자기화할 수 있는 방법이 없는지는 고민하지 않는다. 그리고 책의 그 내용 안에 저자가 겪었던 내면적 아픔이나 고통은 보지 않는다. 그리고 그가 그렇게 할 수 있었던 여러 사정에 대해서 관찰자적 자세로 보지 않는다. 그렇기 때문에 책을 봐도 실질적으로 얻는 내용이 적다. 왜냐하면 자기화하지 못했기 때문이다. 어떤 것이든 자기화해서 받아들여야 하는데, 그런 과정이 생략되어 있다.

 샛길 사고를 하려면 차분해야 한다. 그리고 관찰해야 한다. 다른 생각들을 많이 해야 한다. 그 생각은 체계적이어도 되고, 그냥 해도 된다. 걸으면서 해도 좋고, 종이를 펴놓고 어떤 틀을 맞춰놓고 집중적으로 해도 좋다. 다른 생각을 도출할 수 있는 질문들을 설정하고, 그에 맞춰서 답을 하는 방법도 있다. 어떤 방식이든 좋다. 세상의 본질을 정확히 보고, 나의 생각을 할 수 있다면 말이다. 즉, 여기에 있어서도 유연해야 한다. 발상의 유연함을 통해서 실질적인 지식과 실용적인 결과를 얻을 수 있다면 모두 좋은 것이다.

 이러한 사고를 하려면 늘 생각이 많은 사람이 되어야 하고, 동시에 늘 책을 가까이 하는 사람이 되어야 하며, 항상 토론을 하는 사람이 되어야 한다. 그래야 사고를 깊이 있게 할 수 있다. 사색도 필수적이다. 사색은 자기에게 질문을 던지고 답변을 하는 하브루타다. 그렇게 질문과 답변을 통해서 자기 스스로 깊어지게 된다.

우리는 인생을 살되, 항상 한 발짝 멀리 떨어져서 살아야 한다. 내가 속한 세상을 정확히 보려면 그래야 한다. 내가 속한 세계에 매몰되면 망한다. 객관적으로 본질을 보는 눈을 가져야 한다. 예를 들어 내가 하는 일에만 빠져 있으면 그 틀을 못 벗어난다. 그 업계 사람들의 생각은 모두 고만고만하다. 또 그 틀을 대부분 못 깨고 있다. 300명이 있으면 그 틀을 깨고 있는 사람이 단 1명이 있을까 말까 하다. 대부분 그 틀 안에 잠식되어 있다. 그래서 자기가 무조건 옳은 줄 안다. 그러나 다른 세계의 사람을 만나서 교제하고 이야기하면 전혀 다른 세상이 보인다. 자기가 속한 세계가 전부가 아니고, 다른 세계가 있으며, 그것이 훨씬 더 효율적이고 좋아 보이는 경우도 종종 발견할 수 있다. 그러면 배우면 되고, 그렇게 배움을 얻으면 자기의 영역은 그만큼 확장된다. 자기가 옳다고 생각하면 아무런 답이 안 나온다. 발전이 없게 된다. 즉, 자기의 세계에서도 한 발짝 떨어져서 자기를 봐야 한다. 한다. 나는 이것을 지난해 제주도를 여행하면서 많은 사람들을 만나면서 느낄 수 있었다. 내가 만났던 500여 명의 사람들의 생각은 매우 다양했고, 그 생각들을 되뇌며 나는 한층 더 생각의 영역이 넓어짐을 느낄 수 있었다.

인생을 산다는 것은 그렇다. 때로는 자기의 몸마저 자기 몸 밖에 나와서 봐야 한다. 현재 나는 나의 몸 안에서 살고 있지만 내 몸 밖에 영혼이 되어 나를 바라보는 것이다. 내가 일하는 자세, 내가 살아가는 삶, 이런 것들을 내 몸 밖에서 보라는 의미다. 그렇게 보면 내가 보이고, 보다 객관적으로 보인다. 그리고 다른 사람의 삶도 편협한 가치관을 버리고 자유롭게 봐야 한다. 심지어 날라리라고 불리는 사람들조차도 자유롭게 봐야 한다. 그러면 그들의 자유로움을 배울 수 있기 때문이다. 실제로 메가스터디 손주은 사장의 말에 따르면 50대 중반이 넘어서 동창회에 가면 가장 성공한 사람은 모범생과 날라리라고 한다. 모범생은 머리와 자기관리가 되기 때문에 대체로 전문직에 종사를 하고, 날라리는 자기가 생각한 것을 끝까지 밀어붙이기 때문에 50대 중반이 되어서도 원하는 대로 산다는 것이다. 예를 들어 학창시절 날라리는 자기 마음대로 담을 넘거나, 야간 자율학습을 빼먹고 도망가곤 했다. 즉, 선생님에게 몽둥이를 맞더라도 하고 싶은 건, 무조건 한다는 것이다. 그 결과, 성인이 된 이후에도 어떻게 되든지 관계없이 끝까지 밀어붙이고 그래서 결국 큰 성공을 한다는 것이다. 그래서 동창회를 가보면 날라리의 경우 50대 중반이 넘어서도 자기 마음대로, 자기가 원하는 대로 살고 있는 모습을 볼 수 있다는 것이다. 즉, 날라리가 경제적으로 제법 큰 성공을 거두었다는 것이다. 삶은 어떤 사람에게도 배울 수 있는 것이다. 그가 누구라도 말이다. 사람에게는 한 가지의 가르침을 모두 갖고 있기 때문이다.

결국 유대인은 생각하는 사람이고, 모든 사람이 철학자다. 늘 관찰하고 있고, 늘 생각하고 있으며, 늘 토론하고 있다. 늘 독서하고 있고, 늘 글을 쓰고 있다. 인구 9명당 1명이 작가고, 전 세계에서 창업을 가장 많이 국가며, 노벨상을 휩쓸다시피 하고 있는 국가며, 한국·중국·일본을 합한 것보다 하버드대학교 진학 비율이 7배나 높은 국가다. 그들은 2,000만 명밖에 안 되지만 압도적인 결과를 나타낸다. 그 힘은 생각에 있다. 그리고 샛길 사고에 있다. 그들은 샛길 사고를 한다. 관찰자적 자세를 지니고 있다. 관조적인 자세를 지니고 있다. 늘 틈을 본다. 입체적으로 세상을 본다. 그리고 항상 공부한다. 그들의 힘은 결국 생각에 있고, 그러한 삶을 살면서 생각의 힘이 고도로 단련되었다고 봐야 한다. 그들은 자기만의 철학을 가지고 있는 철학자며, 늘 사색이고 관찰하는 관조의 시인이라고 봐야 한다. 그러면서 늘 세상을 통찰하고 있다고 봐야 한다. 그렇기 때문에 기회를 잡을 수 있었다. 그들의 힘은 바로 이 관찰과 관조에서 나왔다.

유대인의 성공비밀
IV

그들에게 있어 중요한 무기는 추상적 사고의 능력, 즉
상상력이었다. 그리고 이 기반은 끊임없이 생각하는 것에서
나왔고, 하나님을 통해서 추상적 사고를 훈련하면서
나올 수 있었다. 결국 유대인의 힘은 생각에서 나온다.
독특한 생각, 남과 다른 생각에서 말이다.

유대인은 책의 한계를 알고 있었다

독서는 세상의 모든 것을 창조하는 힘이 있다. 그러나 책에도 한계는 있다. 태양은 모든 것을 창조하는 힘을 가졌지만 그에 걸맞은 그림자를 가지고 있듯이 책 또한 그러하다.

그들은 성문화된 텍스트에 의존하는 것의 위험성을 간파했다. 그래서 그들은 교사와 학생 간에 대화, 질문, 토론이라는 방법으로 공부한다. 유대인들은 말을 하는 것을 글로 쓰게 되면 필연적으로 짧게 줄여서 표현을 하게 되고, 의사전달이나 이해의 폭이 떨어질 수 있다고 생각했다. 그래서 대화를 많이 했던 것이다. 《탈무드》가 완성된 후 수백 년이 지난 후에 한 학자는 다음과 같이 말했다. "가르치는 교사 앞에 학생이 앉아 있을 때, 교사는 학생 마음의 움직임을 볼 수 있다. 학생이 무엇을 이해하고 무엇을 이해하지 못했는지 알아야 한다. 교사는 학생이 문제를 이해하고 자신의 것으로 만들 때까지 설명해야 한다. 율법이 성문화되면 이러한 일은 도저히 불가능하다. 문자로 쓰는 것에는 한계가 있기 때문이다."

　책을 읽는 것은 분명 좋은 일이다. 위대한 것을 창조하는 근본적인 힘을 제공한다. 그러나 책에도 한계는 분명히 있다. 책이 만병통치약은 아니다. 책은 간접경험을 담은 것이다. 이것은 직접 경험이 아니다. 또 글로 적게 되면 필연적으로 빠지게 되는 부분이 나온다. 글로는 모든 것을 담을 수는 없다. 미묘한 뉘앙스의 경우에도 그렇다. 또 책은 감흥이 떨어진다. 아무래도 생생하지 않다. 그래서 책만 보면 변화가 적게 된다. 책을 보완하는 다른 수단들이 있어야 한다. 대화, 토론, 사색, 혹은 행동이 필요한 것이다.

　책을 아는 사람은 책의 한계를 안다. 유대인들도 책을 아는 민족이다. 그들은 책의 한계를 알았다. 그래서 그것을 경계했다. 즉, 맹신하지 않았던 것이다. 그리고 책의 한계를 뛰어넘기 위해서 노력했던 것이다. 책의 한계에 대해서 조금 이야기를 해보고자 한다.

　책은 남의 생각을 담은 것으로 내 생각이 아니다. 이것을 내 것으로 만들려면 생각을 해야 하고, 또 검증을 하려면 여러 경험들이 필요할 수 있다. 내 생각으로 만들기 위해서는 나만의 다른 방법으로 행동을 해봐야 한다. 그런 것이 없다면 그저 책으로만 머물러 있게 된다. 또 책은 간접경험이기 때문에 다양한 경험들을 접하게 되는 장점이 분명히 있다. 그러나 그것은 내가 직접 경험해본 것이 아니기 때문에 나의 확신은 떨어지게 된다. 그래서 행동해봐야 하고, 검증해봐야 한다. 나는 이것을 크로스 체킹이라고 표현한다. 필드에 나가서 확인을 해보고, 답사를 해보고, 사람을 만나보면 자기 스스로 판단해 확신할 수 있게 된다. 그러나 책만 보게 되면 헷갈리게 된다. 그러면 확신하지 못한다. 확신하지 못하는 지식은 내 것이 아니다. 그냥 책에서 봤다는 것에 불과한 것이다. 확신을 하려면 여러 액션들이 필요하다. 또 책은 표현을 모두 담지 못하는 한계도 있다. 어떻게 표현해도 모든 것을 표현할 수 없고 뉘앙스까지 담아내기란 어려운 일이다. 어떻게 자신이 살아온 삶의 모든 아픔들을 글로 표현할 수 있겠는가? 어떻게 코끼리를 글로 모두 설명할 수 있겠는가? 책의 저자가 모든 것을 다 알고는 있었을까? 저자의 경험이 적어 코끼리의 다리나 코만 설명했을 수도 있다. 그런 한계가 있는 책을 맹신하면 반쪽짜리 지식이 되고 만다. 그야말로 선무당이 되고 만다. 이러한 위험성을 분명히 인식해야 한다. 글 안에 모든 정신을 담을 수 없다. 지식이나 지혜를 얻을 수 있다는 엄청난 장점이 있지만 맹신하면 안 된다. 비판하고 검증해보려는 노력이 있어야 한다. 스스로 사색을 하고, 다큐멘터리와 같은 매체와 크로스 체킹을 하면서 진실로 다가서려는 노력이 필요하다. 그런 노력이 없는 독서는 의미가 없는 독서가 될 수도 있다. 또 책에는 모든 진실들이 다 담길 수가 없다. 권력에 아부하는 지식인들이 많이 있는 것은 역사의 아픔이었고, 지금도 반복되고 있다. 대중을 호도하는 책도 있고, 지식을 자신의 권력을 강화하기 위해 악용하는 경우도 있다. 또 정작 도움이 되는 지식은 쏙 빼놓고 전달하는 경우도 있기 때문에 주의해야 한다. 또 저자가 잘못 알고 쓰는 경우도 많다. 제대로 된 책을 쓰려면 책을 보는 동시에 다른 수단들로 보강도 해야 한다. 다큐멘터리를 보든지 인생 경험이 많든지 등이 필요하다. 그런 것이 없이 책만 많이 보고 쓰게 되면 오류가 나오게 되는 것이다. 그런 한계들이 책에는 분명히 있고, 그 위험성은 생각보다 크다. 책만 보고 주장을 하면 바보가 된다. 가령 삼국지의 마속의 경우에는 병법에 매우 능했다. 병법서들을 줄줄 외울 정도였다. 그러나 그는 전쟁 경험이 많지 않았고, 스스로 생각하는 능력이 떨어졌다. 결국 그는 전쟁에서 대패를 하게 되었고, 병법에 능했던 그를 제갈공명은 군법에 의해 처형할 수밖에 없었다. 그때 그는 마속을 죽이며 너무 슬퍼 크게 울었다고 하며 이때 나온 말이 읍참마속泣斬馬謖이다. 그렇다. 아무리 많은 것을 알아도 텍스트만으로는 성공이 어려운 것이다.

유대인들은 텍스트의 한계를 보았고, 그 한계를 알면서 공부했다. 알면서 공부하는 것과 모르면서 공부하는 것의 차이는 매우 크다. 알면 경계하게 되고, 필연적으로 비판하게 되며, 또 다른 형태의 공부를 통해 보완하게 되어 있다. 그러나 이것을 모르면 무작정 자신이 하는 것을 맹신하게 된다. 그러면 진짜 바보가 된다.

우리는 독서를 해야 한다. 그러나 독서에 한계가 있다는 것 또한 분명히 알아야 한다. 독서를 하면서는 생각을 많이 해야 하고, 모르는 것이 있다면 그 의문을 풀고 넘어가야 하며, 책의 한계를 극복하기 위해서 다양한 경험을 해야 한다. 여행을 하는 것도 좋고, 직장생활을 해보는 것도 좋으며, 사업을 해보는 것도 좋다. 영화나 드라마 같은 다양한 매체를 통해

보는 것이 좋다. 그러면서 진실을 검증해봐야 한다. 그런 검증 이후에 확신으로 나가야 한다. 그렇지 않고 책만 보고 확신하게 되면 바보가 되고, 위험에 빠지게 된다. 그런 위험에 빠진 사람은 아무도 못 말린다. 자기는 분명히 안다고 주장하고, 틀린 길로 다른 사람들까지 이끌기 때문이다. 이 세상에는 그런 가짜 전문가들이 너무 많다. 우리가 틀린 길로 가지 않기 위해서는 독서에도 한계가 있다는 것을 받아들이고 극복하기 위해서 다양하게 노력해야 한다. 나는 다큐멘터리와, 여행, 직장생활, 사업, 드라마와 영화의 섭렵을 권하고 싶다. 이렇게 하면 진실을 검증할 수 있기 때문이다.

막다른 골목은 도전을 낳고,
이것이 오늘날의 유대인을 만들었다

유대인은 도전자다. 그들에게 도전은 일상이고, 그런 도전 덕분에 성공할 수 있었다. 그들은 창업이나 공부를 하더라도 암기에 치우친 공부나 명문대에 입학하는 공부에 머물지 않는다. 그들은 세계를 뒤엎을 연구결과를 내놓기를 희망하며, 그렇기 때문에 압도적인 숫자의 노벨상 수상자가 나오는 것이다. 그들은 창업하더라도 세상을 크게 놀라게 할 각오로 사업을 하지 그저 돈만 많이 버는 장사꾼으로 머무는 것을 싫어한다. 그렇기 때문에 유대인들은 비즈니스계에서도 훌륭한 결과를 보이고 있다. 세계 500대 기업의 CEO 및 임원진 중에는 유대인이 상당히 많은 자리를 차지하고 있으며, 유대인의 기업은 세계 500대 기업 중에서도 상위권을 차지하고 있다. 그들의 삶은 도전이었고, 지금도 도전을 계속하고 있다.

그러나 그들이 처음부터 도전자는 아니었다. 그들도 처음에는 아라비아 반도를 떠도는 소수 유목민에 불과했다. 가나안 지역에서 농사를 지었을 뿐이었다. 그러나 그들은 이스라엘에서 추방이 되었고, 토지를 잃고 세계 각지를 흩어져서 사는 처참한 상황에 처하게 되었다. 그들은 이국의 땅에서 토지를 소유할 수 없었다. 결국 살아남기 위해서는 장사를 할 수밖에 없었다. 그러나 그들에게는 《탈무드》가 있었고, 생각하는 문화가 있었으며, 어떻게든 빈틈을 발견하는 문화가 있었다. 또 그들은 입체적인 사고를 통해서 기회를 보는 힘이 있었다. 거기다가 사물을 추상적으로 생각하는 능력까지 있어서 상상력이 누구보다 뛰어났다. 그들은 어쩔 수 없이 살기 위해서 공부하고, 살기 위해서 장사를 하는 도전을 강요받은 것이었다. 결국 그들의 안주할 수 없는 환경은 그들에게 도전을 강요했고, 그들의 준비된 힘이 그들을 성공으로 이끌었다. 즉, 그들의 성공은 일정 부분 안주할 수 없었던 환경에 기인한 것이다.

그들은 유럽에서 게토에서만 일할 수 있었고, 언제나 외국인으로 취급받았으며, 길드에서는 활동조차 할 수 없었다. 유대인에 대한 각국의 규제가 엄격하였기 때문에 거의 모든 분야에서 활동이 어려웠다. 그러나 그들은 살아남고자 하는 의욕이 넘쳤고 도전을 망설이지 않았다. 그들은 공부를 생각하는 힘으로 키워 세상에서 살아남는 지식으로 치환했고, 그 결과 훌륭한 경제적 성과를 얻을 수 있었다. 결국 그들은 중세 때 봉건영주들에게 발탁되었고, 유럽은 유대인을 중심으로 타민족과의 통상교역을 하게 되었다. 유대인들은 실제로 무역을 통해서 유럽에 큰 공헌을 했다. 그러나 그럼에도 그들은 언제나 이방인이었고, 그것은 그들이 목숨 걸고 돈을 모으는 계기가 되었다. 그래서 그들은 열심히 돈을 모았고, 결국 경제적으로 독립하는 데 성공했다. 산업혁명 때 그들은 여러 면에서 기회를 다시 잡게 되었다. 산업이 팽창하게 되자 거액의 자본을 제공하여 크게 성공한 것이다. 중세 유럽의 대표적인 금융기관인 도이치방크, 드레스덴은행, 담슈타트은행, 나치오날방크 포어 도이칠란트, 하프 하우젠세방크 페라인, 기어 한젤 게젤샤프트 등은 모두 유대인의 것이었다.

그들은 끊임없이 이국땅에서 쫓겨났고, 살아남기 위해서는 무조건 도전해야 했다. 그것은 극단의 환경이었고, 그때의 도전은 죽느냐 사느냐를 결정짓는 것이었다. 지금 우리도 직장에서 나와 장사나 사업을 하게 되면 그와 같은 심정일 것이다. 사회안전망이 갖추어지지 않은 상황에서 장사나 사업을 하다가 망하면, 더군다나 나이가 40대 중반에 실패하면 재기하기가 매우 어렵다. 더구나 외국 땅에서의 도전이라면? 자신을 보호해줄 국가조차 없다면? 당연히 더 어려울 것이다. 그리고 지금보다 과거에는 더 가혹했을 것이다.

유대인을 공기인간이라고 부르는 이유는 그들의 타고난 적응성을 강조한 말이기도 하지만 공기처럼 존재성이 없는 삶을 살아야 했다는 의미도 포함되어 있다고 봐야 한다. 있는 듯 없는 듯 있어야 하며 어디서나 이방인 취급을 받는 그들은 눈에 보이지 않는 공기와도 같은 신세였을 것이다. 그들은 이러한 극한의 상황에서 도전해야 했고, 결코 도전을 피하지 않았다. 도전을 피한다는 것은 그들에게 목숨을 포기하는 것과 같기 때문이다.

그들은 항상 안주나 안정성을 생각하지 않았다. 그것이 오래가지 않는다는 것을 알기 때문이다. 그들은 늘 이민을 갔다. 대개의 이민자들은 그곳에서 공무원이나 은행원 등 손쉽게 기존체제에 편입되는 방법을 선택한다. 그러나 그들은 항상 새로운 영역을 개척하는 데 주목했다. 그저 그런 삶은 살기 싫다는 강력한 의지가 작용했기 때문이다. 그리고 생각하는 문화 덕분에 그들에게는 세상 모든 것이 기회였다. 〈포춘〉에 의하면 세계 100대 기업 소유주의 30~40%가, 세계적 백만장자의 20%가 유대인이라는 통계가 있을 정도로 성공했다.

구글의 공동 창업자인 세르게이 브린의 부모도 이민자였다. 세르게이 브린은 소련에서 태어났는데, 유대인이라는 이유로 사회에서 성공하는 것이 어렵게 되자 부모는 고민 끝에 1977년 브린이 6살 때 소련을 탈출하기로 결심한다. 그 당시는 미소 냉전시대로 미국과 소련 간에 긴장감이 매우 높을 때였다. 그때 이민을 간다는 것은 매우 힘든 일이었다. 비자가 나올지도 알 수 없었고, 미국에 아무 기반이 없었기 때문이다. 그러나 그들은 생각했다. 유대인은 항상 위험을 감수하면서 성장해온 민족이고, 결국 두드리면 기회는 열릴 것으로 믿었다. 결국 그들 부부는 소련에서 일을 그만두고 아르바이트를 하면서 비자가 나오기를 기다렸다. 만약 비자가 나오지 않을 경우에는 소련을 떠나려고 했다는 이유로 다시 직장에도 취직하지 못한 채 비참하게 살아야 하는 삶이 기다리고 있었다. 다행히 8개월 후에 비자가 나왔고 그들은 유대인 단체의 도움으로 미국에 정착한다. 그래도 초기에는 고생을 많이 했다. 그리고 아들 브린은 부모님의 고생을 보고 열심히 공부했고, 그 결과 메릴랜드대학교를 우수한 성적으로 졸업하고, 스탠퍼드대학원에 진학하며 수학 신동으로 이름을 알렸다. 그는 부모의 위험감수 정신을 보며 자랐고, 후에 구글을 공동창업하게 된다.

어떤 면에서 보면 유대인들의 성공은 우연의 산물이라는 생각도 든다. 왜냐하면 그들은 이스라엘에서 추방당하면서 도전의식을 키울 수 있었고, 전 세계를 떠돌면서 온갖 경우의 수를 접했고, 그 속에서 살아남았고, 그러면서 우수한 유전자와 힘들고 험난한 상황 속에서도 살아남을 수 있는 교육과 문화의 힘을 전수할 수 있었기 때문이다.

실제로 미국인만 해도 설문조사를 해보면 선천적으로 모험과 도전을 즐긴다고 한다. 자기주장을 하고, 자유롭게 의사표현을 하며, 창의적으로 생각하는 사람들이 많다고 한다. 그러나 아시아에서는 좀처럼 그런 사람을 찾기 힘들다. 그것은 그들의 역사 때문인 것 같다. 미국만 해도 모험을 추구하는 사람들이다. 유대인도 모험의 역사였다고 할 수 있다. 늘 외국으로 다니는 삶이었고, 그 속에서 어떻게든 살아남아야 하는 역사였다. 그들은 모험이 일상이었고, 도전은 생활이었던 셈이다. 험난한 지역을 넘어서 새로운 국가로 가는 생활과 외국인과 어떻게든 어울려서 먹고 살아야 했던 그들은 늘 도전과 모험의 삶이었던 셈이다. 그러다 보니 유전자가 변형되었는지도 모른다. 반면 아시아인은 대개 그 지역 내에만 살았다. 한국 역시 외국으로 진출한 적이 거의 없다. 한국인은 대체로 신라인으로 분류되는데, 신라는 지리적으로 한반도의 구석으로 쏠려 있는 경주에 있고, 신라의 삼국 통일 역시 대동강 이남의 통일이었다. 결국 대동강 이남부터 부산까지만 영역으로 보고 한정적인 토지 안에서 그냥 산 것이다. 이 속에서는 규칙과 규율이 중요했고, 찍어 누르는 문화가 생길 수밖에 없다. 사회의 안정이 중요하기 때문이다. 골품제를 만들어 능력보다는 타고난 신분으로 찍어 눌러서라도 사회를 안정시키는 것이 중요했을 것이다. 또 일본의 경우에도 다이묘가 한번 정해지면 300년 간 가는 것이다. 그리고 상급 사무라이와 하급 사무라이가 정해져도 그대로 가는 것이다. 신분 간에 이동이 없는 것이다. 이동은 곧 거대한 혼란을 의미하기 때문이다.

그렇기 때문에 한국인의 도전은 대체로 구호에만 그치는지도 모른다. 왜냐하면 우리의 사고라는 것은 오랜 역사 동안에 만들어져, 우리의 유전자로 각인이 되었고, 그래서 실제로는 한국 안에서만 사는 것이 우리의 체질인데, 말로만 미국에 가자, 외국으로 쳐들어가자고 말하는 것이기 때문이다. 실제로 우리가 일본을 침략하고, 중국을 침략하고, 유럽을 침략한 적은 얼마나 되는가? 거의 없다. 우리는 그냥 우리나라에 안에서 만족하고 살았던 것이다. 그런 유전자다 보니 체질적으로 도전정신이나 모험정신이 희박한지도 모른다. 수천 년의 역사를 통해서 만들어진 유전자는 우리가 생각한 것보다 훨씬 더 강한 힘을 내는지도 모른다.

유대인의 경우에는 무조건 도전을 해야만 했고, 그렇게 살아온 시간이 거의 2,000년이다. 그렇게 살아오면서 분명 유전자도 어느 정도 변형되었을 것이다. 다윈의 진화론처럼 분명 내부적 성격의 진화 내지 변형이 어느 정도는 이루어졌을 가능성이 있다.

일본의 손정의만 해도 미국이 키웠다고 볼 수 있는 면이 많다. 자유로운 사고방식을 미국에서 배울 수 있었기 때문이다. 즉, 문화의 힘으로 만들어진 것이다. 누구나 도전하고, 자유롭게 질문하고 대답하며, 그를 통해서 공부하는 문화를 만든 미국과 유대인의 힘은 강한 것이다.

유대인의 삶은 결국 도전할 수밖에 없는 상황에서 만들어진 것이었다. 거기에 생각의 힘이 더해져 좋은 결과를 낼 수 있었다. 그러나 지금에서 돌아보면 이것이 수천 년의 시간을 거치면서 유전자로 만들어진 경향도 있는 것 같고, 여기에 유전자를 강하게 만드는 문화가 있었기에 가능했다고 생각한다. 결국 사람의 삶은 문화가 만드는 것이기 때문이다. 원래 사람이란 늘 안주하고 싶어한다. 늘 쉬고 싶고, 게으름을 피우고 싶은 존재다. 그러나 그럴 수 없기 때문에 죽기 살기로 노력을 하는 존재가 인간이다. 유대인의 경우에도 그랬을 것이다. 그들은 유목민족의 삶을 강요받았으나 교육과 문화의 영향으로 뛰어난 성과를 냈다. 그들이라고 실패가 두렵지 않았을 리가 없다. 그러나 도전하지 않으면 그들은 살 수조차 없었기 때문에 도전했다. 실제로 기업을 보더라도 중대한 기로에 있을 때 큰 도전을 한다. 그리고 그 도전이 그 기업의 미래를 바꾼다. 그리고 기업의 몰락도 한창 잘나갈 때 시작된다. 변화와 모험의 필요성이 없기 때문에 아무것도 하지 않고 있다가 그대로 침몰해버리는 것이다. 원래 현상이란 차근차근 진행되다가 결과는 단번에 나타난다.

　우리는 유대인의 도전정신을 배워야 한다. 그리고 어쩔 수 없는 상황 속에서 위대한 도전이 나온다는 점을 배우면서, 보통 사람인 우리의 삶에서 오히려 더 기회가 많을 수 있음도 인식해야 한다. 부유한 환경에서 살면 그만큼 도전정신이 떨어질 수밖에 없기 때문이다. 긴장감의 정도가 전혀 다른 것이다. 유대인은 살아남기 위해서 신화에 도전했다.

33 유대인의 학문과 사업 능력은 추상적 사고의 습관 덕분이다

유대인은 추상적 사고에 능하다. 눈에 보이지 않는 하나님에 대해서 많은 생각을 하면서 추상적 사고가 발달하는 것이다. 즉, 복잡미묘한 것에 대해서 생각을 해보고 그것을 자기화해서 규정하는 사고가 발달했다.

이 세상은 어떠한가? 실체가 없고, 개념적이며, 추상적인 현상들이 많다. 가령 사회현상이 그러하다. 단순히 드러난 사회현상 예를 들어 범죄나, 대기업 회장의 비리나, 회사의 부장이 하청업체 사람들에게 갑질을 하는 것은 실체가 없는 것이다. 이것은 추상적인 현상이다. 우리는 이것을 각자 이해한다. 그래서 세상이 나쁘게 돌아가고, 돈 중심으로 돌아간다고 해석을 한다. 그리고 이것을 빨리 바꿔야 한다고 받아들인다. 우리는 이것을 수치화하거나 과정화하지 않지만 단숨에 이것이 잘못되었고 바꾸어야 한다고 생각한다. 이러한 생각이 바로 추상적 사고의 예라고 볼 수 있다.

또 인간이란 무엇인가 혹은 인생이란 무엇인가라는 추상적인 질문에 대해 고민하고, 이에 대한 답을 내는 것, 이것이 추상적 사고다. 상당히 애매모호하고, 추상적이며, 정답이 없는 것을 스스로 생각해서 규정을 하는 것, 이것이 추상적 사고다. 유대인은 이 힘을 눈에 보이지 않는 하나님에 대해서 많은 생각을 하면서 키울 수 있었고, 이것은 복잡 미묘한 연구계와 사업계에서 큰 힘이 되었다. 일률적이거나 획일적인 개념을 생각하지 않고, 답이 없는 것에 대해서 스스로 생각을 많이 함으로써 이를 스스로의 힘으로 푸는 것을 연습하고 또 연습함으로써 생각의 힘이 커진 것이다.

즉, 추상적인 것에 대해서 체계적으로 사고하고, 논리성과 합리성을 갖춘 결론을 내릴 수 있도록 이끄는 것이다. 존재하지 않는 것에 대해서, 시간적으로 먼 미래의 일에 대해서도 충분히 생각하고 답을 낼 수도 있는 것이다. 그리고 이러한 생각하는 능력이 있으면 자신이 처한 사회 환경과 사회 현실에 대해서도 깊이 있는 질문을 던지고 답을 함으로써 자신의 인생진로와 방향에 대해서도 깊이 있는 답을 도출할 수 있게 되는 것이다.

이러한 사고가 발달하면 단순한 문장 속에서도 많은 생각을 한다. 예를 들어 내가 작가가 되겠다고 한다면 그 문장 안에 머물러 있는 것이 아니라, 내가 진정으로 좋아하는 것인지, 그 과정은 얼마나 험난한지, 내가 기꺼이 즐길 수 있는지 등에 대해서도 생각해보는 것이다. 그리고 이러한 사고가 내 머리에 들어앉게 되면 토론을 좋아하게 되는 것이다. 다양한 생각들을 많이 하고, 그 생각을 표현하고 싶기 때문이다. 또 종교에 몰두하면서도 단순히 몰두하지 않고, 공부를 하게 된다.

그러나 반면 많은 생각들을 한다는 것은 필연적으로 입체적으로 세상을 본다는 것이고, 그렇기 때문에 생각이 많아지고, 고민도 많아질 수밖에 없다. 세상의 모든 진실을 안다는 것을 반영하기 때문이다. 그렇기 때문에 그에 걸맞게 스트레스도 어느 정도 높아진다고는 봐야 한다. 식자우환識字憂患의 측면도 분명히 있기 때문이다.

작은 것 하나에서도 의미를 발견하고, 그 해석을 광범위하게 생각하기 때문에 스트레스가 높을 수 있는 것이다. 다만 이러한 추상적 사고를 많이 하면 생각이 많아지고 필연적으로 표현의 욕구를 느끼게 마련이다. 그럴 때는 말해야 한다. 말을 할 수 있는 문화를 만들어야 하고, 스스로도 많은 말을 해야 한다. 말을 할 수 없다면 적어도 글이라도 적어야 속이 시원해진다. 그렇지 않고는 답답해진다. 독서가는 필연적으로 문필가가 되어야 하는데 이것은 독서를 많이 하게 되면 생각이 많아지고, 결과적으로 쓰지 않으면 답답해서 못 버티는 경지에 이르기 때문이다.

유대인의 경우 추상적 사고의 덕분으로 눈에 보이지 않는 추상적인 것에 대해서 마음껏 상상을 해보는 훈련을 했고, 그 덕분에 독서와 토론, 자유로운 사고, 왕성한 지적 호기심을 풀 수 있었다. 그들은 추상적으로 사고하면서 상상을 했고, 그러면서 오늘의 사회와 나 자신, 그리고 미래 예측까지도 할 수 있었다. 그 힘이 고스란히 반영된 것이 학문과 사업이다.

사업은 무엇인가? 논리력 싸움이고, 추상적 사고로 본질을 읽고 고객이 어떻게 나올지, 사회는 어떻게 변하면서 사업이 어떻게 성장할지를 정확히 읽어낼 수 있어야 한다. 단순히 틀에 박힌 사고로는 힘들다. 다양한 상황을 시뮬레이션할 수 있는 능력이 필요하다. 그래서 항상 미래에 대응하는 것이 필요하다. 공부도 마찬가지다. 공부도 새로운 연구를 하고, 세계를 바꾸는 연구를 하려면 높은 수준의 논리력과 추상적 사고능력이 필요하다. 유대인 중에 아인슈타인과 프로이트, 칼 마르크스가 나온 것도 이러한 추상적 사고의 능력 때문이다. 그들은 실체가 없는 것에 대해서 실체를 만들고, 눈에 보이지 않는 현상을 정확하게 읽어낼 줄 알았다. 그 속에 든 의미가 무엇인지를 공부해왔다. 즉, 사실관계를 암기하는 것이 아니라 그 속에 든 의미에 대해서 많은 고민을 했고, 그러한 이유와 그렇지 않은 이유에 대해서 논리적으로 설명할 수 있는 훈련을 받아왔다. 그리고 그것은 줄곧 하나님에 대해서 생각하는 습관에서 나왔다. 하나님은 눈에 보이지 않고, 형상도 없으며, 그 마음도 헤아릴 수 없다. 그런 그를 유대인은 끊임없이 생각했던 것이다.

이 세상에는 구체적으로 실체를 표현할 수 없는 추상적인 것이 많으며, 그것은 곧 정답이 없는 질문들이 세상 도처에 널려 있다는 것을 말한다. 유대인은 그러한 질문에 끊임없이 생각을 하면서 생각하는 훈련을 해왔다. 그러면서 다양한 해석을 할 수 있는 힘을 길렀다.

유대인의 성공 비결은 그런 면에서 상상력에 기반하는 측면이 많다. 눈에 보이지 않는 것에 대해서 계속 생각하고, 그것을 자기 마음대로 그려보면서 전혀 새로운 세상을 스스로가 만들어내는 것이다. 학문적 개념에 대해서도 전혀 새로운 것을 자기 마음대로 생각해보는 것이다. 즉, 상상하는 것이다. 그러면서 지금 세상에 전혀 없는 것을 만들어내는 것이다. 칼 마르크스의 사회주의 역시 머릿속에만 존재하는 것이지, 지금까지 사회에서는 듣지도 보지도 못한 것이었다. 그러나 그는 상상을 계속했고, 결국 그것을 이론으로 발표할 수 있었다. 세상을 놀라게 하는 혁신적인 것은 지금 이 세상에 없다. 표현되지 않은 것이다. 오직 그것은 상상의 영역에 머물러 있다. 유대인에게 상상은 습관이다. 그러니 온갖 생각을 할 수 있는 것이고 그러니 이상하고 놀라운 생각들이 나오는 것이다. 스티븐 스필버그의 상상력은 얼마나 놀라운가? 공룡이 살아 돌아오는 상상을 하고 말이다. 이것은 쉬운 일이 아니다.

 상상력의 본질도 생각을 하는 것이다. 다만 눈에 보이지 않는 실체에 대해서 생각을 하면서 스스로 형상을 만들어내고, 그것에 대해서 해석을 한다는 데에 본질이 있다. 유대인은 그러한 습관이 있었고, 그렇기 때문에 기발한 생각들을 할 수 있었다. 사업을 하더라도 기발한 생각으로 남들이 전혀 생각하지 않은 것들을 만들어낼 수 있었고, 학문을 연구하더라도 남들이 전혀 생각하지 못한 것들을 발표하면서 새로운 영역을 개척함과 동시에 노벨상을 받을 수 있었다. 그들에게 있어 중요한 무기는 추상적 사고의 능력, 즉 상상력이었다. 그리고 이 기반은 끊임없이 생각하는 것에서 나왔고, 하나님을 통해서 추상적 사고를 훈련하면서 나올 수 있었다. 결국 유대인의 힘은 생각에서 나온다. 독특한 생각, 남과 다른 생각에서 말이다.

예술은
기업경영과 과학기술 발전의
핵심기반이 된다

독서, 음악, 미술과 같은 예술은 어떻게 해서 기업경영과 과학기술 발전의 핵심이 되는가? 그동안 우리는 경영은 경영학만 배우고, 과학기술은 과학만 배우면 된다고 생각했다. 그런데 이 통념에 그대로 정면반박을 하는 것이 유대인이다. 유대인은 사실상 독서로써 만들어진 민족이다. 그들의 모든 능력은 독서에서 나온다. 그리고 그들의 예술성은 매우 높다. 독서에서 만들어진 유대인의 예술가적 기질은 음악과 미술에 많은 영향을 미치는 것이다. 그들의 독서는 음악과 미술과 같은 타 예술로 그 정신이 전이가 되고, 그 결과 그들은 세계적인 예술가들이 많은 것이다. 유대인이 단순히 피아노를 많이 치고, 그림을 많이 그려서 최고의 예술가가 되었다고 보는 것은 반쪽짜리 해석이다. 진정한 예술은 기교가 아닌 깊이로 판단하는 것이다. 그리고 그러한 깊이를 추구하기 위해서는 인간에 대한 이해가 필수적이고, 그 힘을 제공하는 것이 바로 독서다. 그리고 독서를 많이 하면 필연적으로 생각이 많아지고, 인생을 폭넓게 보면서 음악과 미술 등의 예술에도 빠지게 된다. 즉, 관심으로 인한 영역의 확산이다.

우리는 학문을 일률적으로 배워왔다. 경영을 하는 사람은 경영학만 배우면 되고, 예술을 하는 사람은 그 악기만 잘 다루면 된다고 생각했다. 또 과학자는 과학만 공부하면 된다고 생각했다. 그러나 실상은 어떠한가? 노벨상을 수상하는 과학자의 상당수가 소설가나 시인 혹은 음악가나 화가가 될 가능성이 다른 보통의 과학자보다 상당히 높은 것으로 조사되었다. 그것은 무엇인가? 그들에게 예술가적 감수성이 있었다는 것이다. 그리고 그것은 독서에서 나온 것이었다. 그리고 음악과 그림에서 나온 것이었다. 아인슈타인만 해도 음악의 힘을 빌어 성공한 것이 크며, 대부분의 노벨상을 받은 과학자들도 독서를 통해서 생각의 영역을 넓혀왔다.

빌 게이츠도 자신을 만든 것은 독서라고 했으며, 워런 버핏 또한 독서의 중요성을 매우 강조했다. 그들은 기능적 학문에 머물러 있지 않고, 자신의 영역을 파괴하면서, 그들 자신의 철학을 넓히는 진정한 공부인 독서를 해왔던 것이다. 그렇다면 왜 독서는 경영과 과학기술 심지어 노벨상 수상에까지 막대한 영향을 미치는 것일까?

근본적으로 책은 모든 사람들의 간접경험을 담고 있다. 즉, 책을 읽는다는 것은 많은 사람들과 만나는 것이고, 이를 통해서 생각할 것이 많아진다는 것이다. 다른 사람의 삶도 이해할 수 있고, 그들의 기쁨과 아픔도 느낄 수 있는 것이다. 즉, 생각의 영역이 넓어진다. 그리고 다양한 삶을 보면서 삶을 다양한 측면을 이해하게 되고, 이렇게 되면 많은 생각을 하기 때문에 삶의 낭만까지도 노래하게 된다. 마치 소설가나 시인처럼 인간의 본성을 꿰뚫어보고, 그 속에서 교훈들을 마음껏 노래하게 된다. 또 그를 통해서 인간을 읽어낸다.

책을 본다는 것은 결국 많은 생각을 한다는 것으로, 다양한 생각의 기회를 제공하고, 이를 통해서 생각의 영역이 넓어진다. 자신이 가지고 있던 가치관, 좁은 세계에서만 접했던 자신이 믿던 세계가 책을 보면 여지 없이 파괴된다. 즉, 철학의 영역이 확장되는 것이다. 자신이 믿어왔던 것이 전부가 아니라는 것을 알면서 사고가 굉장히 유연해지고 넓어진다. 그러면서 사람이 달라지게 된다. 이것이 틀릴 수도 있다고 생각하고, 그래서 무조건 옳다는 주장도 하지 않으며, 다른 의견이 옳으면 자신의 의견을 바꿀 줄도 안다. 그래서 유연하고, 확신의 늪에 빠지지 않으며, 동시에 확신을 하게 될 때에는 매우 강하게 확신을 한다. 왜냐하면 유연하게 생각하면서 자기가 틀릴 수도 있다고 여기기 때문에 확신의 늪에 빠지지 않고, 동시에 그러한 과정을 거치면서 방대한 양의 독서를 하게 되면서 자기가 옳다는 것을 어느덧 확신하게 되면, 매우 강력하게 자신을 믿고 나아갈 힘을 얻게 되는 것이다.

기본적으로 사업과 기술이라는 것도 인간에 대한 이해가 바탕이 되는 게임이다. 인간을 빼놓고는 생각할 수 없는 것이고, 인간을 이롭게 하기 위한 모든 것이 사업과 기술이다. 그런 면에서 사업이나 기술에만 빠져 있으면 아무것도 안 된다. 예를 들어 닛산의 경우에는 기술은 매우 앞선 기업이었다. 그러나 기술만 앞서 있었지, 사용자 편의성이나 가격적인 면에서는 합리적이지 않았다. 그래서 결국 침체를 겪게 되었다. 기술만 으로는 안 된다. 마찬가지로 경영만으로는 안 된다. 인간을 읽는 힘이 없 고, 사회를 읽는 힘이 없고, 인간을 이해하는 폭이 좁고 얕으면 사업과 기 술은 망할 수밖에 없다. 이른바 인문학이 없으면 안 되고, 예술이 없으면 안 된다. 필연적으로 모든 것은 인간의 가슴을 울리기 위한 것이고, 인간 을 감동시키기 위해 존재하는 것이다. 이것이 없으면 모든 것은 망하고 만다.

유대인은 사실상 생각하는 힘만으로 모든 것을 이룩한 민족이다. 그들 은 결코 암기하지 않는다. 지혜와 창의성을 키우는 것에만 집중한다. 그 래서 문제해결력을 키운다. 그리고 그 중심에는 인간에 대한 이해가 있 고, 그 토대가 독서와 음악과 미술이다. 그러한 예술이 인간에 대한 이해 의 중심이고, 이러한 기둥이 없다면 모든 것이 무너지는 것을 잘 알고 있 다. 그렇기 때문에 그들은 인문학 교육 이른바 독서를 생활화한 것이다.

한국은 먹고사는 문제에 매몰되어 문제의 본질을 보지 못하고 있다. 인간을 읽는 힘을 키우고 있지 않고, 독서하고 생각하는 문화를 완전히 외면하고 있다. 먹고살기 위한 문제에만 몰두하는 것은 기교밖에 안 된 다. 깊이를 만들어내지 못한다. 결국 일류가 되지 못한다. 1등을 따라갈 수는 있어도 일류를 창조하지는 못한다. 생각하는 힘이 없고, 근본적으로 인간을 읽는 힘이 부족하기 때문이다. 너무나도 틀에 갇힌 사고를 하기 때문에 한국은 문제가 많은 것이다.

결국 인간이 산다는 것은 인간을 이해하는 것에서 시작해 인간을 이해하는 것으로 끝나는 것이다. 그러기 위해서는 많은 공부가 필수적이고, 삶의 다양한 면을 볼 수 있는 안목이 필요하다. 삶에 대해서 많은 생각을 해야 하고, 그렇게 하기 위해서 독서를 해야 한다. 때로는 바다 앞에 앉아 몇 시간이고 앉아 있기도 하고, 그렇게 음악을 듣기도 해야 한다. 그러면서 사색을 해야 한다. 눈을 지그시 감고 파도 소리도 들어보고, 그렇게 눈을 감고 자연을 느끼는 것, 이것이 공부다. 이것이 예술이다. 그림을 보면서 많은 생각을 하는 것, 이 또한 공부다. 무엇이 창의인가? 남과 다름이다. 그림을 보면서 느껴야 한다. 음악을 들으면서 아이디어를 얻어야 한다. 책을 보면서 인간의 본질을 이해하고, 자신의 철학의 영역을 확장해야 한다. 그리고 이렇게 인간의 본질을 이해하는 거대한 힘을 바탕으로 경영을 하고, 과학기술을 개발해야 한다. 이렇게 하지 않으면 결국 경영과 기술은 기교에 머물 수밖에 없고, 파국을 면치 못할 것이다.

유대인의 힘은 결국 독서와 음악과 미술에서 나왔다. 노벨상 수상자의 압도적 다수는 예술가가 될 성향을 많이 가지고 있다는 조사는 결코 우연이 아니다. 노벨상은 생각의 산물이고, 세상을 이해하고 창의적인 도전의 산물로 여기에 독서와 음악과 미술이 빠질 수는 없다. 우리는 어떤 문화를 만들어가야 하는가? 예술로 깊은 승부를 하는 문화를 만들어가야 한다.

최고의 교육은 창조적 표현과 지식의 기쁨을 깨우쳐주는 것이다

아인슈타인은 이렇게 말했다. "교육의 목적은 기계적인 사람을 만드는데 있지 않고 인간적인 사람을 만드는 데 있다. 교육의 비결은 상호존중의 묘미를 알게 하는 데 있다. 일정한 틀에 짜인 교육은 유익하지 못하다. 창조적인 표현과 지식에 대한 기쁨을 깨우쳐주는 것이 최고의 교육이다."

교육의 목적은 무엇인가? 교육은 이 세상을 살아갈 근본적인 힘을 길러주는 것에 있다. 즉, 어떤 환경에서도 반드시 살아남는 힘을 길러주어야 하고, 그러한 지식이 진정한 지식이라는 것이다. 즉, 이 사고는 현실에서 승리하고, 실용적인 힘을 길러내는 것이 핵심이다.

이러한 목적 아래에서 공부는 평생 해야 한다. 유대인이 평생 공부를 강조하듯이, 공부는 평생 해야 한다. 평생하지 않으면 발전이 없다. 인간의 지력은 누구나 비슷하고, 그렇기 때문에 평생 노력을 하느냐 하지 않느냐에 따라서 엄청난 차이가 발생하는 것이다. 우리가 왜 IQ가 전 세계에서 1등을 함에도 세계적인 성과를 거두지 못할까? 나는 지구력 없음에서 답을 찾는다. 우리는 평생 동안 노력하는 사람이 드물다. 공부를 하지 않는다. 그러나 유대인은 다르다. 그렇기 때문에 그들은 IQ가 낮지만 거대한 성과를 만들어낸다. 한국은 3년 공부해서 고시 붙고 말지, 30년 공부해서 노벨상 받으려는 생각을 하지 않는다.

평생 공부를 하려면 공부가 즐거워야 하고, 공부가 즐거우려면 내가 하고 싶은 공부를 해야 한다. 또 진짜 공부를 해야 한다. 즉, 주입식 공부나 암기가 아니라 진짜 지식과 지혜를 찾는 공부를 해야 재미가 있다. 내가 스스로 생각해서 우리 세상에 도움이 될 지식을 만드는 공부라면 매우 흥미진진할 것이다. 이런 공부라면 누구나 평생 동안 공부할 수 있고, 이런 공부를 할 때 최고의 결과가 나온다.

그리고 공부는 기본적으로 창조적이어야 한다. 남들과 암기력 테스트 하는 공부로는 답이 없다. 명문대 들어가서 그것을 스펙 삼아 좋은 직장에 들어가는 것으로 끝나면 의미가 없다. 이제는 생각하는 능력을 통해서 창의적으로 드러내야 한다. 그렇지 않으면 고만고만한 수준에서 결코 벗어날 수 없게 되기 때문이다.

유대인의 공부라는 것은 결국 진짜 공부를 한다는 것에 있다. 그들은 삶의 문제를 해결하는 해결책에 관심이 높고, 그 해결책이 한 가지에 머물러 있지 않다는 것을 알기에 암기하지 않는다. 대신 생각한다. 그래서 답을 찾아낸다. 그것이 진짜 공부다. 우리들의 삶에서 생기는 문제에 실질적인 도움을 주고, 해결책을 주는 공부. 그런 공부가 진짜 살아 있는 공부인 것이다. 우리는 무엇을 위해서 살아가는가? 삶을 잘 살기 위해서 살아가며, 이 중심에는 진짜 지식이 있다. 그리고 이렇게 공부를 하면 공부가 즐거울 수밖에 없다. 왜냐하면 사용할 수 있는 공부이고, 세상에 기여를 할 수 있는 공부이기 때문이다.

유대인의 기본적인 생각 역시 그러하다. 세상을 긍정적으로 변화시키기 위해서 공부하고, 그렇기 때문에 기존의 권위에도 도전하는 것이다. 기존의 주류적 흐름보다 내 생각이 더 낫다면 과감하게 주장하여 세상을 변화시키는 것이다. 그러면서 기여하는 것이다.

그런 면에서 보면 유대인은 주인정신이 매우 강하다고 할 수 있다. 학문적으로도 세상일에 대해서도 뒷짐 지고 있지 않겠다는 정신이 매우 강하기 때문이다. 어떻게든 나의 세상을 만들어나가겠다는 의지가 충만한 것이다. 공부를 통해서 반드시 세상에서 빛을 보고 말겠다는 의지가 차고 넘치는 것이다. 그리고 그를 통해 입신양명立身揚名은 물론 세상에 커다란 기여를 하겠다는 의지가 넘치는 것이다. 그러니까 그들은 학문의 변두리에 있지 않은 것이다. 그들은 단순히 주류적인 지식을 외우는 것에 머물지 않는다는 것이다. 그들은 기존의 지식을 뛰어넘는 지식을 만들어내고, 기존의 공식을 뒤엎는 공부를 한다는 것이다. 그래서 새로운 학문의 영역을 개척한다는 것이다. 그리고 이것은 사업에서도 유감없이 드러난다. 그들은 기존의 사업을 벤치마킹해서 하는 것이 아니라 전혀 새로운 영역을 개척하고, 기술의 영역에 있어서도 전혀 새로운 것들을 만들어낸다. 그러면서 진보로 나아가는 것이다.

그들이 만약 고만고만한 것에만 머물렀다면 결코 오늘날과 같은 성과를 보일 수 없었을 것이다. 그들은 기존의 판을 완전히 뒤집는 결정들을 내려왔고, 그러한 도전들을 해왔다. 그랬기 때문에 인구가 2,000만 명도 되지 않는데 세계의 학문과 경제를 장악하는 위치에 올랐다.

그들의 힘은 결국은 공부에 있다. 평생 동안 책에서 손을 놓지 않는 것이다. 그리고 늘 생각하는 것에 있다. 하브루타라고 불리는 토론이 바로 그것이다. 또 추상적인 사고의 힘이다. 그리고 남과 다른 것을 하는 것에 있다. 또 자신의 개성을 살리는 것에 있다. 또 끈기에 있다. 그들은 끈기가 매우 강한 사람들이다. 그들은 평생 동안 끈기 있게 공부한다. 그리고 자신의 잠재력을 극대화하여 자신의 행복은 물론 학문과 사업에 괄목할 만한 성적을 올릴 때까지 도전을 계속한다. 아인슈타인도 물리학자에게 가장 중요한 덕목은 '첫째도 인내, 둘째도 인내, 마지막도 인내'라고 말한 적이 있다. 그들에게는 끝까지 해내는 힘이 있는 것이다.

우리 교육의 가장 큰 문제 중 하나는 주입식 교육으로 공부에 흥미를 잃게 한다는 데 있다. 다른 과목을 못 해도 한 과목 혹은 두 과목만 전 세계적으로 잘 하면 되는 것이 공부의 본질인데 우리는 모든 과목을 다 잘 해야 한다고 말한다. 물론 이것은 전인 교육과는 다르다. 모든 것을 공부하게 하는 것과 외워서 좋은 성적을 받는 것을 강제화하는 것은 다르기 때문이다. 또 외우는 것에 너무 집중되어 있다. 못 외우면 끝이다. 그리고 공부 외에 다른 진로에 대해서는 길을 전혀 열어두지 못하고 있다는 것이다. 그런 점에서 문제가 있다.

지금이라도 늦지 않았다. 우리는 진짜 공부를 해야 한다. 생각하는 공부를 해야 하고, 스스로가 진짜 공부를 해야 한다. 이 세상에 제대로 도움이 되는 공부를 한다는 생각을 가지고, 공부 방법도 바꿔야 한다. 독서를 중심으로 하고, 그를 통해서 본질을 읽는 힘을 키워야 한다. 그 힘이 있으면 결국 어떤 일을 해도 성공할 수 있다. 왜냐하면 독서와 생각하는 힘이 있으면 무엇을 하더라도 창의적으로 할 수 있기 때문이다.

우리는 공부의 즐거움을 깨달아야 한다. 평생 공부를 하려면 공부가 재미있어야 한다. 공부가 재미있으려면 내가 하고 싶은 공부를 해야 한다. 그리고 그 공부를 통해서 길을 만들어내야 한다. 그리고 그를 통해 창조적인 표현을 하고, 그것으로 세상을 바꾸어내야 한다. 앞으로 우리의 공부 방향은 평생 공부를 하고, 하고 싶은 공부를 하며, 그를 통해서 창조적으로 표현하여 새로운 길을 만드는 것에 집중되어야 희망이 있다고 할 수 있다.

유대인은
배움 그 자체를 중시한다

유대인의 가장 큰 힘은 생각하는 것에서 나오고, 이 힘은 독서에서 나온다. 즉, 공부에서 나오는 것이다. 그리고 유대인의 힘은 조급증에 빠지지 않고 공부를 한다는 데에 있다. 한국 사람들은 공부를 몇 년 하면 돈이 나와야 한다고 생각하지만, 그들은 배움 그 자체를 목적으로 두고 공부를 한다. 10년이고, 20년이고 그냥 공부를 하는 것이다. 배움 그 자체가 목적이기 때문이다. 유대인에게는 배움에 대한 숭상 내지 존경의 문화가 확고하다.

이러한 문화가 있을 수 있는 이유는 공부를 해서 결국 몇 천 배의 이익으로 돌아오는 경험들을 역사적으로 많이 했기 때문이다. 결국 그들은 오래도록 공부했을 때 생기는 공부의 힘을 믿는 것이다. 그리고 조급증에 빠지지 않고, 마치 강태공처럼 세월을 낚듯이 공부를 하는 것이다. 다른 민족들이 볼 때에는 빨리 결과를 얻지 못하니 바보처럼 보이지만 그들은 전혀 개의치 않는다. 왜냐하면 결과란 그렇게 빨리 나오는 것이 아니고, 결국 기다리면 이긴다는 것을 알고 있기 때문이다. 그들의 노벨상 수상도 언제 이루어지는가? 다 늙어서 받는다. 20대에, 30대에 노벨상을 받는 경우란 학문적인 연구를 다루는 학자의 경우에는 거의 없다. 대부분 늙어서 받으며, 그것은 대체로 수십 년 동안의 대가를 떠난 연구에서 나온 것이 대부분이었다.

공부에 대해서 계산기를 두드리는 문화를 버려야 진정으로 큰 성공을 할 수 있다. 그렇게 크고 넓게 투자를 해야 거둘 수 있는 것이 공부다. 공부란 시간이 많이 걸리는 것이고, 그리고 그 성과가 드러날 때에는 천문학적인 이익으로 돌아오게 마련이다. 한푼 두푼이 아니라, 수백, 수천 억, 수 조 단위로 이익이 돌아올 수 있는 것이 바로 지식의 힘이기 때문이다.

한국의 경우 먹고사는 공부에 지나치게 매몰되어 있고 사회 전반적으로 여유가 없다. 멀리 보는 힘을 상실했다. 공부를 통해서 10년 혹은 20년 이후에 건곤일척의 승부를 하겠다는 생각이 없다. 그저 지금 당장 무언가 나와야 한다. 그리고 사회 전반적으로 여유가 없다 보니, 공부에 대한 존경도 숭상도 없다. 그저 지금 당장 돈이 안 되면 쓸데없는 것으로 치부하고 있다. 이래선 국가에 미래가 없다. 지금 당장이 아니라 짧게는 10년, 적어도 100년 이후를 본 도전을 하고 투자를 해야 한다. 그렇게 공부를 해야 큰 희망이 생긴다.

유대인이 대다수가 성공을 할 수 있는 것은 이 공부하는 것을 사회 전반의 문화로 만들었기 때문이다. 즉, 극소수의 오피니언 리더만이 평생 공부를 하고, 배움 그 자체를 존경하는 것이 아니라 국가 전체의 분위기로 완전히 만들어버린 것이다. 그래서 평범한 집에 가도 집에 텔레비전이 없다. 책이 많고, 책을 본다. 소위 사회적 저명인사가 아닌 사람도 책을 이렇게 열심히 보고, 공부를 하면서, 순식간에 최고위층 인사로 떠오를 수 있는 만반의 준비를 하는 사회가 유대인 사회인 것이다.

우리는 어떠한가? 평생 공부는 특정 계층만 하는 것이라고 생각하고, 심지어 교수들도 공부를 제대로 안 하고, 상상력을 발휘해서 연구를 하지 않는다. 이런 학자적 자세를 잃은 학자들이 너무 많고, 진정한 탐구욕에 불타서 목숨을 걸고 공부하는 사무라이적인 자세로 공부를 하는 학자가 없다. 이렇게 되면 제대로 된 결과가 나올 수 없다. 그러나 유대인은 전 국민이 공부를 즐기면서 한다. 어떤 대가를 염두에 두고 공부를 하는 것이 아니라 공부를 즐긴다. 그러면서 배움을 숭상한다. 유대인 사회에서는 지금 당장 돈이 생기지 않더라도 책을 본다고 하면 모두들 대단하다고 생각한다. 그러나 우리는 어떤가? 책을 보면 '진지 떤다'고 하면서 무시하는 풍조가 확산되고 있다. 책을 보지 않는 것이 자랑이고 책을 보면 잘못된 것이라고 여기는 문화가 퍼지고 있다. 오직 스펙만 따서 좋은 기업에 들어가는 것만이 최고가 되고 있다. 그 이후는 어떤가? 임원이 되는가? 사업에 성공하는가? 이직을 하는가? 무엇이 되는가? 아무것도 없다. 껍데기만 중시하고, 잔재주만 늘어가는 사회가 되는 것이다.

책 보는 문화 그 자체를 중시하지 않는 국가는 미래가 없다. 이것은 유대인이 증명하고 있다. 유대인은 배움 그 자체를 중시한다. 결혼을 하고 나서도 1년은 《탈무드》 공부를 하느라 직장에 다니지 않는다. 우리 사회 같으면 난리가 날 일이다. 신랑이 어디서 돈도 벌지 않고 공부만 하느냐고 말이다. 그러나 유대인 사회에는 공부가 몇 천 배의 이익을 준다는 것에 대한 공감대가 형성되어 있고, 그렇기 때문에 사회에서 돈까지 주면서 공부를 하라고 한다. 이유는? 그것이 결국 사회에 몇 천 배의 이익으로 돌아오는 것을 잘 알기 때문이다.

공부하지 않는 민족은 미래가 없다. 생각하지 않는 민족은 미래가 없다. 껍데기와 외면만 중시하는 민족은 미래가 없다. 독서를 무시하는 민족은 미래가 없다. 지금 우리의 현주소다. 우리는 왜 이렇게 되었을까? 참으로 안타까운 일이다.

결국 우리는 공부하는 문화를 살려야 한다. 공부 그 자체를 중시하는 문화를 만들어내야 한다. 어떤 대가를 떠나서 공부를 하면 그 자체를 존경해야 한다. 그럴 때 10년, 20년, 30년씩 자기 분야를 집중적으로 연구하는 사람이 나올 때 노벨상이 나온다. 노벨상을 받는 근본적인 힘도 한 분야를 집중적으로 수십 년 동안 연구하는 것에서 나온다. 2~3년 연구해서는 도저히 달성할 수 없는 영역이다. 우리는 왜 최고의 머리를 가지고도 아무런 성과를 내지 못하는가? 그것은 문화가 잘못되었기 때문이다. 문화를 바꿔야 한다. 학문 그 자체를 존경하는 문화, 책 읽는 문화, 생각하는 문화에 대한 공감대를 확고히 해야 한다.

유대인은 학문을 이토록 중시하기 때문에 랍비들도 큰 존경을 받고, 수많은 사람들이 작가다. 또 말을 많이 한다. 늘 토론하고 사색한다. 그리고 이런 기반이 되기 때문에 창의적인 결과물들이 나온다. 노벨상 수상자가 나오고, 세계적인 기업을 세우는 것이다. 공부하지 않으면 잠시는 버틸 수 있지만 오래는 못 버틴다. 계속 번영할 수 없다. 공부하기 위해선 바쁘지 않아야 한다는 점도 기억해야 한다. 유대인이 오후 3~4시에 퇴근하고, 나머지 시간에는 공부를 한다는 점을 생각해야 한다. 그들은 공부를 하면서 내일을 준비한다. 남들이 볼 때에는 아무 성과가 없으니 아무것도 이익이 될 것이 없다고 생각하지만, 그렇게 공부하고 내일을 준비하는 힘이 본질적인 힘이 된다. 그것이 생각에 힘을 주고, 창의력에 힘을 준다.

이런 면을 생각하면 우리는 근무시간의 조정도 필수적이라고 생각된다. 적어도 5시에는 퇴근을 해야 한다. 그리고 독서를 하는 문화를 만들어야 한다. 적어도 지금보다 50배 정도는 더 독서를 해야 한다. 최소한 1년에 100권 이상의 책은 읽어야 한다. 국가의 미래는 결국 공부에서 나오고, 지금 당장의 돈(이익)만으로 계산하지 않고 도전적으로 공부하는 것에서 나온다. 이 힘을 유대인 사회는 문화로 가지고 있다. 그리고 이 힘이 바탕이 되어 신화를 만들 수 있었다.

여행은 다양한 경험으로 인문학적 통찰력을 키워준다

유대인은 오랜 시간 동안 방랑을 해야만 했다. 그들은 조국이 없어 이 나라, 저 나라를 떠돌아다녀야 했다. 그것은 일종의 여행으로 그들의 사고가 확장되는 계기가 되었다. 여행이란 최고의 인문학 공부 과정으로 볼 수 있다.

사람은 공간에 영향을 받는 존재다. 그곳이 어떤 공간이든 큰 영향을 받는다. 나의 경우에도 글을 쓸 때는 작은 방에서 쓰기도 하고, 카페에서 쓰기도 하는데, 그때 공간이 바뀌면 마음이 완전히 바뀌는 것을 경험하곤 한다. 그 속에서 보는 사람들이 다르고, 조명이 다르며, 공간의 크기가 다르다. 이 속에서 마음이 크게 바뀌는 것을 경험할 수 있다. 나의 경우, 2014년에 8개월 동안 제주도를 여행한 적이 있다. 중문 해수욕장에서 한

달 간 수영을 했으며, 한라산을 20여 회 이상 등반하였다. 또 스쿠터로 제주도를 4,000Km 정도 다니며 사색을 하였다. 또 대구에 와서는 50cc 스쿠터를 타고 서울을 가기도 했고, 경주와 부산(해운대)을 10번 이상 갔다. 포항의 호미곶으로 가서 해안도로를 따라 달리기도 했다. 지리산도 갔고, 전주 한옥마을까지 스쿠터를 타고 다녀온 적도 있다. 얼마 전에는 스쿠터로 대구에서 문경새재, 속리산, 계룡산, 대전시, 세종시, 공주시까지 다녀왔다. 그러면서 진짜 여행이 무엇인지 느꼈다.

여행은 본질적으로 사람의 사고의 영역을 확장시킨다. 또 여행을 하면서 다양한 경험을 겪게 되는데, 그 속에서 또 인간의 많은 것들에 대해서 생각하게 되어 철학이 확장된다. 또 여행을 하면서 여유를 가지게 되고, 때로는 도로에서 죽어 있는 생물들을 보면서 인간의 생명이란 찰나라는 것도 느끼게 된다. 여행을 하면 인간의 삶에 대해서 많은 것을 생각하게 된다. 그것도 굉장히 기분 좋게 말이다. 물론 때때로는 힘이 들지만 그 속에서도 느끼는 바가 크다. 그리고 이것은 현장을 통해 몸으로 느끼는 것이라는 점에서, 독서를 보완하는 좋은 효과가 있다. 독서는 머리로 하는 싸움이고 여행은 몸으로 하는 싸움인 것이다. 그러면서 인문학의 본질, 즉 인간과 세상을 보는 눈을 키우게 되고, 자기만의 철학을 갖게 된다. 근본적으로 사상가이자 철학자로 거듭나는 좋은 수단이 되는 것이다. 여행에는 큰 힘이 있다.

유대인은 어쩔 수 없이 여행을 해야 했지만 그 속에서 많은 것을 느꼈을 것이다. 인간의 삶에 대해서, 세상에 대해서 필연적으로 많은 생각을 했을 것이다. 왜냐하면 여행을 통해 경험이 많아지면 생각도 많아지기 때문이다. 그리고 다양한 순간들을 맞닥뜨리게 되면서 생각의 영역이 확장될 수밖에 없기 때문이다. 그리고 가다가 위험한 경우도 맞이하게 되면서 삶에 대한 긴장감도 가지게 된다. 인간의 목숨이란 찰나에 사라질 수도 있는 것임을, 그래서 항상 긴장하며 살아야 한다는 것도 몸으로 느끼게 되는 것이다. 그리고 좋은 사람을 보면서 인생이란 제법 살만한 것이라는 것도 느끼게 되는 것이다. 그리고 여행을 통해 많은 생각들을 하면서, 긴장을 하면서도 낭만에 대해서도 생각을 하게 된다. 삶이란 결국 즐거움과 행복이 중요하다는 생각도 필연적으로 하게 되기 때문이다.

여행을 두고 흔히 견문을 넓히는 것이라고 한다. 그리고 감성을 키울 도구로 여긴다. 흔히 예술가들은 여행을 많이 하는데, 왜일까? 여행은 예술의 도구이기 때문이다. 여행을 하면 감성적이게 되고, 이 속에서 많은 깨달음과 영감을 얻기 때문이다. 그래서 여행은 예술가의 필수적인 동반자이고, 이 예술적 감수성이 결국 사업과 과학기술의 핵심기반이 된다.

예를 들어 멘델스존은 음악계에서 가장 여행을 좋아한 작곡가인데, 그는 20세 때 스코틀랜드를 방문해 '히브리디스 서곡(핑갈의 동굴)'을 작곡했고, 23세 때에도 역시 여행을 하면서 '이탈리아' 교향곡 4번을 작곡하였다. '핑갈의 동굴'은 스코틀랜드의 스태퍼 섬에 있는 동굴인데, 멘델스존의 음악 '핑갈의 동굴'을 들으면 그곳의 장엄한 경관이 느껴진다. 또 '이탈리아' 역시 음악을 들어보면 남부 유럽이 그려진다. 멘델스존은 여행을 통해 다양한 경험을 하고, 이를 통해 사고의 영역이 확장될 수 있었다. 그는 비록 38세라는 젊은 나이에 죽었지만 음악사에 길이 남는 작곡자, 연주자, 지휘자로서 명성을 확보할 수 있는데, 그의 근본적인 힘은 여행에 있었다. 유대인은 어린 시절부터 독립심을 기르기 위해 여행을 권유하고 있고, 이를 통해 견문을 넓히고, 세상의 다양한 맛을 봄으로써 사고의 영역을 확장하게 한다. 그리고 이것은 예술뿐만 아니라 학문과 사업에서도 큰 효과를 보고 있다.

당장 혼자서 유럽을 6개월 간 여행한다고 해보자. 얼마나 많은 일이 있을 것인가? 또 일본을 스쿠터를 타고 6개월 간 여행한다고 해보자. 얼마나 많은 일이 있을 것인가? 그리고 그 느낌은 어떨 것인가? 분명 이 속에서는 다양한 일이 일어난다. 좋은 일도 일어나고, 나쁜 일도 일어난다. 그 속에서의 깨달음은 크고, 특히나 몸으로 한 공부이기 때문에 기억도 잘 된다. 책을 보면서 일어나는 변화보다 몸으로 부딪치며 일어나는 변화의 효과가 100배 이상이라고 봐야 한다. 몸으로 접하면 그 강도가 매우 뜨겁고 격렬하기 때문이다. 여행을 하더라도 다큐멘터리로 보는 것과 그곳에 직접 가보는 것은 차원이 다르다. 그곳의 온도를 느끼고, 그곳의 공기를 마셔보는 것, 그곳의 사람들의 표정을 보는 것, 그곳의 도시 문화를 느껴보는 것은 매우 다른 생각을 만든다. 그리고 본질적으로 여행이란 새로운 것을 보는 것이기 때문에 필연적으로 몰입하게 된다. 이것은 해외여행을 해본 사람이라면 느끼는 것일 텐데, 해외를 나가면 그곳에 상당히 몰입된다. 왜냐하면 거의 모든 것이 새로운 것이기 때문에 호기심이 자극되고, 보면서 지적 자극이 되어 엄청난 몰입을 하게 되기 때문이다. 그 속에 흠뻑 빠져서 모든 것을 몰입하게 되는 것이다. 그래서 여행을 제대로 하면 잡념이 사라진다. 그곳에 완전히 몰입되어 그곳과 하나된 나를 발견하게 된다. 당연히 시간도 잘 가고, 당연히 느끼는 바도 크다. 온몸에 각인된다. 그곳에서 배운 지식은 상당히 도움이 된다. 그곳에 대해 친숙함을 느끼게 되면서 여러 면에서 그 나라의 모든 것을 받아들이는 속도도 빠르다. 어학은 기본이고, 그곳의 문화 전반에 대해서 스펀지처럼 빨아들이게 된다. 그러면서 다양한 문화에 대해서 눈을 뜨고, 사고의 지평이 넓어진다. 즉, 사고의 영역이 확장된다.

유대인의 경우, 오랫동안 여행을 할 수밖에 없었고, 그것은 분명 유대인에게 큰 힘을 주었을 것이다. 인간과 사회를 이해하는 큰 힘을 제공했을 것이다. 그리고 해외에 친척들이 많아 해외여행을 자주하는 유대인은 아무래도 국제문화에 대해서 쉽게 눈을 뜨고, 또 여행을 하는 과정에서 많은 것들을 몸으로 느낄 것이다. 그리고 그것은 그들의 생각을 자극할 것이고, 추상적 사고가 발달해 있는 그들은 이런 여행 경험을 통해서 전혀 새로운 것을 만들고, 그것을 기회로 만들 것이다. 생각하는 능력이 있는 유대인에게 여행은 하나의 기회이자 인생 공부인 것이다.

38
유대인은 사람을 통해 배우고, 최고의 사람들과 교류하며 강해진다

사람이 책을 읽는 이유는 결국 배우기 위해서다. 책의 내용은 사람에 한정되지는 않는다. 비록 작가가 쓴 책이라 하더라도 그 안에는 사람의 내용뿐만 아니라, 지구와 우주, 생명체의 모든 것을 담고 있다. 그래서 책은 영역이 더 넓다. 그러나 사람에게 직접 배우는 것에는 또 다른 힘이 있다. 사람에게 직접 배우면 속도가 빠르다. 저자가 쓴 책을 읽는 것도 좋지만 더 좋은 것은 그에게 직접 수업을 듣는 것이다. 왜냐하면 그렇게 하면 속도가 빠르기 때문이다. 아는 것은 넘어가고, 모르는 것을 물어볼 수도 있고, 책에서 궁금한 것이나 이해가 잘 가지 않는 내용에 대해서 많이 물어볼 수 있다. 그러면 생각의 영역이 확장되고, 아무래도 달라지게 된다. 도올 김용옥 선생도 책보다 사람에게 직접 배우는 것의 힘이 더 빠르다고 말한 바 있는데, 속도의 측면에서는 공감 가는 부분이다.

삶은 배움으로 이루어져 있다. 배워야만 새로운 것을 만들 수 있다. 그래야 나만의 것을 만들 수 있다. 그래서 유대인은 사람에게서 배우는 것을 중요하게 생각한다. 공부를 할 때에도 혼자보다는 2명이나 3명이서 이야기를 하면서 공부한다. 다른 사람의 의견을 통해서 나를 돌아보고, 그의 의견에 반박을 하면서 보다 정교해질 수 있기 때문이다. 또 나와 다른 생각을 접함으로써 내 생각의 영역이 확장되게 된다. 물론 그의 의견을 일방적으로 듣는 것이 아닌, 나 역시 질문과 답변을 하면서 정교해지게 된다. 그래서 보다 지적으로 강해지고 자유로워지게 된다.

유대인의 경우 사람 간의 교제도 매우 중요하게 생각한다. 특히 최고의 사람들과 교제를 통해 성장하는 걸 좋아하는 편이다. 사람의 성장은 대체로 사람을 통해서 이루어지고, 큰 성장 역시도 마찬가지다. 특히나 그 만남이 당대를 뒤흔들 정도의 인물과 만나는 것이라면 그 파급력은 더욱 커지게 된다. 예를 들어 말러는 빈 오페라 감독을 지낼 정도의 당대 최고의 음악가였다. 그러나 그는 유대인이라는 이유로 차별을 받았고, 첫 딸이 갑자기 죽었으며, 나이 차이가 많이 나는 아내를 둔 탓에 심각한 의처증이었다. 그래서 그는 심리학자 프로이트에게 의뢰했다. 프로이트는 당대에는 전혀 주류 심리학자가 아니었지만 《꿈의 해석》을 출간한 후 명성을 쌓고 있었다. 프로이트는 말러와 산책을 하며 오랫동안 대화를 나누었고, 말러의 우울하게 만든 원인을 분석하고 그의 상처를 치유한다. 그래서 말러는 다시 음악을 할 수 있는 힘을 회복하게 되었고, 이후 그들은 만남을 통해 서로에게 긍정적인 영향을 주고받게 되었다. 말러는 그의 삶의 상처와 아내에 대한 집착을 놓게 되었고, 프로이트는 심리학 연구역사에 장대한 획을 긋는 정신분석을 할 기회를 제공받았다. 아인슈타인 역시 프로이트와 자주 대화를 나누었는데, 이를 통해 서로 생각과 철학을 나누며 우정을 나누었고, 그들의 교류는 서로를 사상적으로 더 강하게 만들었다. 만남이 힘을 준 것이다.

20세기 최고의 철학자 중에 1명인 비트겐슈타인 집안 역시, 부모가 예술을 사랑하여 당시 당대 최고의 음악가들을 초대해 연주회를 열곤 했다. 그의 집에는 브람스, 말러, 브루노 말터와 같은 음악가들이 자주 초대된 것이다. 비트겐슈타인의 부모는 예술가들을 후원했고, 전시관까지 설립할 정도로 많은 지원을 했다. 결국 비트겐슈타인은 교향곡 전 악장을 외워서 휘파람을 불 정도가 되었고, 그의 형제들은 대단한 예술가가 되었다. 그의 집안에 뛰어난 음악가와 철학자가 다수 배출되었는데, 이것은 어렸을 때 다양한 사람들과 어울리게 하고, 여러 예술가들을 초대하여 자연스럽게 예술교육을 한 부모의 덕분이었다. 즉, 이것은 그 사람의 예술을 접하게 함으로써 생각의 영역을 확장하게 하였고, 때때로 그들과 나누는 대화에서 많은 배움과 영감을 얻을 수 있었다. 그리고 그들은 예술가와 철학자가 된 것이다.

또《닥터 지바고》로 노벨문학상 수상자로 선정되었으나 사회주의 혁명과 어울리지 않는다는 이유로 소련 당국으로 위협을 받게 되자 노벨상 수상을 거부하며 신변의 안전을 도모한 보리스 파스테르나크 역시, 화가

인 아버지와 피아니스트인 어머니 사이에서 태어났다. 그는 예술가의 피를 물려받았으며 문인 및 예술가들과의 교류가 많았다. 그의 부모는 자신의 집에 예술가들을 초대해 파티를 열기도 했고, 그때 여자들은 화려한 드레스를, 남자들은 멋진 정장을 입고 왔다. 그리고 피아노 연주를 했고, 예술가적인 대화를 나누었으며, 맛있는 음식을 함께 먹었다. 그때 자신의 집으로 온 사람 중에는 톨스토이도 있었고, 라이너 마리아 릴케도 있었다. 그런 배경 탓에 그는 노벨상을 수상자가 될 정도의 문학을 할 수 있었다. 즉, 어릴 때 예술가를 접할 수 있는 환경 덕분이었다.

유대인의 경우 어릴 때부터 다른 사람과 어울려 생활하는 법을 배우는데, 이것은 유대인 부모가 대부분 맞벌이를 하기 때문이다. 그래서 아주 어린 나이 때부터 단체생활을 하는 곳에 거의 모든 아이들이 맡겨지면서 어릴 때부터 남들과 생활을 하고, 이 속에서 사회성과 집단성을 배운다. 즉, 다른 사람과 협조적으로 어울리는 법을 배우고, 이 속에서 남들과 어울려 최고의 성과를 내는 법을 배우는 것이다. 개인적으로 탁월한 생각을 하고, 창의적인 생각을 하면서 기업이 최고의 성과를 내는 이유는 남들과 잘 어울리는 유대인의 특성 때문이다. 그것은 매우 어린 시절부터 남들과 함께 지내면서 만들어졌다. 그리고 그들은 그런 친구들과 단순하게 어울리는 것을 넘어 최고의 성과를 낸다. 그것은 질문과 대답을 하면서 그들의 두뇌를 끊임없이 자극하기 때문이다. 또 유대인 부모들은 사람과의 교제의 중요성을 알고 최고의 사람들과 교제할 기회를 제공하고자 최선의 노력을 기울인다. 비록 집안이 가난하더라도 최고의 사람에게서 교육을 받고, 최고의 사람과 함께 하는 데 상당한 노력을 기울인다. 특히 유대인 부모의 경우 배울 가치가 없는 사람과는 사귀지 말라고 강력하게 말한다. 이것은 단순히 공부를 잘 하느냐 못 하느냐의 문제가 아니다. 배울 점이 있는가, 긍정적인 영향을 주는가가 핵심인 것이다. 이 점에 대해선 부모가 강력하게 자신의 주장을 한다. 자녀에게 도움이 되는 사람을 옆에 두고자 한다. 그들은 최고의 사람들과 그들 자녀가 어울리기는 바라며, 그를 통해 최고가 되길 바란다. 원래 사람은 끼리끼리 어울리기 때문이다. 그들과 어울리면 그렇게 되기 때문이다.

유대인은 자녀에게 공부만 강요하지 않는다. 또 그렇게 해서는 성공할 수도 없다고 말한다. 공부도 두세 명이 모여서 하기를 바란다. 서로 질문과 답변을 하면서 정교해지기를 바란다. 또 생각하기를 바란다. 또 최고의 사람들과 교제를 하거나 영향을 받음으로써 그들 자녀도 그렇게 되길 바라고, 성장한 이후에도 최고의 사람들과 함께 교제하면서 그들의 사상과 철학을 다지고 우정을 쌓는다. 즉, 그들은 서로에게 좋은 위로와 격려를 하는 동반자인 것이다. 그들은 본질적으로 생각하는 사람이다. 그리고 모든 것은 생각을 잘 하기 위한 도구다. 독서도 그렇고, 여행도 그러하며, 사람과의 교제도 그러하다. 사람은 본질적으로 사람에게 배우고 그들을 통해 성장한다. 유대인은 그것을 알고 있다.

39. 온실 속의 장미는 화병을 장식할 뿐, 정원을 가꾸는 데는 쓸 수 없다

유대인의 자녀교육은 '사브라'라는 단어로 표현된다. 유대인은 자녀를 선인장 꽃의 열매인 사브라라고 부른다. 선인장에는 사막이라는 악조건 속에서도 살아남고, 꽃을 피우고 열매를 맺는 강인함과 끝까지 살아남는 힘이 있다. 유대인들은 자녀를 사브라라고 부르며, 그를 통해 자녀들에게 강한 메시지를 심어주고 있다. 그들은 자녀들에게 사브라라고 말하면서 다음과 같이 말하는지도 모른다. "우리의 조상의 삶은 선인장처럼 힘들었다. 그러나 사막의 비 한 방울 오지 않는 악조건 속에서도 어떻게든 살아남았고, 기어코 살아남아 그 속에서 훌륭한 성과들을 만들어왔다. 너희들도 역시 사브라다. 너희들도 어떤 일이 있든지 간에 끝까지 살아남아야 한다. 비가 오지 않더라도 절대로 굴복하지 말고,

반드시 너희들의 열매를 맺어야 한다. 그리고 너희들의 자식이 태어나도 너희들과 똑같이 키우길 바란다."

실제로 유대인의 삶은 전쟁과도 같았다. 그 속에는 낭만이 전혀 없었다. 그러나 그들은 살아남았고, 훌륭한 성과를 냈다. 그들은 최고를 지향했고, 자신만의 생각으로 세상을 뒤엎고 새로운 이론을 만들길 강력히 희망했고, 그것을 현실로 어떻게든 이루어냈다. 그들에게는 그런 강인함과 끈기 그리고 투지가 있다. 그들의 끈기는 상상을 초월한다.

그들은 분명 힘든 삶을 살았다. 그러나 그 속에서도 그들은 웃음을 잃지 않았다. 그들에게는 유머가 있었다. 유대인들은 유머가 부족한 사람을 만나면 머리에 숫돌을 갈아야겠다는 말을 할 정도로 유머를 중요하게 생각한다. 그들은 유머가 인간의 지성을 날카롭게 연마한다고 믿기 때문에 이런 말을 하는데, 인간의 지성도 행복 속에서 빛을 발할 수 있는 그들의 철학을 담은 말이다. 유대인들은 실제로 치열한 투쟁심을 가지고 있지만 그들의 삶은 행복과 웃음이 넘친다. 절대로 숨 막히는 생활을 하지 않는다. 그들은 저녁식사를 가족과 매일 하며, 웃음이 넘치는 생활을 하고, 늘 웃음을 잃지 않는다. 그래서 그들을 두고 '웃음의 민족'이라고 부르기도 한다. 실제로 그들의 삶은 엄청난 고난과 박해 속에서 견뎌온 것이었다. 그들의 삶은 마치 사막의 선인장처럼 거칠었고 자칫 목숨마저 잃을 수도 있는 것이었다. 그러나 그들은 늘 웃었고, 그것은 사막을 낙원으로 만들어주었다. 그들은 지금 가진 것을 다 잃고 빛이라곤 전혀 없는 상황 속에서도 밝은 미래를 꿈꾸었다. 아인슈타인도 노벨상을 받는 자리에서 이런 말을 한 적이 있다. "나를 키운 것은 유머였고, 내가 보여줄 수 있는 최고의 능력은 조크였다. 세상 사람들은 규칙을 지키는 것이 가장 중요한 가치라고 생각하지만 나는 반대로 규칙을 뒤집었을 때 우리에게 가장 필요한 새로운 규칙이 탄생할 것이라고 믿는다."

유대인의 삶을 보면 한편으로 이중적이다. 상당한 치열함과 굳은 결의를 갖고 있으면서도 매일 웃으면서 산다. 적게 일하지만 최고의 성과를 낸다. 그들은 공부를 외롭게 하지 않는다. 두세 명과 함께 공부하면서 머리를 쓴다. 그러면서 최고의 성과를 낸다.

유대인은 어떤 상황에서도 살아남겠다는 정신이 있다. 사브라는 그것을 표현한다. 그들은 사막에서도 살아남겠다는 결의인 것이다. 사막이라고 살아남지 못할 이유가 없다는 생각이다. 물이 없어도 반드시 살아남겠다는 것이다. 그들은 비교적 이른 나이인 10대 초반에 성인식을 하는데, 그것도 이러한 독립심을 키워주기 위해서다. 실제로 유대인의 삶은 매우 거칠었기 때문에 12세, 13세가 되면 스스로 삶을 결정할 수 있어야 한다고 생각한다. 이때가 되면 어떤 일이 있어도 살아남을 수 있어야 한다고 보았다. 그래서 지금도 유대인들은 어린 아이의 의사를 존중한다. 그들 스스로가 돈을 계획적으로 운영할 수 있도록 허락한다. 물론 감독은 하지만 그들의 의사를 존중하는 것이다. 가령 그들은 10대 초반에 성인식을 할 때 들어온 돈이 꽤 크다. 그 돈은 대체로 수천만 원이고, 그들이 대학을 졸업할 때가 되면 대체로 1억 원에 육박한다. 그 돈은 대학을 졸업할 때까지 부모가 관리를 한다. 그러나 10대 초반의 자녀가 그 돈을 다른 사람을 돕는 데 사용하겠다고 하면 부모는 기부를 한다. 즉, 자녀 스스로의 판단력을 존중하는 것이다. 그리고 그 나이가 되면 자녀 스스로 생각할 능력이 있다고 보기 때문에 자선을 하더라도 자녀를 데리고 다니며 청소를 시키더라도 돈을 지불한다. 스스로 생각할 힘이 있다고 보고, 스스로의 삶을 꾸려나갈 힘을 키우는 교육과 기회를 주는 것이다.

유대인은 독립심과 스스로 살아갈 수 있는 힘을 가장 강조하며, 그렇기 때문에 교육도 살아갈 수 있는 기술을 배우는 데 초점을 맞춘다. 그래서 자녀에게 독립적으로 살아갈 수 있는 교육을 시키지 않는 부모는 부모 노릇을 제대로 하고 있지 않다고 본다.

유대인들은 때에 따라 그들의 부모도 의지하지 말아야 한다는 교육을 하고, 필요하다면 아내도 믿지 말라고 교육한다. 험난한 세상을 스스로의 힘으로 살아가야 하기 때문에 네 스스로 모든 것을 책임져야 한다는 것을 가르쳐주기 위해서다. 유대인의 삶의 방식은 자기 먹고살 길을 다 마련해놓은 다음에 다른 일을 한다는 것에 있다. 그들의 사회적 활동을 보면 전부 자기가 살 수 있는 수단을 확고하게 한 다음이라는 것을 목격할 수 있다. 그들은 스스로의 힘으로 살아갈 것을 교육에서 가장 중요하게 생각하고, 그것은 사브라로 표현된다. 그들은 결국 세상은 혼자의 힘으로 사는 것임을 정확하게 인식하고 있는 것이다.

유대인은 아버지의 교육과
어머니의 칭찬으로 만들어진다

유대인은 학교교육도 중요하게 생각하지만 가정교육을 더 중요하게 생각한다. 유대인은 언제 유랑하게 될지 모르기 때문일 것이다. 항상 불안정한 상황이었으므로 교육을 학교에만 맡겨둘 수 없었던 것이다. 그래서 유대인은 가정교육을 통해서 훌륭한 자식을 잘 길러낼 수 있도록 노력했다.

유대인은 기본적으로 아버지가 훌륭한 교육자다. 어느 가정이든 그렇다. 남편이 바로 서지 않으면 그 집안은 망하고 만다. 아내가 남편에 대한 존경심이 없는 집안은 미래가 없는 것이다. 또한 아버지는 항상 공부를 많이 해야 하고, 높은 수준의 야망이 있어야 한다. 그래야 그것을 보고 자식이 배운다. 미국의 수많은 연구소에서 조사한 연구를 보아도 그렇다. 1960년대 존스홉킨스대학교 사회학과 제임스 콜먼 교수가 무려 4,000개 학교에서 62만 5,000명의 학생들을 대상으로 조사한 결과, 학교보다는 가정환경이 성적에 가장 큰 영향을 미치는 요인이라는 결론을 내렸다. 즉, 부모의 삶의 태도와 포부, 교육에 대한 열의 등이 자녀에게 절대적이라는 것이다. 미국에서 가정교육에 상대적으로 소홀한 흑인가정에서는 성적이 낮고 비행청소년도 많이 나온다. 미국정부에서는 흑인 학생들의 성적을 높이고 탈선을 낮추기 위해 많은 노력을 했지만 실패했다. 가정교육이 뒷받침되지 않았기 때문이다(《365 매일 읽는 한줄 고전》참고). 즉, 아버지의 삶을 살아가는 태도와 삶의 야망, 교육의 정도, 살아가는 모습 등을 통해서 자녀는 그대로 보고 배운다는 것이다.

그렇다면 유대인 아버지는 어떻게 시간을 보낼까? 우선 아침을 같이 먹는다. 그러면서 간단하게 토론을 하면서 두뇌를 자극한다. 퇴근 후에도 집으로 와서 가족과 함께 식사를 한다. 그리고 식사를 한 후에는 독서를 하면서 아이들이 자연스럽게 독서를 하는 습관을 들이게 만든다. 이것은 어떻게 이루어지는가? 본질적으로 아버지의 권위를 통해서 교육이 이루어진다. 교육을 하려면 소위 말에 힘이 실려야 한다. 그것을 뒷받침하는 것이 권위고, 유대인은 아버지의 권위는 하나님으로부터 내려온 것으로 인식하여, 아버지는 하나님을 대신해서 가정을 이끄는 자로서 권위를 인정받는다. 그래서 집안의 중요한 결정은 아버지가 하고, 부인은 가정의 제사장인 남편의 권위를 절대적으로 존중하고 모든 결정에 따른다. 자식이 물을 한 잔 드리더라도 아버지를 먼저 드리도록 되어 있고, 어머니에게 먼저 드릴 경우에는 반드시 아버지의 허락을 받아야 할 정도로 아버지의 권위는 막강하다. 자녀들은 어머니가 아버지를 이렇듯 존경하는 모습을 보고 아버지에 대한 절대적인 존경과 신뢰를 가지게 된다. 유대인의 경우 아버지만 따로 앉을 수 있는 자리까지 있으며, 그 자리는 다른 가족은 앉을 수 없는 특별한 권위가 있다. 물 한 잔을 먹더라도 먼저 먹으며 앉는 자리까지 다르며 하나님을 대신해 가정을 다스리고 통치하기 때문에 그 권위는 모두가 절대적으로 존경하는 것이다.

유대인 어머니도 매우 중요한 역할을 하고 있다. 가정 내에서 남편의 권위를 절대적인 수준으로 높여주는 것은 바로 어머니이기 때문이다. 어머니가 아버지를 인정하지 않으면 가정은 한 순간에 아버지의 권위는 무너지게 되고 집안은 쑥대밭이 되고 만다. 그래서 유대인은 오히려 남편보다 아내가 중요하다고 말한다. 극단적으로 유대인은 어머니가 유대인이어야 유대인으로 인정한다고 말할 정도다. 왜냐하면 남편의 권위란 스스로의 노력으로 만들어지는 것이 아니라 주위의 인정으로 만들어지는데 그 열쇠를 아내가 쥐고 있기 때문이다. 아내가 존중하지 않고, 제대로 역할을 하지 않으면 집안은 결국 망하고 만다는 점에서 유대인 어머니의 역할은 매우 중요하다. 실제로 아내가 협조하지 않으면 집안의 질서는 무너진다.

유대인 어머니의 경우 자녀를 믿어주고 격려하면서 자녀를 틀에서 벗어난 생각을 하게 하는 동시에 자유로운 사고와 행동을 하도록 이끄는 존재다. 그래서 기죽지 않고 자신의 의견을 당당하게 표현하고, 그로써 후츠파 정신을 실현하고, 자기만의 생각으로 자기만의 세상을 만들어가는 존재로 이끈다. 그리고 무엇보다도 자녀의 개성과 잠재력을 발견해서 키워주는 쪽은 어머니다. 어머니는 자녀들과의 대화를 많이 하고, 사소한 부분에서의 꾸중, 행동 등에 대해서 디테일하게 영향을 미치기 때문에 매우 중요하다. 또 말 한마디로 자식의 운명마저 바꿀 수 있다는 점에서 그 영향은 막대하다고 할 수 있다. 자녀에게 있어 아버지는 절대적인 권위와 교육의 대상이라면 어머니는 아무래도 격려를 해주는 사람이고 대화를 통해서 자신의 길을 찾도록 이끌어주는 존재라고 할 수 있다.

유대인 어머니가 중요한 것은 그녀의 철학이 자녀에게까지 스며들기 때문이다. 그녀가 어떤 생각을 갖고 있고 어떤 철학을 갖고 있느냐에 따라서 자식에 대한 세부적인 행동이 달라지고, 그것이 매우 광범위하게 영향을 미친다는 점에서 중요하다.

아인슈타인은 이렇게 말한 바 있다. "내가 물리학자가 되려고 노력한 것은 어머니가 나를 믿어주었기 때문이다." 그의 어머니는 아인슈타인을 믿고 지지해주었고, 기다려주었다. 이상한 질문을 해도 정성껏 답해 주었고, 화를 내지도 않았다. 성적표에 집착하지 않고 아이의 개성을 극대화시키는 데 몰두한 결과, 아인슈타인은 과학계 100년을 대표하는 과학자가 되었다.

유대인 어머니는 자녀가 잘 때 머리맡에서 책을 읽어주어 자녀가 독서에서 관심을 갖고, 어휘능력이 향상되도록 돕는다. 그리고 유대인 어머니의 특징 중 하나는 감정적으로 꾸짖지 않는다는 점이다. 아무리 자식이 잘못하더라도 차분하게 이야기를 하지, 절대로 감정적으로 이야기하지 않는다. 그래야만 실질적인 변화를 이끌 수 있다는 생각 때문이다. 감정적으로 뭐라고 하면 아무것도 되지 않는다는 것을 아는 것이다. 대체로 유대인 가정은 자녀가 10명씩 되는 집들이 현재도 있는데, 그래도 혼란스럽지 않다. 자녀들이 자녀들을 돌보게 하고, 어머니도 이야기를 차분하게 하며, 아버지 역시 협조적이기 때문이다. 또 집안의 질서가 바로 잡혀 있고, 부모 역시 자녀들을 서로 비교하지 않기 때문에 아이들끼리 싸우는 일도 드물다. 그들은 자녀 모두를 성공하게 만드는 것이다.

결국 가정이 올바르게 설려면 남편은 남편다워야 하고, 아내는 아내다워야 한다. 특히 아버지의 권위가 중요하다. 그러나 현재 한국 남편의 권위는 땅에 떨어졌으며, 돈 버는 기계로 전락했다고 스스로 이야기하는 남자들이 많다. 여자들이 남편을 인정하지 않는 것이다. 그리고 여자들 역시 삶에서 희생해야 하는 부분들이 적지 않다는 이유로 불만이 많고, 이것은 사회적으로 배려가 되지 않고 있는 부분이다. 즉, 경력 단절녀가 생기거나 맞벌이를 하면서 자녀를 키우기 여간 어렵지 않기 때문이다. 아직도 한국은 어린이집이 부족하다고 하니 어느 정도 심각한지 알 수가 있다. 또 현실적으로 집안에서 남편의 권위가 서지 않으니 집안이 쑥대밭이 되기 십상이고, 그러다 보니 가정교육 역시 무너지고 만다. 현재의 학교폭력, 왕따와 같은 문제는 가정교육에서 거의 결정된 것이라고 봐야 한다. 가정이 올바로 서고, 자녀를 똑바로 키우는데, 자녀가 범죄를 일으킨다는 것은 도저히 있을 수 없는 일이다.

한국의 가정은 현재 자본의 노예가 되어 있고, 남편을 돈으로 보고, 남편 역시 일에 힘들기 때문에 여자를 여자로서 보호하지 못한다. 남편의 의무를 충실히 하지 못하기도 하고, 여자 역시 자신의 삶이 힘들어 배려하지 못하는 모습이 많다. 이런 모습은 최근에 사상 최고의 미혼율을 기록하는 모습에서도 볼 수 있고, 사상 최저의 출산율에서도 볼 수 있으며, 사상 최고의 이혼율에서도 볼 수 있다. 이런 점은 한국의 가정이 실질적으로 파괴되어 있고, 정신건강이 심각할 수준으로 떨어져 있다는 점을 의미한다. 그리고 이것은 자녀를 올바르게 키우는 가정교육이 완전히 붕괴되어 있다는 것을 의미한다. 이러면 창의성은 고사하고, 삶을 제대로 살아갈 수 있는 힘조차 잃게 되는데, 여간 심각한 일이 아닐 수가 없다.

이것은 사회적인 배려가 필요하고, 그를 통해 남편이 남편다운 의무를 수행할 수 있어야 한다. 즉, 경제적으로 가정을 보호할 수 있어야 하고, 공부를 할 수 있어야 하며, 바른 방향으로 인도할 철학을 정립할 정도의 생각하는 교육을 해야 한다. 또 아내에 대한 배려도 필요하다. 경력이 단절되지 않도록 해야 하고, 퇴근시간이 빨라야 하며, 육아를 하는 기관에 대해서도 배려가 필요하다. 또 교육과 사회문화를 통해서 격려하고 칭찬하는 문화, 자녀의 개성과 잠재력이 발현되는 문화로 바꿔야 한다. 그래서 자녀들 모두가 성공을 할 수 있도록 이끌어야 한다. 이런 가정의 기반이 된다면 한국도 선진국으로 나갈 수 있을 것이다.

유대인의 성공비밀
V

최고의 리더는 가장 우수한 집단에서 나온다고 보는 견해(마키아벨리의 견해이기도 하다)가 있다. 즉, 집단 전체가 뛰어나면 그중에서 뛰어난 리더가 나올 가능성이 확연히 높다는 것이다. 일리가 있는 주장이다. 유대인 사회가 그렇다.

삶에 미리 정해진 답은 없고 상황에 따라 스스로 답을 찾아야 한다

유대인이 생각하는 능력을 키운 이유는 무엇일까? 그것은 삶에는 정답이 없기 때문이다. 미리 정해진 답이나 다수의 지지를 받은 답이더라도, 그것이 내 답이 아닐 수도 있음을 안다는 것이다. 그래서 어떤 것이든 부딪친다면 내 생각으로써 풀어내는 것이 중요하다는 것이다. 남의 답이 아니라 나의 답을 내 생각으로 스스로 풀어가겠다는 의지인 것이다. 그래서 유대인은 생각하는 능력을 키웠다. 그래서 책을 보고, 토론을 하며, 여행을 하고, 사람을 만난다. 또 평생 동안 공부한다. 바로 생각 때문이다.

《탈무드》도 지혜 트레이닝으로 하나의 현상을 다양한 시각으로 바라보는 능력을 키우는 도구다. 《탈무드》를 통해서 그들은 정답이 하나가 아니라 엄청나게 많이 존재할 수 있음을, 모로 가도 서울로만 가면 된다는 것을 알고 있다. 즉, 나의 방식으로 서울로 가면 되는 것이지, 남의 방식으로 갈 필요가 없음을 인식하는 것이다.

그들은 자신만의 정답을 찾기 위해서 가장 중요시하는 것이 자유다. 자유롭게 생각하면서 틀에 갇히지 않는 것이다. 그래서 그들이 가장 경계하는 것은 개성을 잃는 것이다. 그리고 가장 중요하게 생각하는 것은 '나답게 사는 것'이다. 나답게 살 때 나의 강점이 가장 강하게 발현될 수 있다는 것을 알기 때문이다. 그리고 나다운 방식으로 풀어가야만 나의 답을 만들 수 있음을 알기 때문이다. 그래서 그들은 나다움을 가장 중요하게 생각하고, 그 중심에는 나의 개성이 있다. 나의 삶의 본질과 특성이 있다. 그것을 가장 존중하고, 그래서 마음대로 살아보는 것을 중요하게 생각한다. 그러나 그렇다고 해서 그들이 무작정 흐트러진 것은 아니다. 그들은 시간개념이 철두철미하며, 해야 할 일을 제 시간에 하는 것을 매우 중요하게 생각한다. 《탈무드》에서는 이렇게 말한다. "인간을 재는 데는 4가지 척도가 있다. 돈, 술, 여자, 시간에 대한 태도가 그것이다. 그런데 이 4가지에는 공통점이 있다. 매력적이지만 도를 지나쳐서는 안 된다는 점이다." 그들은 무엇을 할 때 정해진 시간 내에 처리하는 것을 매우 중요시한다.

유대인들이 시간 개념을 얼마나 잘 지키는가를 보여주는 것이 바로 안식일이다. 그들은 안식일이 되면 아이들은 학교에서 와서 숙제를 마치고 목욕을 한 다음 제일 좋은 옷으로 갈아입는다. 이 모든 일은 해가 지는 동시에 시작해서 어머니가 양초에 불을 켤 때까지 해야 하기 때문에 매우 바쁘고, 그래서 아이들은 시간과 싸움을 벌이고 있다고 해도 과언이 아니다. 특히 그들은 아이들이 성인식을 치를 때 축하 선물로 손목시계를 많이 주는데, 그 이유는 시간을 절대로 낭비하지 말라는 강한 메시지가 담겨 있다. 그들은 시간을 도둑맞는 것을 돈을 도둑맞는 것과 같다고 생각한다. 그래서 5분, 10분 늦는 것에 대해서도 차갑게 대응한다. 그래서 유대인에게 있어서 오늘 할 일을 내일로 미룬다는 것은 어불성설로 통한다. 결코 그런 일을 허용하지 않는다. 오늘의 일을 시간 내로 마치는가를 가장 중요하게 생각하며, 그렇기 때문에 시간 사용에 있어서 긴장감이 상상을 초월한다. 그들은 일하는 시간이 적지만 정해진 시간 내에 최대한의 효율을 발휘하며 그것은 할당량을 마치는 것으로 대변된다.

그들은 5분의 시간도 매우 소중히 여기는데, 이런 말도 있다. "5분 내에 끝낼 수 있는 말이 아니라면 아예 하지 말라."가 그것이다. 무엇이든 간단명료하게 핵심만 이야기하라는 것이다. 시간이 없다는 것이다. 쓸데없는 이야기를 받아들일 여유는 없다는 것이다. 그렇게 그들은 하루를 매우 뜨겁게 살고 있다. 그러나 그들은 자신의 개성을 발휘하고 자기답게 사는 데 많은 노력을 기울이고 있다. 그리고 늘 생각하는 교육에 집중하고 있다. 시간을 철저하게 효율적으로 사용하여 공부와 생각에 투자할 시간을 만들어낸다.

그들은 직업 선택을 할 때에도 돈이나 안정성을 기준으로 선택하지 않는다. 그들은 자신의 개성, 자신의 본질, 자신의 가능성에 집중해서 세상을 바꿀 생각을 한다. 그리고 그것이 옳다고 믿는다. 유대인 부모들도 그에 대해서 전폭적으로 지지를 한다. 그들은 정답은 없고 오직 스스로 창조하는 답만이 존재하는 인생에서 최고의 성과를 내려면 이 길이 거의 유일한 길이라고 생각하는 것이다. 그래서 돈이나 안정성보다는 개성과 가능성을 보고 큰 도전을 한다.

그들은 공부를 습관이자 생활로 여기고 평생을 하는데, 그 이유는 공부를 단순한 공부라고 생각하지 않기 때문이다. 공부는 신이 명령한 계명으로 반드시 따라야 하는 명령으로 정의하기 때문이다. 그래서 공부는 선택사항이 아니라 누구나 해야 하는 것이다. 그래서 유대인은 민족 모두가 평생 공부한다. 《탈무드》 공부를 평생 하고, 독서를 평생 한다. 거의 매일 책을 읽고 토론한다. 그러면서 공부를 결코 놓지 않는다. 그것은 그들의 가능성을 낳는 핵심 열쇠이자 그들의 생각을 창의적으로 이끄는 결정적 도구가 되고 있다. 그들에게 공부는 반드시 해야 하는 신과의 약속이다. 그렇기 때문에 그들은 공부를 하는 것이며, 그것으로 인해 그들은 신화가 될 수 있었다.

한국인의 경우 안정에 대한 허상 때문에 자유로부터의 도피를 하고 있다고 볼 수 있다. 얼마든지 자유로운 삶을 살 수 있는데도, 의도적으로 자유로부터 도피하고 있는 것이다. 그래서 남들이 지지하는 삶, 남들이 인정하는 삶, 안정적인 삶, 돈을 많이 버는 삶으로 대부분의 사람들이 몰리고 있다. 자신의 삶을 용기를 가지고 도전하는 사람은 극히 드물다. 한국 사회에서 이런 사람은 거의 영웅이다. 거의 없기 때문이다. 자기의 가능성에 집중하면 비록 과정에서 실패하고 어려움이 있더라도 신화가 될 수 있다는 것을 유대인은 자신들의 삶으로써 증명하고 있다.

특히 공부에 있어서 명심해야 할 점은 공부만 해서는 절대로 공부가 안 된다는 점이다. 공부를 하고 난 뒤에 쉬어야 한다. 쉬어야 생각할 수 있다. 책을 보고 난 뒤에도 생각을 해야만 자신의 것이 된다. 사색하고 대화하고 토론을 해야만 자신의 것이 된다. 그렇지 않고 공부만 하면 남는 것이 없다. 왜냐하면 자기화를 시키지 못했기 때문이다. 공부란 결국 얼마나 자기화하느냐에 달려 있고, 더 나아가 얼마나 응용할 수 있느냐에 달려 있다. 이것은 결국 많은 생각에 달려 있는 것이다. 쉬면서 생각을 많이 해야 한다. 그리고 토론도 많이 해야 한다. 그러면서 검증해야 한다. 그리고 공부 외에도 다양한 경험과 다양한 경로의 매체들을 접해야 한다. 그래서 크로스 체킹을 해야 한다. 다큐멘터리도 보고, 드라마도 보고, 영화도 봐야 한다. 그러면서 교차 검정을 하고, 그를 통해 진실에 접근해야 한다. 또 이후에 역시 생각을 함으로써 나의 것으로 만들어야 한다. 공부에 있어 가장 중요한 것은 생각이다. 결국 모든 것은 나의 생각을 만들기 위한 도구다. 나의 생각을 만들 때, 나의 인생을 살 수 있고, 나의 세상을 창조할 수 있다. 우리는 이 점을 명심해야 한다.

결국 우리는 왜 공부하는가? 공부하는 이유는 무엇인가? 실생활에 사용하기 위해서다. 인생을 살아가면서 풀어가야 할 문제들이 산더미다. 그것에 정답은 없다. 그래서 스스로가 풀어나가야 한다. 그 중심축을 제공하는 것이 공부고, 생각이다. 스스로의 생각으로 정답을 창조해나가야 한다. 기존의 정답이 나의 정답이 될 수는 없다. 그것만 믿고 사는 것은 너무나 안이하게 삶을 사는 것이다. 무엇보다도 나의 머리로 생각을 해야 한다. 그리고 생각을 하기 위해서는 지식이 들어와야 한다. 아무것도 없이 생각을 할 수는 없기 때문이다. 통찰의 근본은 공부를 하여 지식과 지혜를 받아들이는 것이다. 그리고 그를 통해서 많은 생각을 하고, 그로부터 통찰력이 나온다. 모든 공부는 그러해야 한다. 독서를 하고, 생각을 많이 해서, 문제를 풀어나가는 공부를 해야 한다. 우리는 정답을 외우지 말고 나만의 정답을 창조해야 한다.

'사다리 걷어차기'와 유대인의 성인식은 닮아 있다

선진국은 보호무역을 통해 성장했다. 일종의 보호막을 치면서 성장한 것이다. 왜냐하면 무역이란 철저한 보호 속에서 충분한 경쟁력을 갖춘 후에 해야만 승산이 있기 때문이다. 그렇지 않고 아무런 준비도 없이 세상 밖으로 나와서 경쟁을 하면 패배하고 만다. 세계 무역의 역사를 보더라도 그렇다. 영국도 보호무역으로 성장했다. 즉, 영국은 수출을 장려하기 위한 법을 만들고, 수입관세를 크게 높였다. 또 자신들의 수출에는 보조금을 지급했다. 뿐만 아니라, 영국의 식민지에서 생산되는 제품을 자국이나 해외로 수출하는 것까지 금지했다. 미국이 자신의 경쟁자가 되는 것을 막기 위해서 조처를 했다. 이렇게 19세기 중반까지 유지했다. 그러나 자신들의 경쟁력이 확보되어 보호무역이 손해 보는 일이 되자 자유무역을 추진했는데, 이것은 '자유무역을 하면 반드시 성공한다는 확신이 있었기 때문'이었다. 결국 영국은 아편전쟁으로 중국과 불평등 조약을 맺고 중국에 낮은 관세를 강요하였다.

미국도 마찬가지였다. 뿐만 아니라 독일, 일본, 프랑스, 스웨덴, 핀란드, 오스트리아, 한국, 대만 등도 모두 보호무역으로 성장해왔다. 프랑스도 핵심 산업을 국영화해서 국영은행을 통해 투자했고, 1960년대까지 높은 관세를 유지했다. 한국도 철저한 보호무역으로 성장해왔다. 또 예외라고 분류되는 칠레마저도 해외 마케팅과 연구개발에 정부가 많은 지원을 했다. 중국도 1990년대까지 평균 관세율이 30%가 넘었고, 아직도 각종 장애물을 쳐놓은 상태다.

실제 경제가 성장하려면 온실 속에서 경쟁력을 키워야만 한다. 그런 다음 경쟁을 해야 승산이 있지, 아직 걸음마도 떼지 못하는 아이를 우사인 볼트와 100m 경주를 시켜서는 안 된다. 그래서 큰 성장을 하려면 많은 지원과 오랜 시간이 필요하다. 토요타는 30년이 필요했고, 노키아도 17년도 필요했고, 삼성도 10년이 필요했다. 영국은 100년이 걸렸고, 미국은 130년이 걸렸다. 그러나 현재의 선진국들은 그런 준비기간 없이 개발도상국들을 대상으로 자유무역을 강요하고 있고, 이것은 실패할 그들을 잡아먹겠다는 술수일 뿐이다. 이것은 '사다리 걷어차기'다. 자신들이 성장을 할 수 있었던 온실이라는 사다리를 개발도상국을 상대로는 걷어차 버림으로써 그들을 후진국의 수렁에서 영원히 나오지 못하게 만드는 것이다(장하준,《나쁜 사마리아인들》참고).

놀랍게도 이것은 유대인의 성인식과 맞닿아 있다. 유대인은 굉장히 현실적이고 합리적인 민족이다. 그리고 경제를 매우 중요하게 생각한다. 그러나 그들은 어떤가? 10대 초반에 성인식을 하면서 큰 부조금을 걷는다. 그 금액은 대체로 수천만 원이 된다. 그리고 그 돈을 대학 졸업 이후에 지불하는데, 그 돈은 대체로 1억 원에 육박한다. 그렇기 때문에 유대인은 대학을 졸업하게 되면 당장 먹고살 고민을 하지 않는다. 이 돈을 어떻게 불릴까를 생각한다. 그리고 이 돈을 활용해서 사업을 하고자 한다. 이스라엘 대학생의 80~90%가 창업을 할 수 있는 이유도 그들의 생각이 도전적이어서도 있지만 이러한 밑바탕의 지원이 든든하기 때문이다.

그러나 한국은 어떠한가? 학자금 빚만 해도 수천만 원이다. 이 빚을 빨리 갚지 않으면 자칫 파산을 할 수 있다. 더군다나 좋은 일자리는 드물고, 빨리 취업을 하지 못하면 연령제한에 걸려 들어가지 못한다. 그러다 보니 10%를 두고 치열하게 경쟁한다. 어서 빨리 빚을 갚아야 하는 것이다. 설사 빚이 없더라도 나이가 20대 후반만 되어도 부모님께 용돈을 타서 쓴다는 것은 생각할 수 없다. 어떻게든 돈을 벌어야 한다. 취직이 안 되면 아르바이트를 해서라도 살아가야 하는 현실이다. 이런 상황 속에서 어쩌면 도전을 하고, 창업을 하고, 자신이 하고 싶은 일을 하는 것은 한국 사회에서는 요원한 일인지도 모른다. 만에 하나 이러한 도전을 한다고 했을 때 부모님의 지원을 기대할 수 없는 가정이 대부분이라는 점을 생각한다면 현실적으로 그 도전은 가혹할 수밖에 없다. 스스로 돈을 벌면서 도전을 해야 하고, 그런 시간이 길 때 그 삶의 과정은 가혹할 것이다.

선진국의 성공방식처럼 온실 속에서 배양하는 시간과 돈이 필요하다. 이러한 여건이 되지 않으면 충분한 경쟁력을 갖출 수가 없다. 예를 들어 아르바이트를 하면서 도전을 하는 것이 제대로 될 수가 있겠는가? 아르바이트를 하면서 공부를 하는 것이 제대로 될 수가 있겠는가? 말처럼 쉬운 일이 아니다. 더군다나 사업을 하거나 자기만의 일을 하는 것은 당장 성공할 수 있는 일이 아니다. 시간이 필요하다. 최소한의 준비를 해야만 하기 때문이다. 한국에 현재 도전자가 드물고, 창업을 하는 사람마저도 진짜가 드문 이유는 제대로 된 준비를 할 여유가 도저히 생기지 않기 때문인지도 모른다. 그리고 진짜라고 하는 사람은 정말 힘든 시간을 온몸으로 감내하면서 살아온 경우가 대부분이다. 그리고 진짜가 되기 위해선 시간투자가 적어도 7~8년은 되어야 한다. 그런 점을 생각할 때 이것은 보통의 문제가 아니다. 어지간한 각오가 아니면 도전을 할 수가 없고, 이런 뒷받침이 없는 도전을 했을 때는 비록 성공을 한다고 하더라도 사상누각의 위험성이 늘 존재한다.

그런 면을 생각할 때 현재 한국의 흐름을 비난할 수만도 없다. 한국은 당장 밥 먹고 살기 급급한 상황인 것이다. 더군다나 학자금 대출까지 있다면 말할 것도 없다. 성공할 수 있는 여건, 도전할 수 있는 여건이 전혀 안 되어 있는 것이다. 거기다가 사회적으로도 벤처에 대한 지원이 전혀 없고, 자기만의 삶을 사는 것에 대한 격려의 문화가 없다. 모두가 비슷한 인간이 되길 강요하는 듯한 문화가 한국 전체를 지배하고 있다. 이런 상황이기 때문에 도전하지 못하는 것이고, 그런 점 때문에 현실적으로 한국의 청년들을 비난만 할 수 없는 것이다.

　결국 한국 청년들이 도전을 하게 하려면 생각하는 교육을 기반으로 해서 독서 붐을 일으켜야 하며, 인구 10명당 1명이 작가가 되어야 한다. 또 토론문화가 활성화되어야 한다. 또 예술가적인 기풍이 넘쳐야 한다. 사회 전반적으로도 예술에 대한 집중적인 투자가 되어야 한다. 그래서 사회의 저변에 예술적인 기운이 차고 넘쳐야 한다. 이럴 때 경영과 과학기술이 살아난다. 그리고 자기의 길을 가는 것이 주류적인 흐름이 되어야 하고, 이것에 대한 사회적인 문화가 확고하게 자리 잡아야 한다. 또 경제적인 지원도 할 수 있는 다양한 조치가 필요하다. 이런 문화가 있고, 자금마저도 지원이 되어야 도전을 할 수 있고 성공을 할 수 있지, 그냥은 절대로 성공할 수가 없는 것이다. 그러나 이것은 문화라는 점에서 오랜 시간이 걸릴 것이다. 문화란 한 세대만으로 만들어지는 것이 아니라, 수백 년, 수천 년의 시간 동안 만들어지는 것이기 때문이다. 그래서 그 문화는 사회의 모든 룰을 결정짓는 것이기 때문이다.

　그러나 우리는 인식을 해야 한다. 이러한 문화가 되어야 우리가 도전자가 될 수 있다는 것을! 그리고 지금의 청년들을 비난만 해서도 안 된다. 지금의 청년은 어쩔 수 없이 그 길로 간 것이기 때문이다. 그러나 지금부터는 사회를 정방향으로 돌려야 한다. 자기의 길을 가는 사람으로 바꾸어내야 한다. 그러기 위해서는 문화 확립과 경제적인 지원을 확실하게 하는 조치가 필요하다. 그럴 때 우리 모두가 나의 길을 기꺼이 가는 용기 있는 사람이 될 수 있다.

유대인은 안식일에도
독서와 토론으로 보낸다

안식일은 유대인이 세계 최초로 만든 개념이다. 이른바 기독교에서 말하는 안식일도 유대인이 먼저 만든 다음에 그 개념을 가져온 것이다. 유대인은 안식일을 통해서 휴식을 하고, 가족 간의 유대를 만듦과 동시에 공부를 한다. 구약성경에서 모세는 다음과 같이 말했다고 한다. "모세가 이스라엘의 온 회중을 모아 놓고 말하였다. 여호와께서 너희에게 명하신 말씀은 이러하다. 엿새 동안은 일을 해라. 그리고 이렛날은 너희에게 거룩한 날이다. 곧 여호와께 특별한 안식일이다. 그날에 일을 하는 사람은 누구든지 사형에 처할 것이다. 안식일에는 너희가 사는 어디에서나 불을 피워서는 안 된다." 유대인은 안식일 날에는 회사에서도 일도 하지 않고, 텔레비전도 보지 않고, 취미생활도 하지 않는다. 자동차도 타지 않고, 엘리베이터도 타지 않고, 심지어 에어컨도 켜지 않는다. 그날은 외출도 제한적으로 걸어서 하며, 대부분 집에서 보낸다. 그러면서 생각을 많이 하고, 책을 본다. 《탈무드》도 보고, 사색도 하며, 스스로를 되돌아본다. 이른바 '공부'를 한다. 즉, 책을 보고, 생각을 하는 공부를 하는 것이다. 안식일은 단순히 휴식의 날이 아니다. 공부하는 시간을 시스템적으로 확보한 것이다. 일주일 중에서 금요일 저녁부터 다음 날 저녁까지 24시간 동안 밥 먹고 잠자는 시간을 뺀 나머지 시간은 책을 읽고 생각을 하며 가족들끼리 대화를 하면서 보낸다. 그리고 안식일을 민족의 율법으로 정했다.

《탈무드》에는 안식일에 해서는 안 되는 39가지를 정해두고 있다. 그중에는 시장을 보는 일도 포함되기 때문에 안식일 전날에는 반드시 다음 날에 먹을 것까지 장을 봐야 한다. 그리고 음식은 그 전날에 모두 준비를 해놓고 안식일에는 불도 못 피우게 되어 있기 때문에 주로 차가운 음식을 먹거나 안식일 전에 피운 불을 이용한다. 이때는 흡연도 하지 못하고, 남의 집에도 가급적이면 방문하지 않고 자신의 집에서 가족들과 함께 있는다. 글씨 쓰는 것도 할 수 없다. 그리고 이스라엘 전체가 대중교통도 운영하지 않고, 학교, 상점도 모두 휴업한다. 유대인들의 경우 대부분이 안식일은 지키고 있고, 유대인 변호사들도 대부분 휴무를 한다.

유대인은 왜 안식일을 지정했을까? 너무 바빠 삶에서 가장 중요한 것을 놓치는 것을 막기 위해서인 것 같다. 그리고 가족 간의 행복을 추구하고, 안정을 추구하기 위해서인 것 같다. 실제로 가정이란 어떤 곳인가?

심리적 안정의 마지막 보루다. 가정이 무너지면 대다수의 사람들은 삶이 무너진다. 심리적 충격이 매우 크다. 남자들의 경우에도 이혼을 하면 자살을 하는 경우도 있다. 인간이 겪는 스트레스 중 가장 큰 것 중 하나가 이혼이다.

유대인들은 행복의 근원은 가정에서 나오고, 가정이 흔들리면 성공마저도 송두리째 무너지는 것을 안 것 같다. 그래서 가정의 행복을 위해서 일부러 안식일을 만들어, 일보다는 행복을 얻도록 시스템화한 것 같다. 그리고 안식일에는 개인의 발전을 도모하기 위해서 공부를 하는 것을 시스템화한 것 같다. 즉, 행복과 성공 모두를 움켜쥐는 것이다.

유대인은 이때 푹 쉬고, 독서를 하고, 자녀들과 이야기를 나눈다. 그리고 유대인 아버지는 이때 역사와 율법, 도덕을 아이들에게 가르치면서 토론을 하고, 아이들에게 지적 호기심을 불러일으키는 동시에 두뇌를 자극한다. 또 가족 간의 대화를 나누면서 아이들이 아버지에게 존경심을 갖도록 만든다. 즉, 일만 아는 아버지가 아니라 가정을 챙길 줄 아버지로 인식을 시키고, 그로써 존경심을 불러일으키도록 하는 것이다. 그리고 아이들과 대화를 나눔으로써 아이들을 바르게 키우고, 바른 가치관을 가지도록 만든다. 또 아버지의 권위를 확인하는 동시에 아버지로서의 책무에 충실하고 있다는 것을 실천으로 보여줌으로써 가정의 안정감도 한층 배가 시킨다. 또 아이들도 아버지에게 배움을 얻음으로써 아버지를 선생님으로 인식하는 계기가 된다.

"지나치게 빨리 걸어가면 영혼이 나를 따라오지 못하기 때문에 쉬어야 한다"는 말을 어디선가 본 적이 있다. 우리는 무엇 때문에 바쁜 것인가? 우리는 무엇 때문에 일을 하는 것인가? 가족 간의 행복이다. 그리고 심리적 안정이다. 그런데 왜 우리는 헐떡대며 살고 있는가? 우리는 마치 살기 위해서 사는 것처럼 보인다. 안정도 행복도 없는 것이다. 이런 삶은 공허할 뿐이다. 삶의 목적을 놓치고 있기 때문이다. 가정의 안정을 최우선으로 해야 한다. 그러나 우리는 어떤가? 평일에는 일에 지쳐 곯아떨어지기 바쁘고, 주말에도 일을 하는 경우가 허다하며, 일요일에 피곤한 몸 때문에 하루 종일 잠을 자기 바쁘다. 운이 좋아 토요일에 일을 하지 않으면 막상 자신의 삶을 달래기 위해서 취미생활을 하는 경우가 많다. 그러니 가정에서의 대화도 적고, 식사시간도 거의 없고, 함께 하는 시간도 없다. 공부를 가르치거나 인생의 가르침을 주는 시간은 거의 없다. 이러면 가정의 행복도 안정도 없게 된다.

   우리는 반드시 쉬어야 한다. 쉬지 않으면 일을 할 힘을 얻지 못하기 때문이다. 일주일에 하루는 아무것도 하지 않고 쉬어야 한다. 그리고 가족과 함께 시간을 보내야 한다. 이것이 행복을 보장하고, 심리적 안정을 주며, 자녀를 잘 키울 수 있는 힘을 제공한다. 자녀들의 경우에도 각종 문제에 노출되어 있는 이유가 가정교육을 시키지 않아서다. 우리의 경우에는 《탈무드》를 가르치는 방법도 있지만, 사서삼경四書三經을 자녀에게 아버지가 가르치는 건 어떨까? 물론 이런 강의를 하려면 스스로 공부를 해야겠지만 분명 도움이 될 것이다. 또 많은 대화를 해야 한다. 지적인 대화를 하고, 생활에 대한 대화를 해야 한다.

아버지는 항상 권위를 잃지 말아야 한다. 요즘 아버지를 친구로 여기는 문화도 많은데, 그것은 잘못된 것이다. 아버지는 항상 아버지로 남아야 한다. 무거운 존재다. 그러기 위해서는 가정에서 권위를 가져야 하고, 그러기 위해서는 아내의 협조가 필수적이다. 그런 신뢰도 얻어내야 하는데, 그러려면 역시 대화가 필수적이다. 또 우리 사회가 아직 근로시간도 너무 길고 여러 문제에 그대로 노출되어 있기 때문에 스스로가 잘 조절하면서 실천할 수밖에 없는 문제가 있으므로 남편과 아내는 상의를 잘 해야 한다. 그리고 자식과도 대화를 통해서 좋은 결론을 이끌어내야 한다. 그러나 본질은 휴식을 해야 한다는 것이다. 또 많은 대화를 해야 하고, 공부를 하는 시간을 만들어내야 한다는 것이다. 앞으로의 미래시대는 암기만으로는 미래를 만들 수 없고, 공부를 통해서 생각하는 힘을 반드시 길러야만 맞설 수 있기 때문이다.

유대인은 안식을 통해서 행복과 성공 모두를 잡는 데 성공했다. 즉, 가족과 시간을 보냄으로써 행복을 잡고, 독서와 토론을 하면서 성공의 기반이 되는 공부를 하면서 시간을 보낸다. 그들은 행복과 성공, 모두를 얻은 것이다. 우리도 그렇게 할 수 있다. 기본적인 취지를 알고, 우리의 상황 하에서 조절을 하면서 충분히 시간을 만들 수 있다. 그리고 이 시간 동안 당연히 대화도 하고, 토론도 할 수 있다. 그리고 책을 볼 수 있다. 도서관에서 같이 시간을 보낼 수도 있으며, 함께 여행을 가서 책을 볼 수도 있다. 또 여행을 한 뒤에 감상문을 써서 그것을 공유하고, 그에 대해서 이야기를 나누면서 생각의 영역을 확장할 수도 있다. 길은 많다. 한국적 방식으로 유대인의 삶을 그대로 끌고 들어올 수 있는 것이다. 우리도 쉴 때는 쉬어야 한다. 그리고 이 쉬는 시간을 공부하는 시간으로 만들어야 성공도 할 수 있다.

유대인에게 자선과 기부는 습관이자 생활이다

유대 격언에는 이런 말이 있다. "세상은 배움, 일, 자선을 바탕으로 성립된다." 유대인들은 자선이 일상적이고, 거의 대부분의 사람들이 그냥 하는 일이다. 그들의 가정을 방문해보면 방마다 체다카(자선, 구제) 박스인 푸쉬케(나눔 저금통)가 비치되어 있다. 동전이 생기면 바로 저금통에 넣어서, 그 돈을 나중에 기부한다.

그들은 결혼식의 경우에도 가난한 예비부부들을 위해서 무료로 결혼을 시켜주는 사회적 단체들이 있으며, 그 사회적 단체는 사람들에게 물품을 기부 받아서 경매 사이트에 팔아서 돈을 벌거나 사람들에게 직접 모금을 해 가난한 부부들을 무료로 결혼시켜준다. 결혼식 비용은 대체로 2,000만 원 정도가 드는데, 그 돈을 모두 사회적 단체에서 해결해준다. 사회적 단체가 이런 일을 할 수 있는 이유는 그곳 대표의 수단이 좋아서가 아니다. 유대인들이 가난한 사람들을 돕고 살아야 한다는 공감대가 사회 전반에 널리 퍼져 있기 때문이다.

실제로 결혼식에 필요한 돈 때문에 모금을 하러 다니면 성금을 내지 않는 사람은 단 1명도 없을 정도다. 모든 사람들이 어떤 식으로든 돈을 기부한다. 심지어 어린 꼬맹이까지도 기부를 할 정도다. 실제로 유대인 사회에서는 14살 소녀가 자신의 성인식 때 들어온 돈 6만 5,000달러를 치매연구를 하는 곳에 기부한 일도 있었다. 이 돈은 약 7,000만 원이나 되는 제법 큰돈이다.

유대인들은 자선은 하지만 굉장히 검약을 중시하는 민족이다. 자녀들에게도 용돈 교육을 철두철미하게 시켜서 단돈 1,000원의 소중함도 직접 몸으로 가르친다. 가족들이 사용하는 거실을 청소하게 하고, 그 대가로 1,000원, 즉 1달러를 지불하는 것이다. 그리고 매달 용돈계획을 세우고, 그것을 한 달이 지난 뒤에 부모와 함께 면밀하게 평가한다. 유대인들은 돈은 무조건 적게 쓰는 것을 중요하게 생각하지 않는다. 꼭 써야 할 곳에 썼는지를 평가한다. 즉, 문화생활비와 도서구입비는 매우 중요하게 생각하며, 이 돈은 반드시 써야 하는 것으로 평가한다. 유대인들은 자녀에게 돈이 생기면 33%는 기부를, 33%는 저축을 한 후에 나머지 33%를 사용하도록 가르친다. 기부는 이처럼 생활화되어 있는 규범이다.

유대인의 기부는 매우 일상적이며, 이것은 안식일 전의 시장에서도 나타난다. 안식일 전날에는 유대인이 모두 시장을 많이 본다. 왜냐하면 안식일에는 시장을 볼 수 없기 때문에 그 다음 날 먹을 음식까지 구입을 해야 하기 때문이다. 그러나 가난한 이들은 마음껏 음식을 구매할 수 없을 것이다. 그래서 시장의 상인은 거의 전부가 자신들이 팔던 것을 시장이 파할 시간이 되면 내놓는다. 그것은 안 좋은 것도 아니고, 싱싱하지 않은 것도 아니다. 방금 전까지 팔던 것을 모조리 공짜로 내놓는다. 그러면 가난한 사람들은 그것을 가져간다. 감사하다는 인사도 없고, 가져가라는 인사도 없다. 왜냐하면 유대인 사회에 기부는 당연한 것이기 때문이다. 그들에게는 자선과 기부가 생활이자 습관이기 때문에 인사는 필요가 없다고 생각한다.

유대인은 생후 1년이 되지 않더라도 기부를 하도록 교육시킨다. 물론 이때에는 아기의 손에 동전을 쥔 뒤, 부모가 자선 모금함에 돈을 넣지만 이 일을 생후 1년이 되지 않아도 한다. 심지어 자선과 기부를 가훈으로 삼은 집들도 많다. 왜냐하면 어려운 이웃을 도우면 하나님이 축복을 내려주기 때문이라고 한다.

그들은 오른손이 한 선행을 왼손이 모르게 하는 선행을 최고의 선행으로 친다. 그래서 누가 주었는지, 누가 받는지 모르는 선행들이 곳곳에서 이루어지고 있다. 각 단체들도 기부자에게 기부를 받는데, 기부는 생활이기 때문에 모두가 부담이 없다. 돈을 기부하는 사람도 2만 원, 3만 원, 5만 원 정도를 기부하는 경우가 많은 것이다. 그러면서 유대인의 거의 전부가 기부에 참여한다. 그러면서 유대인 사회에 사회안전망을 확고하게 하고, 안심하고 살아갈 수 있는 사회를 만든다. 즉, 사회의 신뢰를 높이는 동시에 단결을 도모하는 것이다.

그들은 자선활동을 할 때는 반드시 자녀와 함께하며, 그러면서 보고 배우길 바란다. 그리고 가난한 집들을 자녀들에게 직접 보게 하면서 자신의 철없던 행동을 반성하게 하고, 보다 큰 그릇으로 성장하게끔 이끈다. 그리고 남을 무료로 돕는 일을 하도록 해서 보람을 느끼도록 하며, 한창 사업으로 바쁜 때에도 자선을 하는 일을 결코 빼먹지 않는다. 왜냐하면 자선은 가진 자의 권리가 아니라 가진 자의 막중한 의무라고 생각하기 때문이다.

자선은 히브리어로 체다카라고 하는데, 이 말은 '정의'라는 뜻이다. 즉, 유대인은 자선을 정의 그 자체로 보는 것이다. 그래서 유대인은 자선은 베푸는 것이 아니라 더불어 살아가기 위해서는 반드시 해야 하는 일로 본다. 유대인은 평소에도 남에게 선물을 하는 것을 좋아하는데, 이것도 역시 이 체다카에서 나왔다.

《탈무드》에서도 사람에게는 인생의 마지막까지 함께 가는 세 친구가 있다고 하며, 그것은 재산, 친척, 선행이라고 한다. 그리고 마지막까지 함께 가는 유일한 친구는 선행이라고 힘주어 강조한다. 왜냐하면 선행은 평소에는 눈에 띄지 않지만, 죽고 난 이후에까지도 영원히 함께 하는 친구이기 때문이라고 강조한다.

석유재벌 록펠러의 경우에도 그의 어머니는 남을 도울 수 있을 때 항상 남을 도우라고 했고, 절대 선행을 자랑하지 말 것을 당부했다. 결국 그는 상당히 많은 재산을 자선 사업에 기부했고, 다양한 자선활동을 하는 부자가 되었다. 그의 평생에 사용한 자선액은 7억 5,000만 달러에 달하며, 이것은 그 당시 경제 규모를 생각한다면 엄청난 돈이다.

빌 게이츠 역시 자신의 자선 사업에 대해서 부모님으로 배운 것이라고 말했다. 그의 아버지 역시 변호사로 일하면서 어려운 이웃돕기를 생활화했고, 라이온스클럽과 로터리클럽 등의 단체에서 활동했다. 또 그의 어머니 역시도 고아들을 위한 모금운동을 했고, 어린이병원 설립모금 운동에 적극적으로 나섰다. 뿐만 아니라 자녀들에게도 자선을 강조했다.

워런 버핏 역시 검소한 생활을 하고 있고, 많은 재산을 과시하지 않으며 살고 있다. 점심은 항상 햄버거와 콜라를 먹고, 그의 저택은 1958년에 구매한 1층 규모의 낡은 집이고, 운전기사도 두지 않고 직접 운전을 하면서 다닌다. 또한 그는 자신의 재산을 자녀들에게 물려주지 않고 대부분을 기부하겠다고 밝혔다. 그는 세계 최고의 부자 중에 1명이지만 일반 중산층과 차이가 없는 생활을 하고 있으며, 그 재산조차 대부분 기부를 하고 있는 모습을 보이고 있다.

유대인 거부巨富들의 기부는 대단하게 보이지만 그 뿌리는 역시 유대인 사회다. 유대인 사회는 기부가 생활이기 때문이다. 즉, 그들은 가진 자들만이 기부를 하는 것이 아니라 모두가 기부를 한다. 그러니 가진 자 역시도 그 문화 속에서 자연히 동화되어 기부를 생활화하는 것이 당연한 것이다. 원래 최고의 리더는 가장 우수한 집단에서 나온다고 보는 견해(마키아벨리의 견해이기도 하다)가 있다. 즉, 집단 전체가 뛰어나면 그중에서 뛰어난 리더가 나올 가능성이 확연히 높다는 것이다. 일리가 있는 주장이다. 유대인 사회가 그렇다. 유대인 사회는 자선이 생활로 자리 잡혀 있다. 그렇기 때문에 그들 중에서 나온 부자들도 그러한 문화적 토대 속에서 기부를 하는 것이다.

유대인 사회는 결국 안심하고 살 수 있는 사회. 서로 돕기 때문에 가난해도 살 수 있는 사회다. 결혼식 비용이 없어도 사회에도 도와주고, 자녀가 많아도 어떻게든 성장할 수 있도록 돕는다. 실제로 유대인은 남자 혼자 돈을 벌면서도 10명의 자식을 키우는 가정이 있다. 그것이 가능한 이유는 사회의 도움 때문이다. 유대인은 힘든 삶을 살았다. 누구든 힘든 삶에 처할 수 있기 때문에 서로 도움을 주고받아야 할 필요성을 절실히 인식했는지 모른다. 그리고 서로 돕는 것만이 안심을 할 수 있고, 사회가 제대로 돌아갈 수 있는 힘이 있고, 그렇게 돕는 것이 최고의 효율을 가져온다는 것을 알았을 것이다. 그래서 그들은 기부를 문화적 토대로 만들었을 것이다.

어떤 면에서 보면 유대인의 힘은 심리적 안정에서 오는지도 모른다. 가정의 행복과 가난해도 다시 일어설 수 있는 사회의 구조에 있는지도 모른다. 그들은 가난해도 불안해하지 않는다. 한번 실패해도 주저앉지 않는다. 사회가 돕기 때문이다. 사회의 도움이 있고, 생각하는 힘이 있는 그들에게 고난이나 위기는 스쳐가는 바람에 불과한 것이다. 그들에게는 자선의 힘이 있고, 이 힘을 통해서 사회 전체의 위기를 극복해나가는 지혜와 용기가 있었다.

이스라엘에 전쟁이 나면 미국의 모든 공항이 마비된다

진짜는 전쟁이 터지면 나온다. 그때가 되면 충신도 나오고, 진짜 실력이 있는 장군도 나오며, 그동안 올바르게 살지 않았던 사람에 대한 복수도 나온다. 전쟁이 나면 대체로 많은 사람들은 도망을 가며, 진짜 실력이 있는 장군과 그렇지 않은 장군의 구별이 확실히 이루어진다. 또 전쟁이 나면 올바르게 살지 않은 가문들은 몰락의 길을 걷게 된다. 즉, 전쟁이 나면 이순신과 같은 명장이 나오며, 평소 선행을 베풀지 않은 가문들은 몰락한다. 선행을 한 가문들은 주위 사람들이 집이 파괴되는 것을 목숨을 걸고 막는다. 그리고 그때 평소 마음에 들지 않은 사람들에게 복수를 한다. 전쟁 중에 죽었다고 말하면 되기 때문이다.

유대인의 경우에는 이스라엘에 전쟁이 나면 청년들이 이스라엘로 향한다. 그래서 미국의 공항이 마비가 될 정도다. 실제로 1967년 이스라엘과 아랍 국가들 사이에 전쟁이 일어났을 때 미국의 주요 공항은 이스라엘로 향하는 유대인 젊은이들로 장사진을 이뤘다.

우리나라의 경우는 어떠한가? 충신은 언제나 있었고, 조국 독립을 위해서 목숨을 던진 애국지사는 언제나 있었다. 그러나 그들에 대한 처우가 너무나 형편없고, 또 친일파에 대한 숙청이 제대로 되지 않으면서 우리 정부에 대한 신뢰는 극도로 파괴된 상태다. 이런 상황이라면 전쟁이 나면 참전을 하는 것이 아니라 다른 나라로 도망을 갈 것이다.

유대인이 조국을 위해서 기꺼이 목숨을 던지려고 하는 것은 문화와 조국의 힘이다. 그들이 조국에 그만한 사랑을 보이면 조국 역시 자신들의 삶을 도와줄 것이라는, 후손들이 더 나은 삶을 살 것이라는 공감대가 확고하게 형성되어 있다. 그렇기 때문에 목숨을 걸고 도움을 주는 것이다. 어쩌면 그들은 역사 공부를 온몸으로 하였고, 그 결과 이러한 선택을 하는지도 모른다. 그들은 2,000년 동안 유랑 생활을 하였고, 그러한 참담한 삶을 살다가 비로소 조국을 얻은 것이었다. 그러다 보니 조국을 잃었을 때의 참담함과 서러움을 누구보다도 잘 알고 있고, 결국 조국이 없으면 우리 민족은 또 다시 뿌리가 없어질 수도 있다는 생각을 할 것이다. 그리고 그것은 각종 교육에서, 역사 교육에서, 부모와의 대화에서 강해질 수밖에 없는 것이다. 그래서 모든 것을 떠나서 순수한 마음으로 국가를 위해서 나서는 것이다.

이것은 일본의 경우에도 그랬다. 제2차 세계대전 때 일본의 민간인들은 곳에서 자살을 많이 했다. 그들은 천황은 신적인 존재이고, 전쟁을 하다가 최후의 순간에는 죽는 것이 당연하다고, 그렇게 죽는 것을 영광이라고 교육을 받는다. 국가의 명령은 반드시 따라야 하고, 그것은 영광이라고 여겼다. 그래서 가미카제도 나왔고, 심지어 민간인도 자살을 했다. 비록 그것은 옳은 것이 아니었지만, 사회 전체의 분위기, 즉 문화가 그랬기 때문에 죽는 것을 당연하게 여겼다. 대가를 따지지 않고 절대 충성을 하는 모습을 보였던 것이다. 어쩌면 유대인의 전쟁 참전도 문화로 인해서 그런지도 모른다. 물론 유대인의 경우에는 절대 복종이 아니라 스스로 생각을 해서 결정하는 것이다. 다만 역사적으로 조국을 잃었을 때의 어려움을 누구보다도 잘 알고, 그러한 공감대가 너무나도 깊이 형성되어 있고, 그렇기 때문에 모든 것을 떠나서 조국을 구하려고 하는 것이다. 이것은 조국이 우리를 보호할 것이라는, 즉 대가를 바란 것이기도 하지만 역사와 교육 등의 문화를 통해서 그런 일이 나오는 것이라 본다.

실제로 이스라엘은 미국에서 막대한 국방비를 지원받고 있는데, 그 금액은 연간 수십조 원에 달한다. 이것은 유대인이 미국의 주요 요직을 차지하고 미국의 언론 및 각종 경제단체에서 막강한 힘을 과시하고 있기 때문이다.

유대인의 깊은 애국심을 우리를 놀라게 한다. 그리고 이것이 문화의 힘이라는 것을 절감한다. 이것은 단지 설득을 해서, 돈을 준다고 해서 될 문제가 아니다. 평소에 역사교육과 생각하는 교육을 통해서 스스로 결단할 수 있는 힘을 심어준 것이고, 이것이 단지 유대인 1~2명의 영웅적 결단이 아니라 거의 모든 유대인 청년들이 자원입대를 한다는 것은 매우 놀랍다. 그만큼 유대인의 애국심은 하나의 문화로 확고하게 자리를 잡은 것을 보여준다.

마키아벨리는 명문가조차도 핏줄이 아니라 교육으로 결정된다는 말을 했다. 핏줄이란 필연적으로 희석될 수밖에 없기 때문이다. 결국 교육으로 사람을 키우고, 이것으로 명문가가 유지된다는 것이다. 이것은 국가와 민족에도 적용될 수 있다. 강대국과 우수한 민족 역시 좋은 교육으로 잘 만들 수 있는 것이다. 유대인을 보면 알 수 있다.

유대인은 물론 사회의 신뢰가 높은 수준으로 확보되어 있다. 자선도 자리가 잡혀 있어서 가난해도 살아가는 데 문제가 없다. 전 세계에서 자살률이 가장 낮은 국가 중 하나가 이스라엘이다. 물론 한국은 자살률이 전 세계에서 최상위권이다. 유대인이 자살률이 낮은 이유는 실패해도 살아갈 수 있는 길이 있기 때문이다. 사회가 도와주기 때문이다. 그리고 자신의 삶을 살아갈 수 있는 터전 역시 열려 있다. 노력을 한다면 창업을 할 수 있고, 아이디어만 좋으면 자금을 지원해주는 문화가 크게 열려 있다. 벤처자금 지원규모도 전 세계 최상위권 수준이다. 그러니 살 만한 나라다. 유대인 사회는 결국 사회에서 도움을 주고 밀어주고, 보호해준다는 면이 상당히 자리 잡혀 있기 때문에, 조국에 대한 충성도 자연스럽게 나오는 것이다. 애국을 하고도 아무런 보상을 받지 못하면 아무도 충성하지 않는다.

한국의 경우에는 애국을 하면 3대가 가난하게 산다는 것이 확고한 문화로 자리 잡혔다. 이런 문화를 바꾸지 않고는 아무도 애국을 하지 않을 것이다. 또 눈치만 보며 편하게 사는 사람들이 급격하게 늘어날 것이다. 이래서는 사회에 미래가 없다. 위기가 생기면 보신하려는 사람만 있고, 직언하고 충성하려는 사람은 없는 사회는 미래가 어둡기 때문이다. 실제로 우리나라의 영웅들은 어떤가? 많은 고난을 겪었다. 직언을 하고 바른 길을 갔으나 국가는 그들을 보살피지 않았다.

사회의 모든 것은 결국은 문화로 결정되는 것이다. 심지어 애국도 그러하다. 애국을 해야 하는 문화, 애국을 하면 보상이 주어지는 문화, 애국하는 것이 당연하다고 여겨지는 문화에서는 누구라도 애국을 한다. 그러나 아무것도 하지 않는 것이 당연한 문화, 보상이 주어지지 않는 문화에서는 아무도 애국을 하지 않는다. 국가를 선진국, 강대국으로 이끌려면 결국 문화를 만들어 다수의 사람들을 최고의 방향으로 이끌어야 한다. 나라가 무너질 때에도 옳은 방향으로 가는 사람 1~2명은 늘 있다. 그러나 그들의 힘만으로는 힘들다. 모두가 영웅이 되어야 유대인처럼 강한 민족이 되고, 훌륭한 결과를 낼 수 있다. 우리는 이순신이 1명이 나와선 안 된다. 5,000만 명 국민 모두가 이순신이 되어야 한다. 그것은 어떻게 가능한가? 문화를 만들 때 가능하다. 애국도 애국을 하는 문화를 만들고 누구나 당연하다고 여길 때 확고하게 자리 잡을 수 있다.

유대인은 식욕, 성, 음주, 금전에 관한 한 늘 중용을 유지한다

유대인은 극단적인 것을 추구하지 않는다. 유대인, 그들이 이룩한 성과는 극단적일 정도로 최고지만 그들의 삶은 철저히 중용을 지향한다. 그들은 결코 극단적이지 않다.

유대인은 한국 학생들이 저녁 11시까지 공부하고, 새벽까지 공부하는 것을 매우 놀란다. 유대인은 그렇게 공부하는 학생이 없기 때문이다. 특히 잠까지 줄이면서 공부하는 것에 대해서는 충격을 받는다. 열심히 하기 위해 잠을 줄이지만 잠을 줄이면 오히려 공부에 좋지 않은 영향을 주기 때문이다. 하루에 7시간을 이하로 자면 오히려 공부 효율에 악영향을 주기 때문이다. 열심이라는 것도 과유불급이 되면 안 되는 것이다.

식욕, 성, 음주, 돈은 지나치기 쉬운 것들이다. 왜냐하면 취하면 취할 수록 쾌락이 늘어나기 때문이다. 그래서 주체하기가 쉽지 않다. 먹는 것도 그렇고, 성도 그러하며, 음주와 돈도 그러하다. 그러나 쾌락의 본질이란 그렇다. 쾌락은 산과 같은 모양의 그래프를 보인다. 즉, 쾌락에 취하면 어느 정도까지는 계속해서 만족이 계속 오르지만, 어느 때가 되면 오히려 만족이 떨어진다. 예를 들어 배가 고파서 맛있는 음식을 먹는다고 해보자. 그때 맛있는 음식을 먹으면 즐겁다. 그러나 배가 부른 시점에서 멈추지 않고 계속 먹으면 배가 너무 불러서 불쾌감이 몰려온다. 이것이 쾌락의 역설이다. 어느 정도에서 멈추지 않으면 오히려 불쾌감으로 변하는 것이 쾌락의 본질인 것이다. 그래서 쾌락은 중간에서 멈추어야 한다. 멈추는 것이 가장 큰 쾌감을 몰고 오기 때문이다.

술도 맥주 1~2캔까지는 쾌감을 주지만 그 이상이 되면 오히려 힘이 든다. 성의 경우에도 지나치게 추구하면 건강에 좋지 않다. 돈의 경우에도 너무 추구하게 되면 삶의 주객이 전도된다. 삶의 행복을 위해서 돈을 벌고 있음에도 불구하고 돈의 노예가 되는 것이다.

그러나 멈추는 것이 쉬운 일이 아니다. 왜냐하면 욕심이 생기기 때문이다. 특히 중간에서 멈춘다는 것은 한국인의 기질에 전혀 맞지 않다. 한국인은 끝장을 보는 성격이다. 화끈하고 자극적이고 극단적이다. 무엇을 하든 그렇다. 우리는 무엇을 하면 세계 1등을 한다. 그것이 좋은 쪽이든 나쁜 쪽이든 그렇다. 공부시간도 세계 1등이고, 자살률도 세계 1등이다. 그만큼 극단적이다. 우리는 빨리빨리 해야 하고, 일도 많이 해야 하며, 무엇을 하든 끝까지 가야 직성이 풀린다. 그런 성향이기 때문에 빨리 지치고, 피로감이 크다. 꾸준함이 떨어지게 된다.

유대인의 경우에는 무리를 하지 않는다. 설사 노벨상을 받는 학자라고 하더라도 하루 종일 연구만 하지 않는다. 일정시간만 일하며 무리를 하지 않는다. 변호사도 매일 저녁식사를 가족과 함께 한다. 돈과 일의 노예가 되지 않는다. 그러나 그렇게 하면서도 성과는 잘 낸다. 삶의 균형을 맞추면서도 성과에 대한 기본을 지키기 때문이다.

특히 그들이 최고의 성과를 내면서도 중용적 자세를 유지하고 있다는 점은 새삼 충격으로 다가온다. 왜냐하면 우리의 생각으로는 최고의 성과를 내려면 누구보다도 열심히 해야 하기 때문이다. 그러나 그들은 삶의 행복을 유지하고, 쉴 것을 다 쉬고, 생각할 것을 다 하면서, 일하는 시간을 줄이고, 효율적으로 일을 하여 최고의 성과를 낸다. 무식하게 일하지 않는다는 것이다. 건강을 해치지 않고 일한다는 것이다. 그들은 6시간에서 8시간을 일하며, 나머지 시간에서 쉬고, 독서를 하며, 대화와 토론을 하면서 시간을 느긋하게 보낸다는 것이다. 그리고 그들은 휴식을 많이 하는데, 그 휴식에서 다시 공부를 하는 문화를 만들어낸 것이다. 결국 그들은 삶의 균형을 알고, 편안하게 삶을 살아가고 있다. 그런데도 세계 최고다.

유대인은 결국 꾸준한 것이다. 평생의 승부를 꾸준하게 하고 있는 것이다. 하루아침에, 10년 만에 무슨 성과를 내려는 것이 아니라 평생을 걸고 승부를 하는 것이다. 그리고 항상 즐겁고 행복하게 사는 것이다. 그리고 평소에 부담 없이 공부를 하고, 끊임없이 머리를 단련하는 훈련을 즐기는 것이다. 그 결과 그들은 일벌레가 되지 않고도 세계 최고가 될 수 있었다. 그들은 분명 중용의 삶을 살고 있다. 최고의 삶이다. 그러나 그들의 삶은 잔잔하다. 요동치지 않는다. 언제나 쉴 것은 다 쉬면서 살기 때문이다. 큰 부담을 느끼지 않기 때문이다. 그런 점에서 그들은 매우 강하다. 잔잔하고 고요하게 살아가면서 건강과 행복을 잃지 않으면서도 생각을 계속하고, 그러면서 최고의 성과들을 계속 내고 있기 때문이다.

유대인은 머리가 좋아지도록
평생 동안 다방면으로 노력한다

유대인의 본질은 머리에 있다. 유대인은 머리를 쓰는 분야에서 큰 힘을 발휘한다. 학문부터, 비즈니스, 언론 등 머리를 쓰는 분야를 모두 장악하고 있다. 세계 보석시장을 장악하고 있고, 언론계를 장악했음은 물론이고 세계 군수산업과 정유업계도 지배하고 있다. 세계에서 돈이 되는 분야는 모두 장악했고, 심지어 노벨상까지도 휩쓸고 있다. 미국의 아이비리그에도 상당한 숫자의 학생과 교수들이 있다. 유대인, 그들의 본질은 결국 좋은 머리에 있다.

전 외교관인 박재선 선생이 집필한 《유대인 파워》에는 다음과 같은 글이 있다. 박재선 선생이 1991년 뉴욕에서 만난 한 아쉬케나지 유대인은 이 점을 다음과 같이 설명했다. "오늘날 유대인이 불로소득 직종에만 종사한다는 비난을 받고 있다. 겉으로만 본다면 이 점은 어느 정도 사실이다. 생산업보다는 물품을 유통시키는 유통업, 농사보다는 농산물을 배급하는 배급업, 광물채굴보다는 보석세공 등 육체노동은 적게 하고 부가가치가 높은 일을 추구하는 것도 사실이다. 그러나 이러한 표면적인 상황만으로 유대인이 육체노동을 전적으로 기피한다고 생각하면 잘못이다. 우리가 과거 오랜 동안 유랑 생활을 할 때 그 어느 나라도 유대인에게 토지를 사유케 하거나 대단위 생산업을 허용한 적이 없었다. 또한 잦은 이교도의 박해로 인해 유대인은 항상 빈 몸으로 불시에 이곳저곳에 정착해야 했으므로 장기간에 걸쳐 뿌리를 내려야 하는 생산업과 농업은 적절치 않았고 한시라도 아무 곳이나 정착해서 먹고살려면 모든 것을 두뇌에 담아야 했으므로 자연 머리를 많이 쓰는 전문 직종에 종사할 수밖에 없었다."

즉, 그들은 역사적으로 유랑 생활을 했고, 그러면서 그들에게 허용된 토지가 없었다는 것이다. 그래서 자연히 들고 다닐 수 있는 머리에 모든 지식을 담고, 그것을 활용할 수밖에 없었다는 것이다. 그리고 책마저도 때에 따라서는 들고 다니지 못할 수 있으므로 당연히 지식을 활용할 수 있는 생각하는 힘이 더욱 중요했을 것이다. 책조차도 가져갈 수 없으니, 독서 이후에 그것을 활용할 수 있는 생각하는 힘에 그들의 사활이 달려 있었을 것이다. 그런 점에서 그들은 자연스럽게 몸보다는 머리에, 암기보다는 생각하는 힘에 집중할 수밖에 없었을 것이다.

유대인은 지금도 자식이 태어나면 부모는 늘 머리를 쓰라는 말을 하며 키운다. 그리고 몸보다 머리를 쓰는 것을 유대인다운 생활태도라고 배운다. 그리고 어머니도 자녀에게 매를 들 때 절대로 머리는 때리지 않는다고 한다. 머리야말로 유대인의 모든 것이기 때문이다.

그들은 늘 유랑을 다니며 쫓기는 생활을 해야 했고, 그렇게 지혜와 지식은 그들의 목숨을 담보하는 유일한 도구였다. 그들은 쫓겨 다니면서 빈털터리로 갑작스럽게 타국으로 가야 했을 것이고, 도망을 가면서 다양한 위험을 맞이했을 것이다. 그때 그들은 그들의 지식과 지혜로 위기를 모면했을 것이다. 실제로 유대인은 토지 소유가 금지되어 있었고, 길드에도 가입할 수 없었으며, 그들에게 허용된 직업은 의사와 여행자뿐이었다. 그래서 유대 격언에는 이런 말도 있다. "만약 당신이 살아남고 싶다면 먹는 것, 마시는 것, 노는 것, 일하는 것으로는 안 된다. 지혜가 있어야 살아남을 수 있다." 이 말은 그들의 삶에서 나온 생생한 경험담이다.

현재에도 그들이 독서를 하고, 끊임없이 토론을 하면서 두뇌를 단련하는 이유가 있다. 이것이 그들의 역사이고, 특기이며, 거의 유일한 무기이기 때문이다. 그리고 그들을 지켜왔고 앞으로도 그들을 지켜줄 것이라는 믿음이 있는 것이다. 그래서 그들은 두뇌를 단련하는 문화를 확고하게 만들어왔다. 안식일에조차도 독서와 토론을 하면서 두뇌를 단련하는 그들은 1년 내내 사실상 두뇌를 단련한다고 할 수 있고, 이것은 평생 동안 이어진다. 그들은 실제로 직장에서도 3~4시에 마치고 집으로 와서 가족들과 식사를 하면서 대화를 통해 공부를 한다. 그리고 식사를 마친 후에는 독서를 하면서 다시 공부를 한다. 그리고 그 이후에도 대화를 하면서 생각하는 힘을 키운다. 그러니까 평일에도 이렇게 공부하고, 안식일에도 공부하는 것이다. 그들은 심지어 종교마저도 믿음의 대상으로 보지 않고, 공부의 대상으로 보는 것이다.

그 결과 그들은 지금도 농사를 짓는 사람이 드물다. 대부분 대도시에서 자유업에 종사한다. 대부분 머리가 좋고 부지런하기 때문에 변호사, 교수, 의사, 금융인, 기자 등에 종사한다. 또 대부분 뉴욕, 로스앤젤레스, 시카고, 마이애미, 파리, 런던, 모스크바, 요하네스버그, 부에노스아이레스, 시드니, 토론토 등 세계적인 대도시에 몰려서 살고 있다.

실제로 유대인의 공부 문화는, 두뇌를 자극하는 문화는, 생각하는 힘을 키우는 문화는 이러한 역사적 배경 하에서 두뇌를 평생 동안 트레이닝하는 문화 속에서 나왔다. 그들을 지켜줄 유일한 무기는 오직 두뇌뿐이었기 때문이다. 그래서 유대인 아버지는 집에서도 책을 손에서 놓지 않는다. 그리고 그러한 모습을 유대인 자녀도 책을 보는 것을 흉내 낸다. 또 이러한 독서를 결국 습관으로 만든다. 그리고 책을 많이 보니 당연히 생각도 많아져 생각하는 힘을 키우게 되고, 생각이 많아지니 글을 쓰게 되어 머리가 좋아진다. 유대인은 글쓰기를 매우 강조하며, 이 글쓰기를 통해서 창의적인 인재로 거듭나게 된다.

유대인은 결국 머리를 좋게 만드는 문화를 만들어냈다. 독서를 하고, 글을 쓰며, 생각하는 문화를 만들어냈다. 또 대화와 토론을 통해서 머리가 좋아지게 만들었다. 《탈무드》를 평생 동안 공부하며, 무엇보다도 질문을 중요하게 생각한다. 질문을 한다는 것은 폭넓은 이해를 하고 적재적소에 맞는 물음표를 던진다는 것을 의미한다. 결국 그들은 똑똑한 사람이 되었다.

그들이 평소에 하는 독서와 토론은 그들을 이끄는 핵심 중 하나라고 할 수 있다. 물론 말하기와 글쓰기도 쌍두마차다. 그들은 결국 이러한 수단들을 통해서 생각을 끊임없이 단련했고, 그 결과 최고의 머리를 지닐 수 있게 되었다. 소위 문제해결력이 급상승한 것이다. 더군다나 추상적인 사고 능력으로 세상의 본질을 통찰할 수 있는 힘, 상상할 수 있는 힘을 키울 수 있었다. 그들은 두뇌를 최상으로 만들 수 있는 거의 모든 수단을 활용하면서 평생 동안 노력을 기울인다. 그 결과 태생적인 IQ는 후진국에 속하지만 최고의 결과를 만들어낸 것이다.

유대인의 성과는 사실상 후천적으로 만들어진 것이다. 낮은 IQ를 극복하는 그들의 문화와 평생을 건 노력에 있다. 이런 점을 보면 노력의 힘이란 결국 모든 것을 이뤄내는 것 같다. 평생 동안 지치지 않고 꾸준히 노력하는 것이 중요한 것 같다. 그들은 중용을 지키며 꾸준하게 노력하기 때문이다. 그리고 매일 두뇌를 단련하기 때문이다. 하루도 쉬지 않는 것이다. 그들에게는 대화조차도 지적인 대화로 끊임없이 두뇌를 자극하기 때문에 머리를 한시도 쉬게 하지 않는 것이다. 그리고 독서는 일주일 중에서 6일 동안 할 정도로 지독하게 한다. 그리고 그것을 당연하게 여긴다. 또 글을 쓰는 것을 매우 즐기며, 이 글쓰기를 통해서 그들은 세상의 모든 지식을 폭넓게 이해할 수 있었다. 그들의 힘은 결국 머리를 좋게 만드는 문화를 철저하게 만든 것에 있다. 그리고 그것으로 그들은 최고의 성과를 내는 것이다.

그들의 머리를 좋게 만드는 것은 독서와 토론, 말하기와 글쓰기가 기본이다. 그리고 적당히 일을 하면서 끊임없이 독서하고 생각할 수 있는 시간을 준 것에 있다. 또 질문의 생활화와 평등한 문화를 통해서 어떤 권위에도 지장을 받지 않고 자신의 주장을 펼칠 수 있는 문화적 배경에 있다. 또 개성을 중시함으로써 자신의 본질에 집중할 수 있는 바탕을 만들었다. 자유로운 사고를 통해서 자신의 모든 가능성을 휘어잡은 것, 이것은 그들에게 강한 힘을 주었다.

그들은 결국 머리로, 결국은 생각하는 능력으로 세상을 지배할 수 있었다. 그들은 머리가 좋아지는 것을 문화적 시스템으로 확고하게 만들었고, 그를 통해서 신화가 될 수 있었다. 우리도 그들처럼 되려면 머리가 좋아지는 시스템을 사회 전반에 걸쳐서 만들어야 한다. 무엇보다도 일회성 쇼가 되면 안 된다. 평생 동안 꾸준해야 한다. 그리고 매우 치밀하고 오밀조밀하게 시스템으로 톱니바퀴와 같은 두뇌 트레이닝을 시키는 문화를 만들어야 한다. 그래서 빈틈이 없도록 해야 한다. 유대인은 그러한 문화를 만들어냈다. 우리도 국가적으로 인식을 해야 한다. 그리고 국가적, 민족적으로 방향을 트는 일이 필요하다.

결국 세계 최고의 성과는 타고난 머리가 아니다. 후천적인 노력과 그러한 개인적인 노력에 엄청난 힘을 줄 수 있는 문화에 있다. 그러한 문화를 만드는 것, 그러한 문화에 우리의 미래가 있다는 것을 인식하는 것이 한국 변화의 첫출발이 될 것이다. 나는 늘 생각한다. 궁극적인 자기계발은 극소수의 사람이 성공하는 것이 아니라 국민 모두가 성공하는 것이라고 말이다. 그리고 그것은 가능하다. 국민 모두가 자신의 개성을 발현시켜나간다면 전혀 불가능한 일이 아니기 때문이다. 유대인은 결코 낙오자를 만들지 않는다. 남들이 많이 가는 곳에 가지 않는다. 자기의 본질에 입각해 자기가 가고 싶은 곳으로 간다. 우리도 그렇게 한다면 모두가 성공할 수 있다. 우리도 다시 차분하게 미래를 생각해야 할 때다. 무작정 노력을 할 것이 아니라 방향과 전략이 중요하다. 그리고 이것을 문화로 만드는 일이 필요하다. 국가가 바뀌지 않는다면 선각자들의 개인적인 노력이 우선은 필요하다. 나는 변화를 위해 이 책을 집필했다.

- 참고도서
- 참고 영상

■ 참고 도서

1. 『부모라면 유대인처럼』, 고재학, 예담프렌드
2. 『부모라면 유대인처럼 하브루타로 교육하라』, 전성수, 예담프렌드
3. 『유대인 엄마의 힘』, 정주은, 예담프렌드
4. 『유대인 이야기』, 홍익희, 행성B잎새
5. 『유대인 하브루타 경제교육』, 전성수/양동일, 매일경제신문사
6. 『공부하는 유대인』, 힐 마골린, 일상과 이상
7. 『죽기 전에 한 번은 유대인을 만나라』, 랍비 조셉 텔루슈킨, 북스넛
8. 『유대인 부모들의 소문난 교육법』, 마빈 토케이어, 리더북스
9. 『폴 존슨 유대인의 역사』, 폴 존슨, 포이에마
10. 『유대인 바로보기』, 류모세, 두란노
11. 『유대인의 밥상머리 자녀교육』, 이영희, 규장
12. 『유대인 창의성의 비밀』, 홍익희, 행성B잎새
13. 『유대인 유치원에서 배운 것들』, 우웨이닝, 유아이북스
14. 『유대인의 상속 이야기』, 랍비 조셉 텔루슈킨, 북스넛
15. 『나치는 왜 유대인을 학살했을까』, 송충기, 민음인
16. 『한국인을 위한 유대인 공부법』, 이대희, 베가북스
17. 『유대인 최강 두뇌 활용법』, 테시마 유로, 나래북
18. 『유대인』, 정성호, 살림출판사
19. 『세계를 지배하는 유대인 파워』, 박재선, 해누리

20. 『질문하는 공부법 하브루타』, 전성수/양동일, 라이온북스

21. 『유대인의 비즈니스는 침대에서 시작된다』, 테시마 유로, 가디언

22. 『유대인의 자녀교육 38』, 박미영, 국민출판사

23. 『왜 유대인인가』, 마빈 토케이어, 스카이

24. 『유대인의 한마디』, 조셉 텔루슈킨, 청조사

25. 『비즈니스는 유대인처럼』, 레비 브래크만/샘 제프, 매일경제신문사

26. 『성 비 알』, 김성환, 제이앤씨커뮤니티

27. 『100명의 특별한 유대인』, 박재선, 메디치미디어

28. 『유대인들은 왜 부자가 되었나』, 이혜진, 문공사

29. 『유대인 아버지의 4차원 영재교육』, 현용수, 동아일보사

30. 『유대인의 진짜 공부법』, 이학승/박경란, 형설라이프

31. 『최고의 공부법』, 전성수, 경향비피

32. 『유대인들은 원하는 것을 어떻게 얻는가』, 박기현, 소울메이트

33. 『왜 유대인은 노벨상을 많이 받을까』, 아오키 이사쿠, 21세기북스

34. 『유대인의 성공코드』, 헤츠키 아리엘리, 국제인재개발센터

35. 『죽기 전에 한번은 유대인에게 물어라』, 조셉 텔루슈킨, 북스넛

36. 『유대인 3000명에게 YES를 이끌어낸 협상』, 마크 도미오카, 비전코리아

37. 『인생의 갈림길에서 만난 유대인의 말』, 데시마 유로, 21세기북스

38. 『유대인을 알면 돈이 보인다』, 데지마 유로, 한글

39. 『성서 이후 유대인』, 최영순, 매일경제신문사

40. 『유대인을 알면 경제가 보인다』, 최재호, 한마음사

41. 『유대인은 EQ로 시작하여 IQ로 승리한다』, 최한구, 한글

42. 『세계를 움직이는 유대인의 모든 것』, 김욱, 지훈

43. 『유대인 대부호에게 배우는 부자가 되는 습관』, 윈 클럽, 미래지식

44. 『세상을 길라잡는 유대인』, 최재호, 한마음사

45. 『멍청한 유대인 똑똑한 이스라엘』, 박기상, 인물과사상사

46. 『유대인이 대물림하는 부자의 공리』, 랍비 셀소 쿠키어콘, 북스넛

47. 『후츠파로 일어서라』, 윤종록, 하우

48. 『솔로몬 탈무드』, 이희영, 동서문화사

49. 『탈무드』 시리즈, 마빈 토카이어, 동아일보사

50. 『당돌하게 다르게 후츠파로 키워라』, 문서영, 책읽는달

51. 『이스라엘에는 예수가 없다』, 김종철, 리수

52. 『자녀들아, 돈은 이렇게 벌고 이렇게 써라』, 현용수, 동아일보사

53. 『선택&집중』, 데시마 유로, 이가서

54. 『부자가 되는 습관』, 윈 클럽, 미래지식

55. 『누구나 인재다』, 육동인, 북스코프

56. 『그들의 말에는 특별함이 있다』, 김욱, 맨오브컬쳐

57. 『옷을 팔아 책을 사라』, 빅터 솔로몬, 쉐마

58. 『0.25의 힘』, 육동인, 이카넷

59. 『유대인식 무릎교육』, 김옥림, 미래문화사

60. 『공부하는 인간』, KBS 공부하는 인간 제작팀, 예담

61. 『유태인의 자녀교육 29』, 미리엄 아다한, 아침나무

62. 『유태인의 천재교육』, 루스 실로, 나라원

63. 『유태인의 공부』, 정현모, 새앙뿔

64. 『유태인의 상술』, 후지다 덴, 종합출판범우

65. 『유태인 엄마의 특별한 자녀교육법』, 조미현, 책이있는마을

66. 『유태인 & 이스라엘 있는 그대로 보기』, 손혜신, 선미디어

67. 『세계를 지배하는 유태인의 성공법』, 카세 히데아키, 인디북

68. 『유태인 엄마가 들려주는 아이를 가슴으로 키우는 69가지 방법』, 조미현, 책이있는마을

69. 『돈버는 귀신 유태인들의 78:22의 경영법칙』, 허쥔, 시간과공간사

70. 『유태인을 알면 세계가 보인다』, 우노 마사미, 황금두뇌

71. 『유태인 최고의 지혜』, 마에지마 마코토, 주변인의길

72. 『탈무드에서 마크 저커버그까지』, 김욱, 더숲

73. 『영원히 살 것처럼 배우고 내일 죽을 것처럼 살아라』, 마빈 토케이어, 함께북스

74. 『유대교의 기원』, 조셉 블렌킨소프, 대한기독교서회

75. 『유태인이 가르치는 철학 이야기』, 메이어레빈, 대서

76. 『이스라엘 비즈니스 산책』, 박대진, 한빛비즈

77. 『창업국가』, 사울 싱어/댄 세노르, 다할미디어

78. 『탈무드 창조경제』, 김일수/김영태, GNPBOOKS

79. 『탈무드의 귀향』, 최한구, 성광문화사

80. 『정말 600만이 죽었나?』, Richard E. Harwood, 리버크레스트

81. 『도쿄대생은 바보가 되었는가』, 다치바나 다카시, 청어람미디어
82. 『고구려, 전쟁의 나라』, 서영교, 글항아리
83. 『전쟁기획자들』, 서영교, 글항아리
84. 『성공을 경영하라』, 로버트 J. 허볼드, 경문사
85. 『대국굴기 강대국의 조건』, CCTV다큐멘터리 대국굴기 제작진, 안그라픽스
86. 『잘 되는 회사 안 되는 회사의 법칙』, 후지노 히데토, 아카데미북
87. 『지식의 쇠퇴』, 오마에 겐이치, 말글빛냄
88. 『글로벌 프로페셔널』, 오마에 겐이치, 이스트북스
89. 『연봉 100배에 도전하라』, 오마에 겐이치, 에버리치홀딩스
90. 『톰 피터스의 미래를 경영하라』, 톰피터스, 21세기북스
91. 『난도의 위대한 귀환』, 난도 파라도, 세종서적
92. 『블루오션 전략』, 김위찬/르네 마보안, 교보문고
93. 『대화의 신』, 래리킹, 위즈덤하우스
94. 『손정의, 나는 당신과 생각이 다르다』, 이상민, 팬덤북스
95. 『료마가 간다』 세트, 시바 료타로, 창해
96. 『스티브잡스』, 월터 아이작슨, 민음사
97. 『린 인』, 셰릴 샌더버그, 와이즈베리
98. 『핀란드 교실혁명』, 후쿠다 세이지, 비아북
99. 『핀란드 공부법』, 지쓰카와 마유/지쓰카와 모토코, 문학동네
100. 『미래는 핀란드에 있다』, 리더츠 D. 루이스, 살림출판사

101. 『핀란드 교육의 성공』, 후쿠다 세이지, 북스힐

102. 『핀란드 경쟁력 100』, 일까 따이팔레, 비아북

103. 『아인슈타인의 자유로운 상상』, 이형석, 비타민북

104. 『나쁜 사마리아인들』, 장하준, 부키

105. 『군주론/정략론』, 니콜로 마키아벨리, 동서문화사

106. 『마키아벨리 로마사 이야기』, 마키아벨리, 동서문화사

107. 『365 매일 읽는 한줄 고전』, 이상민, 42미디어컨텐츠

108. 『가난해도 부자의 줄에 서라』, 테시마 유로, 21세기북스

109. 『유태인 오천년사』, 강영수, 청년정신

■ 참고 영상

1. KBS 스페셜, 〈0.2%의 기적, 유태인 성공의 미스터리〉
2. KBS 스페셜, 〈유태인은 미국을 어떻게 움직이는가?〉
3. EBS 〈세계의 교육현장, 유태인편〉
4. 스타북스, 『유대인 파워』 박재선 저자 인터뷰
5. 행성B잎새, 『유대인 이야기』 홍익희 저자 인터뷰
6. SBS 스페셜, 〈젖과 꿀이 흐르는 땅, 유대인의 미국〉
7. SBS 스페셜, 〈초강대국 미국을 이끄는 유대인의 힘〉
8. CTS 4인 4색, 김종철 감독 강의
9. NHK 드라마, 〈군사 칸베에〉
10. EBS 다큐멘터리, 〈대국굴기〉
11. 영화, 〈127시간〉
12. 영화, 〈뷰티풀 마인드〉
13. EBS 다큐프라임, 〈왜 우리는 대학에 가는가〉
14. MBC 다큐멘터리, 〈천황의 나라 일본〉
15. KBS 1TV 다큐멘터리, 〈공부하는 인간〉
16. tvN 〈백지연의 피플 인사이드〉, 에란 카츠편
17. 메가스터디 손주은 대표 사탐강의

◇ 당신은 언제나 옳습니다. 그대의 삶을 응원합니다. — 라의눈 출판그룹

유대인의 생각하는 힘

초판 1쇄 2016년 1월 4일
　 4쇄 2020년 2월 10일

지은이 이상민

펴낸곳 라의눈

펴낸이 설응도　편집주간 안은주
영업책임 민경업　디자인 기민주

출판등록 2014년 1월 13일 (제 2019-000228 호)
주소 서울시 강남구 테헤란로 78길 14-12(대치동) 동영빌딩 4층
전화 02-466-1283　팩스 02-466-1301

문의 (e-mail)
편집 editor@eyeofra.co.kr
마케팅 marketing@eyeofra.co.kr
경영지원 management@eyeofra.co.kr

이 책의 저작권은 저자와 출판사에 있습니다.
서면에 의한 저자와 출판사의 허락 없이 책의 전부 또는 일부 내용을 사용할 수 없습니다.

ISBN 979-11-86039-44-1 13320

＊잘못 만들어진 책은 구입처나 본사에서 교환해 드립니다.
＊책값은 뒤표지에 있습니다.
＊라의눈에서는 독자 여러분의 소중한 아이디어와 원고 투고를 기다리고 있습니다.